U0600964

中华文化大博览丛书

中华文化大博览

巧夺天工的古塔祭坛

胡元斌 编著

中国出版集团 现代出版社

图书在版编目（CIP）数据

巧夺天工的古塔祭坛 / 胡元斌编著. -- 北京 : 现代出版社，2017.8
ISBN 978-7-5143-6445-3

Ⅰ. ①巧… Ⅱ. ①胡… Ⅲ. ①古塔－介绍－中国 Ⅳ. ①K928.75

中国版本图书馆CIP数据核字(2017)第211540号

巧夺天工的古塔祭坛

作　　者：胡元斌
责任编辑：李　鹏
出版发行：现代出版社
通讯地址：北京市定安门外安华里504号
邮政编码：100011
电　　话：010-64267325 64245264（传真）
网　　址：www.1980xd.com
电子邮箱：xiandai@vip.sina.com
印　　刷：天津兴湘印务有限公司
字　　数：380千字
开　　本：710mm×1000mm　1/16
印　　张：30
版　　次：2018年5月第1版　2018年5月第1次印刷
书　　号：ISBN 978-7-5143-6445-3
定　　价：128.00元

版权所有，翻印必究；未经许可，不得转载

习近平总书记在党的十九大报告中指出："深入挖掘中华优秀传统文化蕴含的思想观念、人文精神、道德规范，结合时代要求继承创新，让中华文化展现出永久魅力和时代风采。"同时习总书记指出："中国特色社会主义文化，源自于中华民族五千多年文明历史所孕育的中华优秀传统文化，熔铸于党领导人民在革命、建设、改革中创造的革命文化和社会主义先进文化，植根于中国特色社会主义伟大实践。"

我国经过改革开放的历程，推进了民族振兴、国家富强、人民幸福的"中国梦"，推进了伟大复兴的历史进程。文化是立国之根，实现"中国梦"也是我国文化实现伟大复兴的过程，并最终体现在文化的发展繁荣。博大精深的中国优秀传统文化是我们在世界文化激荡中站稳脚跟的根基。中华文化源远流长，积淀着中华民族最深层的精神追求，代表着中华民族独特的精神标识，为中华民族生生不息、发展壮大提供了丰厚滋养。我们要认识中华文化的独特创造、价值理念、鲜明特色，增强文化自信和价值自信。

如今，我们正处在改革开放攻坚和经济发展的转型时期，面对世界各国形形色色的文化现象，面对各种眼花缭乱的现代传媒，我们要坚持文化自信，古为今用、洋为中用、推陈出新，有鉴别地加以对待，有扬弃地予以继承，传承和升华中华优秀传统文化，发展中国特色社会主义文化，增强国家文化软实力。

浩浩历史长河，熊熊文明薪火，中华文化源远流长，滚滚黄河、滔滔长江，是最直接的源头，这两大文化浪涛经过千百年冲刷洗礼和不断交流、融合以及沉淀，最终形成了求同存异、兼收并蓄的辉煌灿烂的中华文明，也是世界上唯一绵延不绝的古老文化，并始终充满生机与活力。

中华文化曾是东方文化摇篮，也是推动世界文明不断前行的动力之一。早在五百年前，中华文化的四大发明催生了欧洲文艺复兴运动和地理大发

现。中国四大发明先后传到西方，对于促进西方工业社会发展和形成，起到了重要作用。

中华文化的力量，已经深深熔铸到我们的生命力、创造力和凝聚力中，是我们民族的基因。中华民族的精神，业已深深植根于绵延数千年的优秀文化传统之中，是我们的精神家园。

总之，中国文化博大精深，是中华各族人民五千年来创造、传承下来的物质文明和精神文明的总和，其内容包罗万象，浩若星汉，具有很强的文化纵深，蕴含着丰富的宝藏。我们要实现中华文化的伟大复兴，首先要站在传统文化前沿，薪火相传，一脉相承，弘扬和发展五千年来优秀的、光明的、先进的、科学的、文明的和自豪的文化现象，融合古今中外一切文化精华，构建具有中国特色的现代民族文化，向世界和未来展示中华民族的文化力量、文化价值、文化形态与文化风采。

为此，在有关专家指导下，我们收集整理了大量古今资料和最新研究成果，特别编撰了本套大型书系。主要包括巧夺天工的古建杰作、承载历史的文化遗迹、人杰地灵的物华天宝、千年奇观的名胜古迹、天地精华的自然美景、淳朴浓郁的民风习俗、独具特色的语言文字、异彩纷呈的文学艺术、欢乐祥和的歌舞娱乐、生动感人的戏剧表演、辉煌灿烂的科技教育、修身养性的传统保健、至善至美的伦理道德、意蕴深邃的古老哲学、文明悠久的历史形态、群星闪耀的杰出人物等，充分显示了中华民族厚重的文化底蕴和强大的民族凝聚力，具有极强的系统性、广博性和规模性。

本套书系的特点是全景展现，纵横捭阖，内容采取讲故事的方式进行叙述，语言通俗，明白晓畅，图文并茂，形象直观，古风古韵，格调高雅，具有很强的可读性、欣赏性、知识性和延伸性，能够让广大读者全面触摸和感受中国文化的丰富内涵，增强中华儿女民族自尊心和文化自豪感，并能很好地继承和弘扬中国文化，创造具有中国特色的先进民族文化。

古塔瑰宝

无上玄机的魅力古塔

大雁塔

大雁塔是古都西安的象征，位于陕西省西安市南郊慈恩寺内，距今已有1300多年的历史。大雁塔全称“慈恩寺大雁塔”，始建于652年，原称“慈恩寺浮屠”。

大雁塔是我国仿木构楼阁式砖塔的佼佼者，更以“唐僧取经”的故事驰名中外。塔上陈列有佛舍利子、佛足石刻、唐僧取经足迹石刻等，其中两通珍贵石碑“二圣三绝碑”，具有极高的艺术价值。

玄奘奏请唐太宗建大雁塔

大雁塔坐落于西安市南郊的大慈恩寺内，也叫“大慈恩寺塔”，是我国西安最著名的古塔。

早在唐代，大雁塔就已经成为我国著名的游览胜地，塔内留有大量文人雅士的题记，仅明清时期的题名碑就有200多块。

提起大雁塔，就不得不说说大慈恩寺。因为大雁塔的建成及日后的辉煌，是与大慈恩寺密不可分的。

大慈恩寺创建于隋代，原名“无漏寺”。到了大唐贞观年间，唐太子李治因思念亡母长孙

■李治（628—683），字为善，唐太宗李世民第九子，母亲是长孙皇后。他22岁登基，称高宗，在位34年，683年病逝，终年56岁，葬于陕西乾陵。

皇后，命人在无漏寺的旧址上造寺建塔，为母亲追荐冥福，这就是慈恩寺。

■ 玄奘（602—664），唐朝时期著名的三藏法师，汉传佛教史上最伟大的译经师，也是我国佛教法相唯识宗的创始人。俗姓陈，名祎，是我国著名古典小说《西游记》中人物唐僧的原型。

慈恩寺是当时唐朝长安城里规模最大的寺院，面积约27万平方米，房屋共1800多间，雄伟壮观，异常豪华。

慈恩寺建成之初，就迎请当时有名的高僧玄奘担任上座法师，玄奘就在这里创立了大乘佛教慈恩宗。此后，慈恩寺就成了我国大乘佛教的圣地。

656年，唐高宗御书《大慈恩寺碑记》，从此，寺名由“慈恩寺”改为“大慈恩寺”。

在唐代，大慈恩寺是长安城内最著名、最宏丽的佛寺，唐三藏玄奘曾在这里住持寺务，领管佛经译场，而位于寺内的大雁塔又是玄奘亲自督造，所以大慈恩寺在我国佛教史上具有十分突出的地位。

在玄奘的带动下，大慈恩寺很快成为中外闻名的佛学研究中心，盛极一时。不但国内僧众前来质疑问难的络绎不绝，而且日本、朝鲜、印度和西域各国的僧人来到长安时，也大都慕名住在大慈恩寺内。

唐代大慈恩寺的殿堂楼阁都是用上等的佳木修筑而成，壁画均为阎立本、吴道子、尉迟乙僧等名家所作，特别富丽华美。

大慈恩寺内的大雄宝殿

大慈恩寺的碑屋，是放置唐高宗御书《大慈恩寺碑记》的房舍，装饰极为华丽。

唐高宗爱好书法，这块碑是用行书写成，用飞白笔法所写的“显庆元年”4个字，更是神妙。

大慈恩寺在唐代一直受到上至朝廷下至平民的高度重视。唐代末年，由于战乱，大慈恩寺遭到严重破坏。自宋代以来，大雁塔曾被几次修葺，但寺院的规模仅仅局限于塔下。

大雄宝殿内供有三身佛：法身佛、报身佛和应身佛。宝殿的东西两壁前，塑有十八罗汉、文殊菩萨和普贤菩萨像。大殿后面的法堂东墙有玄奘石刻拓像，两边有玄奘的弟子窥基和圆测的石刻拓像。法堂后面就是巍巍大雁塔。

迦蓝佛 指释迦牟尼最初走出王宫，最先问道的外道仙人，又称作“阿啰拏迦罗摩”“阿蓝迦蓝”“阿蓝”“罗迦蓝”“伽蓝”等，意译是自诞、懈怠的意思。迦蓝佛与郁陀罗摩子并称于世，也是寺院道场的通称。

大雁塔建于652年，因坐落在大慈恩寺，又称“大慈恩寺塔”。关于“雁塔”这个名字的由来，历来有不同的说法。

相传在玄奘法师西天拜佛求经的路上，有一天，玄奘法师走到大漠，遇上了风沙，迷失了方向。

此时，玄奘法师的粮食和水所剩无几，眼看就要陷入绝境。面对这种危机，玄奘法师依然淡然盘膝而坐，念经呼法号。

这时，从远方飞来一只大雁，在玄奘面前抖翅低鸣，频频将脖颈伸向远方。玄奘法师领会其意，就跟随这只大雁走出了荒漠，找到了水源。

玄奘法师对大雁充满了感激之情。回国后，在修建大慈恩寺的时候，他就将塔命名为“雁塔”。

关于塔名的另一种说法来自古印度迦蓝佛，据说他曾穿凿石山做五层高塔，最下面一层是大雁的形

释迦牟尼 释迦牟尼佛，原名悉达多·乔达摩，是佛教的创始人。佛教被尊称为“佛陀”，意思是大彻大悟的人，在我国，释迦牟尼佛又被尊称为“如来佛祖”。本是古印度北部迦毗罗卫国的王子，是佛教的开启者。

俯拍大雁塔广场

西安唐大雁塔

状，称为“雁塔”。玄奘最初设计建造的塔就采用了这种形制，故名“雁塔”。

还有一种说法和佛祖释迦牟尼有关，相传佛祖释迦牟尼曾化身为一只鸽子，解救天下苍生。唐代人崇尚大雁，通常都以大雁泛指鸟类，因此把塔取名为“雁塔”。

关于雁塔之名的来源，还有一种说法是，建塔的地点过去常有大雁落脚，在为塔取名时，正好有大雁飞过，玄奘一指大雁，就给此塔定名为“雁塔”。

当然，不管“雁塔”二字究竟来自哪里，雁塔之名是确定了的。

说起大雁塔，首先就要提到它的建设者唐代高僧玄奘。如果没有玄奘，就不会有赫赫有名的大雁塔。

627年，玄奘与其他僧侣一起结伴上表奏请朝廷，申请赴印度取经。当时，唐王因建国之初，社稷未稳，下诏不许。后来，其他人纷纷退缩，而玄奘不为所动，矢志不改，并且利用出国前的3年时间，在佛经研究、梵文语言及物质精神等方面做了充分的准备。贞观三年（629年），玄奘请求出国，有诏不许，遂偷出边卡。

629年，玄奘与从长安出发，开始了艰难的西域

丝绸之路 简称“丝路”，最早出现在我国的商朝和秦汉时期。通常所指的丝绸之路是穿越中亚、翻过帕米尔高原、抵达西亚的线路，是我国古代中外交流的国际通道。

之旅。他一个人骑着马沿着丝绸之路，克服了数不清的艰难险阻，经过整整3年的跋涉和25 000千米的艰苦行程，终于到达了佛教圣地天竺。玄奘到达天竺后，在著名的那烂陀寺学习，并拜戒贤长老为师。

住持 佛教僧职，又称“方丈”“住职”。原来是久住护持佛法的意思，是掌管一个寺院的主僧。禅宗兴起后寺院主管僧人称为“住持”。我国从唐代开始在寺院设立住持一职。

后来，玄奘又用了5年时间，在天竺佛国寻道，游遍印度国。当他返回那烂陀寺时，已经位居这座佛教最高学府的主讲，地位仅次于恩师戒贤。

642年，在玄奘求法圆满准备返回大唐时，他接受邀请，参加了古印度规模空前、规格很高的佛教学术盛会。在会上，玄奘法师为论主，其辩才无碍、博学宏论折服了与会者，连续18天无人能发论辩驳。大乘僧众称玄奘法师为“大乘天”，小乘佛教僧众称他为“解脱天”，佛教里的“天”，就是菩萨众神。

为了回到大唐翻译佛经、弘扬佛法，玄奘说服劝阻自己回国的恩师、道友以及各国国王，于645年携

大雁塔

化缘 佛教术语。本义是佛、菩萨高僧等示现、教化众生的因缘。佛教认为，能布施斋僧的人就是与佛门有缘，僧人以募化乞食广结善缘，故称“化缘”。还可以指募化活动。

经卷657部、佛像8尊以及大量舍利，载誉回到长安。

玄奘的壮举震动了大唐上下，当时，朝廷在大慈恩寺举行了空前盛大的欢迎仪式，出动1500多辆轩车，200多幅刺绣佛像，500多幅以金线绣出的经幡，入寺和送行的高僧分坐500辆宝车，盛况空前。649年，大慈恩寺落成，玄奘担任寺院的首任住持，专心致力于佛经翻译事业。

玄奘从印度归来后，为了保存从印度取回的佛经、佛像和舍利，想向朝廷提出在大慈恩寺建一座石塔。于是，玄奘就上书唐高宗，请求在慈恩寺正北门建一座高90多米高的石塔，以供奉和贮藏他从印度带回来的这些宝物。

唐高宗认为，石塔工程过于浩大，短时间内难以完成，不愿玄奘为此事辛劳。于是，652年，在慈恩寺西院，建造了一座仿印度形式的砖塔，这座塔就叫“雁塔”。

至于建塔的经费来源，玄奘的本意是通过化缘、信民奉献等方式自己筹划，只需朝廷批准即可。然而，出于对玄奘的关心，唐太宗特意提出：

不愿法师辛苦。

大慈恩寺后面的大雁塔

今已敕大内东宫、掖庭等七宫亡人衣物助法师，足得成办。

由此可见，大雁塔是“民建官助”的。而这个“官助”也仅仅是以“七宫亡人衣物”的相助，官府本身并不支出特别的经费。

大雁塔规模宏大，对于即使处于繁荣时期的唐朝来说，也是一个不小的工程，这个浩大工程的经费，居然是来自内宫的宫女，这有点令人感到不可思议。

■武则天（624—705），我国历史上唯一一个正统的女皇帝，也是诗人和政治家，终年82岁。她退位后，唐中宗恢复唐朝，改称“则天大圣皇后”。武则天去世后中宗将她入葬乾陵。

唐太宗时期，虽然也曾让一部分宫女回家，但皇宫里的宫女数量仍然很多，常有数万人。于是，那些生活凄惨而又毫无希望的宫女，便把宗教信仰作为她们重要的精神寄托。

这些可怜的宫人把改变命运希望，哪怕是“来世”命运的希望，寄托于佛教。因此，在大雁塔及后来的小雁塔修建过程中，很多宫女都把自己多年来辛苦积攒的积蓄布施给大雁塔的修建，还有很多宫女，在死后把遗物献给了大雁塔。

后来，“雁塔”虽经过武则天更拆重建，名称却一直沿用没有更改。

玄奘大师西去取经载誉回国后，受到了唐太宗敕请，并让他在弘福寺翻译佛经。当时的弘福寺集中了

房玄龄 是唐代初年著名宰相、杰出的谋臣，大唐“贞观之治”的主要缔造者之一。房玄龄智能高超、功勋卓越、地位显赫。他善用伟才、敏行慎吉，可谓一代英才。

各地的博学高僧，组成佛经译场，由玄奘担任翻译住持。一直到大慈恩寺初建落成，玄奘才奉敕来到寺院任首任住持，继续译经。

在朝廷的支持下，玄奘住持的译经院规模空前。这支译经队伍以玄奘为首，由右仆射房玄龄和太子左庶子许敬宗，奉敕具体组织，集中了全国一流的佛教精英。

由于玄奘精通三藏，深得佛经奥旨，广博各宗各派，梵文外语功力和学问根底深厚，所以在翻译过程中，既要忠实原著和源流变化，又要深会其意，纠正归失，补充疏漏，这项工作进展得颇有成效。

在翻译工作中，玄奘每天都自立课程进度，且用朱笔细心标注翻译进展记号，他一个人就译出经文1300多卷。

664年，操劳一生的玄奘法师因病在玉华寺圆寂。他的灵柩被运回长安，供奉在大慈恩寺，最后安葬于长安城东白鹿原上。

这位传奇式的人物被尊称为“三藏法师”，他不畏艰难前往西天取经的故事，自唐代以来广为流传。明代小说家吴承恩在三藏法师取经故事的基础上完成巨著《西游记》，成为我国“四大古典小说”之一。

阅读链接

关于大雁塔名称的由来还有一个古老的传说。按照印度佛教的传说，当初的小乘佛教是不忌荤腥的。

相传很久以前，古印度有一个摩揭陀国。有个寺院的和尚信奉小乘佛教。可是，好长一段时间和尚们没有肉吃。一天，空中飞来一群大雁。

有位和尚半开玩笑地说：“今天大家都没有东西吃了，菩萨应该知道我们肚子饿呀！”话音刚落，只见一只大雁坠死在和尚的面前。和尚惊喜交加，寺内众僧都认为这是如来佛在教化他们，于是就在雁落之处，以隆重的仪式葬雁建塔，将塔取名为“雁塔”。

七层宝塔与佛祖舍利

大雁塔建塔时,作为大慈恩寺住持，高僧玄奘曾经亲自设计、指导和督导施工，他还亲自担运砖石建塔。

2年后，一座高5层的土心砖塔建成了，这就是最早的大雁塔。

大雁塔底层南门两侧，镶嵌着唐代著名书法家褚遂良书写的两块石碑，一块是《大唐三藏圣教序》，另一块是唐高宗撰写的《述三藏圣教序记》。石碑侧蔓草花纹，图案优美，造型生动。

褚遂良（596—659），字登善，唐朝政治家、书法家。浙江杭州人，他博学多才，初学虞世南，后取法王羲之，精通文史，与欧阳询、虞世南、薛稷并称“初唐四大家”。隋末时，跟随薛举为通事舍人，后在唐朝任谏议大夫、中书令等职，649年，与长孙无忌同受太宗遗诏辅政；后坚决反对武则天为后，被贬为长沙都督。传世墨迹有《孟法师碑》《雁塔圣教序》等。

章八元 唐代诗人，字虞贤，桐庐县人，人称“章才子”。771年中进士，调任句容县主簿，后升迁协律郎，掌校正乐律。留有《题慈恩寺塔》诗一首，有诗集一卷传世。

大雁塔初建只有5层，当时由于是砖表土心的缘故，质量不好，四五十年后，便逐渐出现坍塌现象。

到了唐代武则天年间，由武则天带头，各王公大臣共同响应，施舍了大量钱财，重新营建了大雁塔。此次修建后，把大雁塔建到了10层。

正如章八元在《题慈恩寺塔》中所描述的那样：

十层突兀在虚空，四十门开面面风。

到了宋代熙宁年间，有游人登塔照明时，不慎失火，大雁塔旋梯损坏严重，不可再登。

此后若干年，大雁塔又因经历兵火战乱的破坏，上面3层遭到毁坏。于是，后人在塔的7层收顶攒尖，在塔体外又包砌了一层砖。这就是后人所见大雁塔的形状。

■大雁塔塔身

重修后的大雁塔塔身是用青砖砌成，各层壁面作柱枋、栏额等仿木结构；每层四面都砌有拱门。这种楼阁式砖塔，是我国佛教建筑艺术的杰作。

1000多年过去了，敕建的大慈恩寺寺院建筑早已不存在了，而民建的大雁塔却仍然保留，诠释着我国古代佛教建筑艺术的风格。

最初的大雁塔形状和结构是西域式的。塔的主体为5层，砖表土心，有相轮、露盘。整座塔呈三角

■唐太宗（599—649），李世民，唐朝第二位皇帝，在位23年，享年50岁。唐太宗不仅是著名的政治家、军事家，还是一位书法家和诗人。李世民登基后开创了著名的“贞观之治”。

形，形似埃及的金字塔。

大雁塔经历过两次大的改建后，和当初刚修的大雁塔相比，外形以及内部的结构上都有很大的改变。砖仿木结构的四方形楼阁式塔，由塔基、塔身、塔刹组成。塔体各层都是用青砖模仿我国唐代建筑砌檐柱、斗拱、栏额、檩枋、檐椽、飞椽等仿木结构，磨砖对缝砌成。

每层塔的四面均有券门，底层南门洞两侧镶嵌着唐太宗御撰的《圣教碑》和高宗李治所撰《述圣记》两通珍贵石碑，具有很高的艺术价值，人称“二圣三绝碑”。

大雁塔塔高64米多，塔基高4米多，南北长48米多，东西长约45米。作为一座雄伟的分层建筑，大雁塔的每一塔层都各有特色。

进入大雁塔南门，就可以看到塔的第一层。洞壁两侧，镶嵌有多通明代题名碑，其中“名题雁塔，天地间第一流人第一等事也”就是当时雁塔风光的写照。此外，描写玄奘辉煌一生的《玄奘负笈像碑》和《玄奘译经图碑》，也非常有价值。

在塔内第一层通天明柱上，悬挂着4幅长联，写的是唐代的历史、人物、故事。同时，第一层塔内，还设有古塔常识及我国名塔照片展，展示了佛塔的起源、发展、结构和分类。

塔座登道的墁砖处，平卧一通“玄奘取经跬步足迹石”，所刻图案生动地反映了玄奘当年西天取经的传说故事，以及他万里征途、始

■大雁塔入口

文殊菩萨 又称“文殊师利”或“曼殊室利”，佛教“四大菩萨”之一，释迦牟尼佛的左胁侍菩萨，代表聪明智慧。因德才超群，居各大菩萨之首，是除了观世音菩萨之外最受尊崇的大菩萨。

普贤菩萨 我国佛教“四大菩萨”之一，是象征理德、行德的菩萨，同文殊菩萨的智德、正德相对应，是娑婆世界释迦牟尼佛的右胁侍菩萨，于是被称为“华严三圣”。

于跬步、追求真理的奋斗精神。

大雁塔第二层的塔室内，供奉着一尊铜质镏金的佛祖释迦牟尼佛像。这尊佛像是明代初年的宝贵文物，被视为定塔之宝。到此地的僧众，看到此像都争先礼拜瞻仰。

在两侧的塔壁上，还附有文殊菩萨、普贤菩萨壁画两幅，以及名人书法多幅。多是唐代诗人登临大雁塔有感而发的诗句，朗朗上口、意味悠长。

在大雁塔第三层塔室的正中，安置有一木座。座上存有珍贵的佛舍利及大雁塔模型。

有关舍利的由来还有一段故事，据说这两颗舍利是印度玄奘住持悟谦法师赠送的，属一乘佛宝。

第四层设有一个大雁塔模型，是严格按照与真实的大雁塔1：60的比例由名家制作，选材上乘，工艺精湛。大雁塔的第四层比较简单，也比较宽畅。

在大雁塔第五层内，陈列着一块释迦如来足迹碑，该碑是依据唐代玄奘法师晚年于铜川玉华寺，请石匠李天诏所刻制的佛足造像复制而成。足迹碑上有许多佛教图案，内涵丰富，素有“见足如见佛，拜足如拜佛”的说法。

在大雁塔第五层的塔室内，还收集展出有玄奘鲜为人知的数首诗词。通过这些诗词，人们可窥见玄奘在诗词方面的极深造诣。

大雁塔第六层悬挂有唐代五位诗人举行诗会时的佳作。

第七层是大雁塔的顶层，塔顶刻有圣洁的莲花藻井，中央为一朵莲花，花瓣上共有14个字，连环为诗句，可有数种念法。

在第七层的壁上玄奘所著《大唐西域记》中，记载了他在印度所闻的僧人埋雁造塔的传说，向人们解释了最可信的雁塔名字的由来。

来到第七层也就到了大雁塔的最高处，人们可向四周远眺，古城四方景物尽收眼底，恰如置身于神奇美妙的佛国仙境。

在大雁塔底层南券门两侧，嵌立着两块高大的石碑。碑首有鳞甲森然的蟠，碑侧饰以富丽繁缛的卷叶蔓草纹。特别是碑座刻有生动传神的天人舞乐浮雕，舞带回环，似在飘动。这两块碑文上所刻的是《圣教序》，这个《圣教序》还有一个来历。

大慈恩寺佛像

当时，唐太宗父子应玄奘的邀请，为他新译的经文撰写了序文和纪文，这就是《圣教序》。序文和纪文写好以后，由当时与欧虞齐名的当朝宰相褚遂良书写，刻于石上。

原来是立在玄奘所修的五层

大雁塔佛像

砖塔顶层石室之中，现在此碑文完好如初。褚遂良手书被刻于石上，更显得字迹挺拔秀媚，有人誉其婉丽绰约如美女婵娟，不输罗绮。世称《雁塔圣教》。

后来，后人利用《圣教序》的文章，又分别在玄奘的故乡河南省偃师县、褚遂良曾经任职的同州、玄奘曾经居住讲经的长安弘福寺立了3通碑，和大雁塔的那通碑，合成“一文四碑”。当然，在这4通碑中，大雁塔的碑是最早的，也是最为出名的。

弘福寺 位于陕西长安。唐朝贞观八年（634年），太宗为追荐太穆皇后，遂于右领军大将军彭国公王君的故宅建寺，以智首律师为上座。贞观十九年（645年）正月，玄奘自西域归来，所携回的佛舍利、佛像，以及大、小乘经律论等657部，均置于此寺。三月，奉敕于此寺开办译场，先后译出《菩萨藏经》《佛地经》等书。

大雁塔与佛舍利可谓密切相关，千百年来，人们在谈论大雁塔时，总是禁不住对和大雁塔有关的佛舍利充满了兴趣。

佛教诞生在古印度，创始人释迦牟尼的肉身被焚化后，结晶体和未烧尽的遗骨，被称作“舍利”，由他的亲属和弟子们作为圣物收藏起来。后来，被分成若干份，送往世界各地，建塔供奉。据说，这些舍利的一部分传到了我国。

舍利来源于印度，梵语音译为“设利罗”，译成中文是为灵骨、身骨，是得道高僧经过火葬后所留下的结晶体。不过，舍利和一般死人的骨头不同。

舍利的形状千变万化，有圆形、椭圆形的，有呈莲花形的，也有呈佛或菩萨状的；它的颜色有白、黑、绿、红的，也有其他颜色；舍利子有的像珍珠，也有的像玛瑙、水晶；有的透明，有的光彩照人，就像钻石一般。但是，并非所有的僧人死后都可以产生舍利子，舍利乃佛祖或得道高僧道行甚高的体现，是其戒、定、慧三者转化的结晶，是佛祖或高僧在圆寂后火化时所生成的晶莹坚硬的颗粒。

火化后，仍然存在的原身体某部位灵骨，分别被称为“佛牙舍利”“顶骨舍利”“佛指舍利”等。这些舍利在佛教界异常珍贵，往往带有圣洁和神秘的色彩。

大雁塔与佛舍利密切相关。652年，玄奘法师当初为存放从西域所取经像、舍利而建造大雁塔，而玄奘法师究竟从西域带回了多少舍利，历来有很多观点。

在《法师传》中记载仅说是150枚肉舍利和一匣骨舍利，具体数量并没有说明。而在该书描写修塔一节时说：“层层中心皆有舍利，或

大雁塔附近的佛像

■舍利子　原指佛教祖师释迦牟尼佛，圆寂火化后留下的遗骨和珠状宝石样生成物。舍利子印度语叫作“驮都”，译成中文叫灵骨、身骨、遗身。是僧人去世，火葬后所留下的结晶体。舍利子跟一般死人的骨头是完全不同的。它们形状不一，颜色各异，有的像钻石一般。

一千，二千，凡一万余粒。”

后来，大雁塔经过武则天重新改建时，将塔中原有的舍利如何处置的，就没有翔实的史料记载了。

玄奘法师历经千辛万苦所取的佛舍利，究竟是另行存放，还是散佚，这些都成了千古之谜。直到后来，大雁塔接待了来自印度玄奘寺的住持、印籍华侨高僧悟谦法师。悟谦法师原籍是陕西咸阳，自幼出家，以玄奘为楷模，到印度寻求佛法。

悟谦法师来到我国时，已经年逾古稀，在印度玄奘寺任住持。他来到大慈恩寺后，把两颗珍贵的佛舍利子赠给大雁塔。这两颗舍利，一颗直径3.5毫米，一颗直径1.5毫米。现在大雁塔上安放的佛舍利，就是当年悟谦法师所赠的那两颗。

阅读链接

佛教的创始人释迦牟尼曾是古印度的一位王子，他29岁时出家修行，最后在菩提树下悟出了人生真谛，创立了佛教，被尊为“佛祖”。公元前486年，80岁的释迦牟尼去世，弟子们将他的尸体焚化，把他留下的尸骨结晶体和未烧尽的遗骨称作“舍利”，并作为圣物收藏起来。

释迦牟尼圆寂后250多年后，古印度阿育王统一了印度。这位晚年皈依佛门的国王将佛祖的舍利收集起来，重新分成若干份，送往世界各地建塔供奉。

千年宝塔的地宫之谜

我国历来就有建塔必建地宫的说法，所谓的“地宫”就是为埋藏舍利在塔基下面建造的地窖。

在南北朝以前一段时期内，高僧圆寂后，留下的舍利都放在塔刹

法门寺地宫

■ 陵寝地宫的内部结构

里，到了南北朝时期才逐渐兴起在塔下埋藏舍利。

最初，僧人们只是将放有舍利的宝函直接埋在地下，之后随着佛教事业的发展壮大及思想意识的转变，逐步发展为在塔下建地宫埋藏宝函。

地宫是我国古代石雕刻和石结构相结合的典型建筑，是陵寝建筑的重要组成部分，是安放死者棺椁的地方。

地宫一般都有一道石门，隧道内建有3道石门，构造形式和关闭的方法都是一样的。每道门都是两扇，用铜包裹门枢，安在铜制的槛上。

在门槛的平行线内是用白玉石铺成的地面，紧挨着石门下角里面，凿有两个约有半个西瓜大小的石坑。对着这两个石坑里边约半米多高的地面上，同样凿有两个浅坑，在这两个浅坑的中间凿出一道内高外低的浅沟。

此外，每扇石门都预制好一个西瓜大小的石球，

法门寺 位于宝鸡市的扶风县法门镇。据传始建于公元68年，周魏以前原名也叫阿育王寺，隋改称成实道场，唐初改名法门寺，被誉为皇家寺庙，因安置释迦牟尼佛指骨舍利而成为举国仰望的佛教圣地。

放在石门里面的浅坑上。当下葬礼结束、关闭石门的时候，两扇门并不合缝，中间离有10厘米空隙。

然后用长柄钩从石门缝伸进去，将浅坑里的石球向外钩拉，这石球就沿着凿好的小沟滚进了门边的深坑，合槽后恰好顶住了石门。

从此，除非设法破坏，这石门就再不能打开了。从地宫的构建我们可以看出古人高超的建筑智慧以及对佛教舍利的高度重视。

陕西法门寺发现的唐代地宫，是继秦兵马俑之后又一重大文物发现。这个地宫的发现，也引起了人们对大雁塔下是否有地宫的猜测。

人们普遍认为，在气势恢宏的大雁塔下也藏有千年地宫。但是，相对于发掘大雁塔的地宫，及时治理大雁塔的倾斜问题，才是文物部门面临的更为迫切的问题。

关于大雁塔下是否有地宫，众多人士都坚持有地宫这一观点。后来，很多专家认为，与陕西扶风法门寺宝塔地宫一样，大雁塔下极有可能存在一座壮观的地宫。

西安大雁塔

地宫内很有可能藏有唐代高僧玄奘从西域取经带回来的大量经卷和袈裟等稀世珍宝。

为了供奉和珍藏带回的佛经、金银佛像、舍利等宝物，经过朝廷批准，玄奘亲自设计和主持建造了大雁塔。

但是，没有人见过这些珍宝究竟藏在大雁塔的哪个位置，历史文献中也没有记载大

■大慈恩寺的正门

小雁塔 建于唐代景龙年间，原有15层，现存13层，高约43米。小雁塔与大雁塔东西相向，是唐代古都长安保留至今的两处重要的标志，因为规模小于大雁塔，并且修建时间偏晚一些，因而称为“小雁塔”。

雁塔下面是否真的有地宫。

玄奘所带回的珍宝如今珍藏在哪里，又成了千古之谜。

2007年，我国地震局对包括大雁塔塔基在内的各内部结构进行了雷达遥感探测。探测结果表明，大雁塔底下确实有空洞存在，这也为学者对大雁塔底下存有地宫的假想提供了依据。

唐代在建塔的时候都会设有地宫，这几乎是唐代塔类建筑的固定形制。同是唐代皇家寺院的法门寺地宫与小雁塔地宫的成功发掘，更为这种观点的推断提供了有力旁证。因此人们推测大雁塔底下的空洞，应该就是大雁塔的地宫。

假如大雁塔底下有地宫，从塔的体量来看，其规模肯定会比法门寺地宫大。大雁塔地宫和法门寺地宫应该是同种类型。

这是因为，大雁塔所处的大慈恩寺是皇家大寺院，地域广，院落多，建造规格高，寺院经济非常发达。作为官寺，大慈恩寺经常为国祈福。大雁塔又建在都城之内，不但规模大，藏品也非常丰富。

在法门寺地宫被发现后，地宫出土的除了佛祖真身指骨舍利外，还有2400多件唐代的国宝重器，全部是稀世珍宝。和法门寺相比，人们对大雁塔可能存在的地宫充满了更高的期望。

因为，当年唐高宗对修建大雁塔这件事是非常重视的。作为一个皇家寺院，大雁塔地宫里的珍宝规格也会非常高。另外，唐高宗、武则天时期正是盛唐时期，国力雄厚，加上这两个皇帝都信佛，因此大雁塔里的珍藏肯定会很多。

大雁塔地宫里除了玄奘从印度带回来的佛舍利、佛经、金银佛像等宝物外，还可能保存着大量丝绸、各种法器、琉璃、玄奘亲自翻译抄写的经书、玄奘遗物、唐人抄写的经卷、石刻、壁画、皇家器皿、当时

法器 又称为"佛器""佛具""法具"或"道具"。广义而言，凡是在佛教寺院内，所有庄严佛坛，以及用于祈请、修法、供养、法会等各类佛事的器具，或是佛教徒所携带的念珠、锡杖等修行用的资具，都可称之为"法器"。

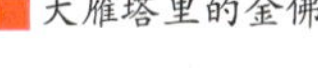
大雁塔里的金佛

的外国人在这里供养的法器等。

此外，玄奘当年取经回来还带回了很多贝叶经，他带回的这些贝叶经在我国国内还从没有被发现过。

虽然唐代律法规定贝叶经一般都要上交给朝廷，多放到国立翻译场所保存，但是唐代后期也曾经几次搜集整理从印度传来的贝叶经，大雁塔地宫里藏有玄奘带回的贝叶经是完全可能的。

大雁塔地宫至今未被发掘，也没有被盗迹象。从敦煌藏经洞出土的经卷纸张保存完好，不但有光泽还有弹性等情形来看，大雁塔内的贝叶经纸质如果结实，应该也和敦煌经卷一样保存完好。

随着时间的推移，由于地震对大雁塔的塔身造成了一定的损伤，塔内出现了几处细小的裂缝，而宝塔原本就存在塔身倾斜的问题。

因此，保护好塔身，也就等于保护了地宫和地宫内的文物，在倾斜问题尚未得到根本解决的情况下，目前尚没有计划对地宫进行发掘。即使明确有地宫存在，保护古塔也优先于挖掘地宫。就这样，地宫和玄奘带回的舍利一样，成了大雁塔的未解之谜。

阅读链接

645年，玄奘从印度取经归来后，带回了大量的佛舍利、657卷贝叶梵文真经以及8尊金银佛像。

关于佛舍利的数量，五代梁朝时期的护国录事参军王巾编著的《法师传》中记载，是150枚肉身舍利和一匣骨舍利。而存于世上的只有一件石刻的玄奘手迹，大雁塔地宫里或许会保存很多玄奘手迹真迹。

据说，玄奘从印度归来后，唐太宗为了褒奖玄奘的功绩和精神，特别命令后宫动用百宝，组织能工巧匠，用了4年时间为玄奘特制了一件绝好的袈裟，这件宝物也极有可能就藏在大雁塔的地宫里。

雁塔题名历载文化底蕴

大雁塔不同于一般的佛塔，它坐落在当时的大唐都城长安，特殊的地理位置决定了它从建成那天起，就与我国文化结下了不解之缘。

从最初的褚遂良亲笔作书，到千古留名的雁塔题名，再到后来的杜甫等5位大诗人相约大雁塔吟诗，千百年来，大雁塔的文化已经成为大雁塔的一部分。

褚遂良画像

大雁塔在我国古代最令读书人向往的就是雁塔题名。雁塔题名始于唐代，它是指在长安考试中的状元、进士齐集到大雁塔题名，以及武举在小雁塔题名的文化活动。

雁塔题名在我国科举史上历代都非常有名，那是学子们考取功名以后，进行欢庆和纪

大雁塔

念的一系列文化活动的组成部分，同时也是我国古代科举制度重要的传统内容之一。

在唐代，科举制度日趋发展和完善。每年新科进士云集长安曲江进行宴庆，官方便在曲江池西侧杏园设宴欢庆，故称“杏园宴”。

唐中宗时期，杏园宴罢，这些进士又齐集慈恩寺塔下进行题名活动，故称“雁塔题名”。雁塔题名究竟始于唐中期何时何人，却没有翔实的史料记载。但是，雁塔题名的文化活动却一直沿袭到清代末年。

按照唐代的典制，以科举入仕为首要的途径，科举的科目中又以进士科最难，也最荣耀。

当时，从地方到京城，成千上万学子经过层层选拔，最后进士及第者的名额最多也不过30名。这些历尽千辛万苦考取功名的学子，都把“雁塔题名”看成一件极为重要的事。仅在唐代的8000余名及第进士中，就有五六千名及第者题名于雁塔。

当年，大诗人白居易一举及第，他高兴地唱道：“慈恩塔下题名处，十七人中最少年。”其实，白居易这时已经27岁了，可见进士及第之难。

最初，读书人进士及第后题名在塔壁上，是用

科举 我国历代封建王朝通过考试选拔官吏的一种制度。由于采用分科取士的办法，所以叫作“科举”。科举制从607年开始实行，到1905年停止，经历了近1300年。

墨笔书写的。以后如果再有将相加身，就要用朱砂来书写了。题名之后，如果再被授官升迁或有人再来雁塔，就在旧题名处添一个“前”字，这叫“曾题名处添前字”。这种当时随意性的题名主要是炫耀于当世。

在大雁塔建成后，登塔抒情、赋诗作画的文化活动在历朝历代都一直持续着。千百年以来，登临大雁塔，赋诗抒怀的诗人就多达几百人，留下近千首作品。

大雁塔诗会文化活动之所以在文化史上留下浓重的篇章，其一是因为皇上和朝廷官员的直接参与和推动，其二是金榜题名的状元、进士雁塔题名时频频聚会赋诗。

唐中宗时，每年中秋或九月九重阳节，皇帝都要亲临慈恩寺道场，登高赏秋，和随行官员们一起赋诗抒怀。在这些有利因素的推动下，雁塔诗会一时蔚然成风。其中，最为著名的就是“五人诗会”。

752年，唐代大诗人杜甫、岑参、高适、储光羲和薛据，到长安城南的慈恩寺游览。5位诗人兴致大发，每人赋诗一首。由于各人生活经历不同，诗的内容和意境也有很大差别。杜甫在诗中写道：

高标跨苍穹，烈风无休时。
自非旷士怀，登兹翻百忧。

朱砂 古时称“丹”，自东汉人们为寻求长生不老药而兴起炼丹术以来，我国逐渐开始运用化学方法生产朱砂。朱砂的粉末呈红色，作颜料经久不褪。我国利用朱砂作颜料已有几千年的T历史。

■白居易（772—846），字乐天，又号香山居士，我国唐代伟大的现实主义诗人。有《白氏长庆集》传世，代表诗作有《长恨歌》《卖炭翁》《琵琶行》等。

储光羲（706—763），唐代官员，田园山水诗派代表诗人之一。诗以描写田园山水著名，如《牧童词》《田家杂兴》等，风格朴实，能够寓细致缜密的观察于浑厚的气韵之中，给人以真切之感。

方知象教力，足可追冥搜。
仰穿龙蛇窟，始出枝撑幽。
七星在北户，河汉声西流。
羲和鞭白日，少昊行清秋。
秦山忽破碎，泾渭不可求。
俯视但一气，焉能辨皇州？
回首叫虞舜，苍梧云正愁。
惜哉瑶池饮，日晏昆仑山。
黄鹄去不息，哀鸣何所投？
君看随阳雁，各有稻粱谋。

■ 岑参（715—770），唐代诗人，是唐代著名的边塞诗人。他的诗歌极富有浪漫主义的特色，气势雄伟，想象丰富，色彩瑰丽，热情奔放，尤其擅长七言歌行。

杜甫的这首诗，不仅描写了塔的自然景色，更重要的是诗人已预感到社会的动荡不安，他怀念唐太宗时的“贞观之治”，婉转地批评了唐玄宗耽于享乐、不理朝政的荒淫生活。因此，这首诗内容的深刻和艺术意境，都是高适和储光羲的诗所比不上的。

大雁塔的佳作千年不衰，在大唐及以后的历朝历代中，都有很多达官贵人、文人墨客千里来到大雁塔，留下佳作。

深受武则天赏识的上官婉儿，就曾经写下《九月九上幸慈恩寺登浮屠群臣上菊花酒》一诗。

而描写大雁塔最有名的当属唐代宗大历六年（771年）进士章八

西安大雁塔景观

元。章八元在《题慈恩寺塔》中这样写道：

十层突兀在虚空，四十门开面面风。
却怪鸟飞平地上，自惊人语半天中。
回梯暗踏如穿洞，绝顶初攀似出笼。
落日凤城佳气合，满城春树雨蒙蒙。

大雁塔不仅是佛教的圣地，它也是诗词楹联荟萃的宝地之一。

沿着大塔座拾阶而上，就是南门洞券。洞券两旁有楹联“宝舟登彼岸，妙道辟法门”。类似的楹联，在其他3个门洞都能见到。

在大雁塔塔内一层的明柱之上悬挂着4幅长联。

其一摘自唐太宗李世民《大唐三藏圣教序碑》集句而成；其二摘自唐高宗李治《大慈恩寺碑记》集句

贞观之治 我国唐太宗在位期间的清明政治。由于唐太宗知人善用，广开言路，虚心纳谏，使得社会出现了安定的局面。因为当时的年号为贞观，史称“贞观之治”。这是唐代的第一个治世，也为后来的“开元之治”奠定了厚实的基础。

大雁塔

而成。它们互相对应，可视为一联。三、四句为玄奘所作。

唐代以后，古都西安已经不再是都城，这对雁塔题名等文化活动产生了一些影响。因此，在古都长安的雁塔题名活动虽延续1000多年，而进士题名仅仅延续到唐末。

后来，在长安仅仅是陕西和甘肃的乡试举人仿效唐代进士雅举，在雁塔题名。之后历代及第进士，也仍在各朝的首都京城进行进士题名，这些是长安雁塔题名文化活动的效仿和延续。

宋代便把雁塔题名的字摹刻上石拓本流传，成为珍贵的文物。其中，有一位新科进士吕大防曾在《礼慈恩寺题诗》中写下了这样的名句：

玄奘译经垂千秋，慈恩古刹闻九州。
雁塔巍然立大地，曲江陂头流饮酒。

楹联 又称“对联”或“对子”，是写在纸、布上或刻在竹子、木头、柱子上的对偶语句。言简意深，对仗工整，平仄协调，是中文语言独特的艺术形式。对联相传起于五代后蜀主孟昶，是中华民族的文化瑰宝。

明清时期，雁塔题名已经约定俗成，文举在大雁塔，武举在小雁塔，场面庞大，历时多年。因为备受关注和重视，大雁塔的题名刻石完好保存下来的碑文有很多，有的以史料价值见长，有的则以书法杰作为人称道。

1540年，陕西乡试题名碑文就是“名题雁塔，天地间第一流人第一等事也”。

雁塔题名的故事，使大慈恩寺雁塔成了我国雁塔之鼻祖。潮州雁塔也是沿袭雁塔题名之故事，仿大慈恩寺雁塔而造于湖山之上，可说是大慈恩寺雁塔之缩微，成为潮郡13县科举时代学子向往之处，今塔下偏南岩石上尚存以大埔黄户衣为首等16人的“皇明嘉靖乙卯科题名”石刻。由此可见，古人对雁塔题名的看重。

尽管新科进士们诗兴不减，而大慈恩寺的墙壁毕竟空间有限，不久，白墙便成了“花墙”。在大雁塔上题上这些进士的名字的，大都是当年的那些书法好的进士所题写，不过现在得以保留的题名，已经不是当年的那些文字，那些春风得意的中榜进士名人们的得意之作，在历史的风雨中即使没有晚唐时大唐气数已尽的萧条，保存至今同样是困难的。

到了晚唐，因为唐武宗时的宰相李德裕不是进士出身，他对这些进士并不欣赏，于是就下令取消了极有文人气息的曲江宴饮，还让人将新科进士的题名也全数除去了。宋代时，又遭遇大火，一些题名毁去，现在的塔上的这些题名，也是后人保存下来的。

阅读链接

大雁塔还有一个流传千古的“五人诗会”的故事。752年，唐代大诗人杜甫、岑参、高适、储光羲和薛据等人登临大雁塔眺望长安。五人诗兴大发，每人赋诗一首。

当时，岑参38岁，是五人中最年轻的一个。他曾多次随唐军驻守西域，使得他的诗笔雄浑豪放。诗人储光羲写了一首《同诸公登慈恩寺塔》，高适写下一首《同诸公登慈恩寺浮屠》，杜甫写了一首《同诸公登慈恩寺塔》。

可惜的是，这5首诗只有4首保存下来，薛据的诗不知何故失传了。

玄奘对佛教的深远影响

玄奘在佛教哲理研究中成就卓越，他和弟子窥基，创立了我国佛教的唯识法相宗，简称“法相宗”。法相宗在我国佛教史和文化史上有着重要的地位和影响，早在唐代就传到日本，一度成为日本最有影

少林寺

■ 西安城墙护城河

响力的佛教宗派之一。

“七级浮屠耀三界，五千经卷播四方”，高耸入云的大雁塔，象征着玄奘的崇高人格和伟大精神。大雁塔又像一座参天丰碑，记载着这位舍命求法，呕心沥血译经，为中华文明和中外交流做出丰功伟绩的一代高僧辉煌灿烂的一生。

据史料记载，唐代高僧玄奘曾经两次向唐太宗表达入住少林寺的意愿，但都被唐太宗委婉拒绝。而玄奘想入居少林寺的愿望始终没能实现。这件事对玄奘来说或许心里会有些遗憾，然而对于大雁塔来说，玄奘的留下无疑是意义深远的。

大慈恩寺因唐代高僧玄奘曾在这里译著经书而名闻天下，因而前来大慈恩寺游览瞻仰的人，不计其数。大雁塔作为西安的象征，历经千年，曾经有过特别辉煌的历史。

唐代的长安，不仅是当时大唐的政治、经济、文化中心，而且还是宗教中心和佛教的重地。

西安 古称“长安”“京兆”，是举世闻名的世界四大文明古都之一，居我国四大古都之首，是我国历史上建都朝代最多、影响力最大的都城。

八大宗派 我国佛教出现过许多派别，主要有八宗：三论宗、瑜伽宗、天台宗、贤首宗、禅宗、净土宗、律宗和真言宗。就是通常所说的性、相、台、贤、禅、净、律、密八大宗派。

唐太宗李世民石刻雕像

当时，我国佛教的八大宗派，其中六大宗派开创在长安及附近，而大慈恩寺是法相宗的祖庭。

这些宗派，在唐代已先后流传到日本，经1000多年的传承，经久不衰。据日本宗教年鉴记载，仅真言宗、律宗、净土宗、华严宗及大慈恩寺这5个宗派，就有4万多个寺院，2700多万名信徒。

玄奘及其高足弟子窥基在大慈恩寺创立的慈恩宗，于唐高宗时期东传到日本，至今仍有十几万的信徒和近百所寺院，日本的慈恩寺就是其中之一。

在唐代，从唐太宗贞观四年（630年）至唐昭宗乾宁元年（894年）的200多年间，日本派到我国的遣唐使就有19次。在这其中，日本高僧道昭和玄奘的友谊，特别感动人。

653年，日僧道昭随遣唐使来到长安，入大慈恩寺师从玄奘法师。当时，道昭25岁，玄奘对这位异国的年轻和尚极为热情，让他和自己同居一室，朝夕相处，给他讲经说法，传授经典。

在道昭学成归国时，玄奘赠予了他两件礼品，一件是玄奘自己翻译抄写的经书，另一件是煎药烧水的铛子，即平底浅锅。

窥基 窥基大师，唯识宗初祖，唐代人，俗姓尉迟，字洪道。俗称“慈恩大师”“慈恩法师”。他身材魁伟，禀性聪慧。17岁出家，后成为玄奘的弟子，移住大慈恩寺，跟随玄奘学习梵文及佛教经论。素有“三车法师”之称。

道昭含泪告别时，玄奘对道昭说：“这铛子是我从西域带回来的，煎药治病，无不效验，你远涉重洋回归故国，带上它自有用处。礼物虽小，但也是我的一片心意啊！”

就这样，道昭告别了玄奘，告别了大雁塔，告别了大唐，回到了日本。

道昭归国后，以元兴寺为中心，传布法相宗，成为日本法相宗的开山祖师。世称“元兴寺传”，或称“南寺传”，又称“飞鸟传”。

道昭圆寂后，他的弟子遵照道昭生前遗嘱，将尸体火葬，从此，日本才有了火葬的习俗。

作为千年古塔、作为西安的象征，关于大雁塔的保护与开发，也一直是我国人民关心的话题。

在我国180处全国重点文物保护单位中有16座佛塔，大雁塔处于第三位，由此可见大雁塔本身的古建文物价值。

所谓“古塔十有九斜”，大雁塔也不例外，其塔身也是倾斜的。大雁塔的塔身向西的偏离程度最大处达1米多。

早在清代康熙年间，人们就发现大雁塔有所倾斜，后来随着时间的推移，塔的倾斜度竟达到了1米多。

作为国家重点保护的文物，我国对大雁塔进行了多次整修，

律宗 我国佛教宗派。因着重研习及传持戒律而得名。实际创始人为唐代道宣。因依据五部律中的《四分律》建宗，也称“四分律宗”。后来因道宣住终南山，又有“南山律宗”或“南山宗”之称。

■ 康熙（1654—1722），清圣祖仁皇帝爱新觉罗·玄烨，清朝第四位皇帝、清定都北京后的第二位皇帝。在位61年，是我国历史上在位时间最长的皇帝，曾开创出“康乾盛世”的大局面。

不仅修葺了大雁塔的塔基座及栏杆、塔檐、塔顶、台阶，还安装了避雷设施。

在经过一系列治理保护措施的实施，大雁塔已基本成功地完成、完善了防盗监控系统、避雷系统、塔座排水系统。

又在大雁塔脚下建立了举世闻名的大雁塔广场，这是亚洲最大的大唐主题文化广场。

大雁塔广场以大雁塔为中心，占地0.67平方千米，包括北广场、南广场、雁塔东苑、雁塔西苑、雁塔南苑、慈恩寺、步行街和商贸区等。

大雁塔广场中央为主景水道，左右两侧分置“唐诗园林区”“法相花坛区”“禅修林树区”等景观，广场南端设置“水景落瀑”“主题水景”“观景平台”等景观。

大雁塔广场的整体设计凸显了大雁塔及大唐的文化精神，是古城西安的标志性建筑，也是闻名中外的奇迹。这个奇迹将永远闪烁出历史的熠熠光辉。

阅读链接

关于玄奘给道昭赠送铛子的事，还有一段有趣的传说。话说当年道昭带着铛子登船返回日本，船在海中航行七天七夜，却靠不到岸。

这时，船上有一位占卜者占了一卦，说是海龙王要玄奘的铛子。道昭说这铛子是我师父给的，不能给。于是，船上的人半是哀求半是威逼地说：“你不给龙王铛子，我们全船的人谁也活不了！”

道昭无奈，只得忍痛割爱，把铛子投入大海。果然，大船顺利靠岸。铛子虽然舍去，道昭却把玄奘的深情厚谊带给了日本人民。

雷峰塔

雷峰塔位于杭州西湖南岸的南屏山麓，有奇峰突起。据《临安府志》记载，从前有个姓雷的人在此筑庵隐居，因而称作“雷峰”。

雷峰塔建于975年，是当时的吴越王钱俶为了庆贺他的宠妃黄氏得子而建，称为“黄妃塔”。但民间因其塔建在雷峰上，都习惯称为“雷峰塔”。

雷峰塔则以“西湖十景”之一的雷峰夕照和《白蛇传》中白娘子的故事而传遍天下。

吴越国王钱俶兴建黄妃塔

雷峰塔，在我国可谓是家喻户晓、人人皆知。雷峰塔，原名“皇妃塔”，又名“西关砖塔”，古人则更多习惯称之为“雷峰塔”。

在我国民间，传说中的雷峰塔是从天而降的，主要是为了镇压千年蛇妖白素贞而出现的。而实际上，雷峰塔的建造者是一个凡人，他就是五代时吴越国国君钱俶。

据明末清初的文学家张岱的《西湖梦寻》中介绍，雷峰塔兴建之初，以13级为标准，“拟高千尺”。不料因为财力不济，当时只建了7级。元朝时一场大火后，雷峰塔只留下了塔心。

钱俶生于杭州，是吴越国开国国君钱镠

■张岱（1597—1679），又名维城，字宗子，别号蝶庵居士，晚号六休居士。明末清初文学家、史学家，著有《琅嬛文集》《陶庵梦忆》《西湖梦寻》《夜航船》等著作。

的孙子。钱镠在两浙称王时，对内在境内保国安民，对外奉行中原王朝，殷勤有加。一时间，吴越国国泰民安，经济繁荣。

■ 雷峰山上的雷峰塔

947年，钱俶继承吴越国王位，继承了祖先留下的繁荣，也继承了祖先留下的遗训，对中原的各个王朝贡奉殷勤，实在是罕见。赵匡胤建立北宋以后，在宋朝统一全国的政治攻势下，钱俶更是倾注国有，励精图治，以保一方平安。

吴越忠懿王钱俶，初名弘俶，小字虎子，改字文德，钱镠孙，是钱元瓘的第九个儿子，是五代十国时期吴越的最后一位国王。

后晋开元中期，担任台州刺史，后来成为吴越国王。宋太祖平定江南时，钱俶出兵策应有功，被授予天下兵马大元帅的头衔。后来他归顺了北宋朝廷，仍然担任吴越国王。

977年，吴越国王钱俶为了庆贺他的宠妃黄氏得子，祈求国泰民安，在西湖南岸夕阳山的雷峰上建造了一座佛塔，这就是黄妃塔。

黄妃塔的基底部建有井穴式地宫，存放着珍藏有佛螺髻发舍利的纯银阿育王塔和龙莲座释迦牟尼佛坐像等数十件佛教珍贵文物和精美供奉物品。古塔塔身上部的一些塔砖内，还秘藏雕版印刷的佛教《一切如

阿育王 意译无忧，故又称“无忧王”，是印度孔雀王朝的第三代君主，频头娑罗王之子，是印度历史上最伟大的一位君王。

■西湖 位于浙江省杭州市的西南方，以其秀丽的湖光山色和众多的名胜古迹而成为闻名中外的旅游胜地，被世人称为“人间天堂”，更是我国唯一一处湖泊类文化遗产。

来心秘密全身舍利宝箧印陀罗尼经》经卷。

钱俶毕生崇信佛教，在他任吴越国王时，在境内建造佛塔无数，著名的六和塔、保俶塔就是典型的例子。雷峰塔同样也是钱俶崇信佛教的体现。

然而，在风雨飘摇的乱世中，钱俶建造的雷峰塔落成仅一年左右，吴越国就灭亡了。1120年，雷峰塔遭到战乱的严重损坏。雷峰塔建在西湖南岸夕照山的雷峰上，南屏山日慧峰下净慈寺前。雷峰是夕照山的中峰，北宋诗人林和靖的《中峰诗》就是最好的写照：

中峰一径分，盘折上幽云。
夕照前村见，秋涛隔岭闻。

由此可见，雷峰塔当时已是人们悠游赏景的好去处了。至于雷峰之名的由来，据《临安志》记载，

南屏山 在杭州西湖的南岸，玉皇山以北，九曜山以东，主峰海拔101米。因地处杭城之南，有石壁如屏障，故名“南屏山”。旧时山麓多佛寺，一名佛国山。

是因为古时候有一个姓雷的人，在此筑庵居住，这座山峰便被称为“雷峰”。也有人考证，中峰又称“回峰”，回峰的“回”字在旧时写作雷，后人以形致误，从而错认为雷峰。

雷峰塔建成后，数次遭到战争的创伤。到了南宋初年，外观已经破烂不堪的雷峰塔在宋兵南下、金兵以钱塘江为前线的拉锯战中再次遭到战火的摧残。

1195年至1200年间，南宋政权决定对全塔进行重修，砖砌塔身也因此从7层减为5层。

雷峰塔重修之后，建筑和陈设重现了往日的金碧辉煌，特别是黄昏时与落日相映生辉的景致，被命名为“雷峰夕照”、列为“西湖十景”之一。

雷峰塔更以其耸峙西湖南岸尽揽湖山胜景，备受讲究游山玩水的南宋统治者的青睐，一时成为南宋宫廷画师争相描绘的题材。南宋以后，雷峰塔景观依然

保俶塔 又名“保叔塔”“宝石塔”“宝所塔”“保所塔”，坐落在浙江省杭州市宝石山上。据载始建于948年至960年，原为九级，998年至1003年重修时，改为7级。历代曾多次修建，现在的实心塔是1933年按照古塔的原样修葺的。

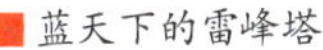
蓝天下的雷峰塔

■金山寺　始建于东晋年间。初建时称“泽心寺”。南北朝梁武帝曾于505年到金山寺参加的水陆大会盛典，是当时佛教中最大盛典。金山寺也因此而名声日盛。

兴盛不衰。一位诗人曾经这样赞赏它：

暝色霏微入远林，乱山围绕半湖阴。
浮屠会得游人意，挡住夕阳一抹金。

然而，人们更多得知雷峰塔的，却是因为一个美丽而凄婉的有关白蛇和许仙的传说故事。在雷峰塔与白娘子的传说中，人们忘不了那个以“卫道士”自居的金山寺法海禅师。

根据《警世通言》的记载，许仙和白娘子是到镇江的码头边开了一家药店后认识金山寺的法海禅师的。于是，人们便将法海禅师也牵扯到这个传说里。

金山寺在镇江西北部的金山上，始建于东晋时期，寺内的殿宇楼台依山而建，历来都是我国佛教禅宗名寺。法海也确有其人，虽然法海的身份仍存在争

《警世通言》是话本小说集，由明代末年冯梦龙纂辑。与冯梦龙的另两种话本小说集《喻世明言》《醒世恒言》合称“三言”。《警世通言》主要收录了宋元话本与明代拟话本。

论，但已经可以确定的是，法海的确是一位得道高僧，更有观点认为他是一位对我国佛教发展有卓越建树的唐代高僧。

历史上镇江与杭州的联系是相当频繁的。在我国宋明时期，长江沿岸走水路的人凡是去杭州的，都以镇江为中转点。而当时以丝茶闻名的杭州已经盛极一时，是各路商人的向往之地。

商人们本来就是民间说书艺人“兜售”的对象，把客人熟悉的事物拉进说书的内容里，这样看来把金山寺和雷峰塔并列在一起，也就顺理成章了。

说书人口中的雷峰塔有了白素贞和许仙，又有了法海禅师，便自然而然有了千古绝唱——《白蛇传》。

南宋话本《西湖三塔记》中又进一步反映出白蛇故事的梗概。白蛇名叫白卯奴，一年清明，她在西湖迷了路，得到了奚宣赞的救助。

她的母亲想吃奚宣赞的心肝，两次都被白卯奴救了出来。最后，白氏母女俩都被镇压在西湖三塔下。

阅读链接

《白蛇传》的故事素材最初起源于在我国民间发现巨蟒的传闻，后来又受到唐代传奇《白蛇记》的影响。

根据杭州《净慈寺志》记载，在我国宋代净慈寺附近的山阴曾经出现过一条巨蟒。这条巨蟒已经修炼成精，变作女人的相貌，时常祸害百姓。在宋代陈芝光《南宋杂事诗》中，也有“闻道雷峰蛇怪”之说。

此外，在我国民间还有法海做了坏事，躲在田螺壳里不敢出来的传说，也是这个故事的片段材料。《白蛇传》还吸收了一些金山原有的僧龙斗法等传说。

白素贞被法海压在雷峰塔下

杭州雷峰塔

雷峰塔从建成之日起便备受瞩目，成了远近僧众向往的地方。到了清代前期，雷峰塔以裸露砖砌塔身呈现的残缺美以及与《白蛇传》神话传说的密切关系，成为“西湖十景”中为人津津乐道的名胜。

在明代，有关雷峰塔白蛇的故事又进一步得到了完善。在这一时期出现的著名文学家、戏曲家冯梦龙的著作《警世通言》第二十八卷《白娘子永镇雷峰塔》中已经把《白蛇传》故事做了完整的文字记载，从而形成了《白蛇传》故事的雏形。

小说写的是南宋绍兴年间，南廊阁子库官员李仁的内弟许仙是一家药铺的主管。

杭州西湖雷峰塔

有一天，许仙祭祖回来，在雨中渡船时遇到了一位自称是白三班白殿直的妹妹和张氏遗孀的妇人，这位妇人就是蛇精白娘子。两人通过借伞相识，后来，白娘子要与许仙结为夫妇，白娘子又派西湖青鱼精所变的丫鬟小青赠送其10两纹银。

小青在冯梦龙的故事里名叫青青，是杭州西湖第三桥下潭内一条成精千年的青鱼。白娘子下山游湖时，她变成一个婢女，陪伴白娘子。

许仙不知道这10两纹银是官府的库银，当纹银被发现后，许仙被官府抓捕并发配到苏州。在苏州，许仙与白娘子相遇并结婚。后来，又因为白娘子盗用官府财物而累及许仙，许仙再次被发配到镇江，许仙和白娘子又在镇江相遇复合。

就在这时，法海认出白娘子就是蛇精，便向许仙告知真相，许仙得知白娘子是千年蛇精后，万分惊恐，要求法海收他做徒弟。

于是，许仙在法海禅师的帮助下收压了蛇精和青鱼精。后来，许仙化缘集资，修建了雷峰塔，他在塔内修禅数年，留警世之言后便坐化了。

到了清代，雷峰塔更是成为人们向往的游玩胜

发配 就是充军，是我国宋代的一种刑罚，先在罪犯的脸上刺字，然后送到边远地区去服劳役。其分为终生和永久两种，终生就是规定罪犯要服役到死，永久就是要罪及子孙后代。

丫鬟 又作“丫环”，这个词用作人称代词，是指婢女，丫环多是指比较年轻的婢女，年纪较大的丫环称“老丫环”，也有叫“老妈子”的。但在古代最初是指女子的发式。这种发式是把发辫梳成圆环状，左右各一，像树丫形，因年轻婢女多梳此种发式，故谓之“丫环”。

■乾隆（1711—1799），清高宗爱新觉罗·弘历，清朝第六位皇帝。年号乾隆，寓意天道昌隆。他25岁登基，在位60年，是我国历史上执政时间最长、年寿最高的皇帝。

地，在号称“西湖第一书”的《西湖志》中曾经这样赞美雷峰夕照一景：

孤塔岿然独存，砖皆赤色，藤萝牵引，苍翠可爱，日光西照，亭台金碧，与山光倒映，如金镜初开，火珠将附。虽赤城栖霞不是过也。

就连清朝的康熙和乾隆两位皇帝也曾多次来到雷峰塔游览和品题，“雷峰夕照”胜景更是名播遐迩。

而清代，不仅雷峰塔的胜景备受关注，关于雷峰塔白蛇传故事也出现了新的内容，“白蛇传”成为清时的“四大民间传说”之一。

大致内容：白素贞这个修炼千年的蛇妖，为了报答书生1700年前许仙前世的救命之恩，化为人形来到人间。后来，白素贞遇到了青蛇精小青，两人从此结伴，亲如姐妹。

在清人方塔成的《雷峰塔传奇》中，小青是一个海岛上修炼千年成仙的青蛇。后来，她来到西湖，统率1万多水族，称霸一方。

白蛇下山以后，降伏了青蛇，使之成了自己的婢女，并叫她“青儿”。青儿聪明伶俐，勇于助人。她与白素贞名义上虽有主仆之别，实则情同姐妹，安乐与共，患难相扶。

清代中叶以后，一些剧本又将小青改为与白蛇一起在四川峨眉山修炼成仙的青蛇。

这个白素贞曾在青城山修炼得道，法术高强。她美貌绝世，明眸皓齿，集世间美丽、优雅和高贵于一身。她天性善良，菩萨心肠，她用岐黄医术悬壶济世造福黎民百姓，深受百姓的赞赏。

许仙姓许，名仙，字汉文，杭州市人，生活在宋朝绍兴年间。据相关历史资料记载，许仙最初不叫许仙，而叫许宣，有关许仙的最早记载是南宋的宫廷话本《双鱼扇坠》，里面有白蛇修炼成精后，与许仙相爱的故事。

许仙待人坦诚，性情善良，他从小父母双亡，靠姐姐姐夫带大，寄居在姐姐家里。他只是一个药铺的学徒，经济很是拮据。

白素贞看到许仙后，见其性格善良，相貌不凡，便施展法力，巧施妙计与许仙相识，并嫁给了他。二人婚后开了一家药铺悬壶济世，瘟疫来临时慷慨义诊，并进行多次义诊。平时常为看不起病的穷人免去

《西湖志》 雍正年间由浙江总督李卫主持修纂。“天下西湖三十六，就中最胜是杭州。”这是一部记载千百年来有关西湖政治、经济、人文、地理等内容的著作，号称“西湖第一书”，是关于古代西湖和西湖文化历史的珍贵孤本。

话本 宋朝时期兴起的白话小说，用通俗文字写成，多以历史故事和当时社会生活为题材，是宋元民间艺人说唱的底本。今存《清平山堂话本》《全相平话五种》等。

西湖边的雷峰塔

■ 镇江金山寺内的“江天禅寺”

医药费。

金山寺的法海和尚看出白素贞本是千年蛇精，便把真相告诉给许仙，许仙将信将疑。

后来，许仙按照法海说的方法想要验明真相，在端午节让白素贞喝下了带有雄黄的酒。白素贞不明内情喝下雄黄酒后现出原形，却将许仙吓死。白素贞冒险来到天庭盗取灵芝仙草将许仙救活。

后来，法海使用离间之计，把许仙骗到金山寺软禁起来。白素贞来到金山寺寻找许仙，同小青一起与法海斗法，水漫金山寺，却因此伤害了无数生灵。白素贞因为触犯了天条，在生下孩子后，被法海用强大的法力收入钵内，镇压在雷峰塔下。20年后，白素贞的儿子高中状元，来到塔前祭母，孝感动天，白素贞被从雷峰塔下救出，全家终于得以团聚。

传说终归是传说，虽然带有神话色彩，却代表了当时人们对自由、爱情的向往和对人世间善良、美好

雄黄 又称作“石黄”“黄金石”“鸡冠石”，是一种含硫和砷的矿石，质软，性脆，通常为粒状或者粉末，条痕呈浅橘红色。加热到一定温度后可被氧化为剧毒，因而蛇对它反应非常敏感。加入酒精后的雄黄驱蛇更远，效力更大，原因是乙醇可以作为稀释剂增强雄黄的挥发。

的讴歌。

后来，大家普遍认为法海就是唐宣宗大中年间吏部尚书裴休的儿子。裴休，字公美，唐代济源县裴村人。裴休出身官宦之家，家世奉佛。裴休笃信佛教，对佛教颇有研究。

据《金山寺志》等有关资料记载，法海就是裴休的儿子，俗名“裴头陀”，少年时被他父亲裴休送入佛门，取号法海。

法海出家后，领父命先去湖南沩山修行，接着又远赴江西庐山参佛，最后到镇江俘山泽心寺修禅。

但建于东晋时期的泽心寺此时寺庙倾毁，杂草丛生。46岁的法海跪在残佛前发誓修复山寺。为表决心，他燃指一节。从此，法海身居山洞，开山种田，精研佛理。

有一次，法海挖土修庙时意外挖到一批黄金，但他不为金钱所动，而将其上交给当时的镇江太守李琦。

李琦上奏皇上唐宣宗，唐宣宗对此事深为感动，敕令将黄金发给法海修复庙宇，并赐名“金山寺”。此后，泽心寺便改名“金山寺”。

状元 科举考试以名列第一者为“元”，乡试第一称“解元”，会试第一称“会元”，殿试第一称“状元”。唐制，举人赴京应礼部试者皆须投状，因称居首者为“状头”，故有“状元”之称。文科第一名，称“文状元”，武举的第一名，称“武状元”。我国科举史上第一个状元是622年的孙伏伽，最后一个状元是1904年的刘春霖。

■唐宣宗（810—859），李忱，唐朝第十八位皇帝，初名李怡，初封光王，在位13年。宣宗性明察沉断，用法无私，从谏如流，人称“小太宗”。

金山寺全貌

张英 是东汉末扬州刺史刘繇属将。有勇有谋，是著名的军事统帅。当时袁术与吴景、孙贲合力攻打张英，始终没有成功，后被孙策击溃。

顾八代 清代吏部尚书，姓伊尔根觉罗，字文起，吉林人。1684年，奉命教皇四子雍正皇帝。著有《敬一堂诗钞》《顾文端诗节钞》及《清文小学集注》。

关于法海其人的另一个说法：法海是清朝人，佟佳氏，字渊吝，号陶庵，满洲镶黄旗人。是康熙舅舅佟国纲的次子。

法海在23岁时就考中了进士，改庶吉士。后来，法海被迁升为侍讲学士，官至兵部尚书。后著有《悔翁集》。

在当时，佟家在朝廷的地位非常显赫，佟国纲是康熙的亲舅舅，佟国纲的弟弟佟国维是康熙的老丈人。因此，佟家人多沾着皇亲国戚的光而入仕，但法海不同。

法海的身世比较特殊，他是佟国纲的侍婢所生，从小父亲就不认他，兄弟们也不承认他这个兄弟。而且法海的母亲去世后，佟国纲的长子鄂伦岱不让法海的母亲入祖坟，于是法海和鄂伦岱便成了仇敌。

法海从小就受到父兄的歧视，在压抑的环境下长大，他没有一般贵胄公子的浪荡气，刻苦学习，24岁便凭着真才实学考中了进士。

康熙皇帝得知自己的表弟考中了进士，就将他选在身边充当词臣，后来又担当两位皇子的老师。当时法海只有28岁，皇子胤祥13岁、胤祯11岁。

康熙十分重视他儿子的择师问题，其他皇子的老师比如张英、顾八代、徐元梦，都是有名的饱学之士，而且比法海要年长很多。法海中进士仅4年，就担当这样的重任，跻身宿儒名流之列，不仅在康熙年间，就是在整个大清朝里他也是最年轻的皇子之师。

胤祥和胤祯后来都成了英俊潇洒、气宇轩昂、文武全才的人物，这与他们的这位启蒙老师的教导是分不开的。

后来，法海因故被降为检讨，又官复原职，并擢升为广东巡抚，在任两年，颇有政绩。

阅读链接

关于法海的传说，还有一个《蟹和尚的故事》。这个故事讲的是，法海因管人间闲事，拆散了白蛇娘娘和许仙幸福的一家。当玉帝知道此事后，非常恼怒，想对法海施以惩罚，走投无路的法海只好躲到了螃脐里。

在螃蟹的体内，和贝类一样也存在类似珠状物的沉积物，形状酷似圆润的珍珠，看起来非常像和尚的头。或者有时候呈现不规则的形状，就像和尚打坐时的三角锥形状。于是，人们很自然地认为那些珠状沉积物就是法海的化身了。

雷峰塔被倭寇焚烧后倒塌

净慈寺与雷峰塔

明朝嘉靖年间，入侵东南沿海的倭寇围困杭州城。

1555年，雷峰塔再度遭到战争的破坏。那些狡诈残忍的倭寇一路侵掠杀戮后，来到杭州城外，倭酋看见雷峰塔，怀疑其中藏有明军的伏兵，便下令纵火烧掉了塔外围的木构檐廊。火灾后的古塔仅仅剩下砖砌的塔身，塔身通体赤红，呈现出沧桑、残缺的风貌。

不久后，雷峰塔的顶部也被毁损，长出了野草、杂

树，招来了雀鸟安巢。年届600岁的古塔从此显得老态龙钟，人们戏称它为“老衲”，但它依然突兀凌空。

从明代末年到清代前期，雷峰塔以其裸露的砖砌塔身呈现的残缺美，成了“西湖十景”中最为人津津乐道的名胜之一。

明代末年，杭州的一位名士闻启祥曾将雷峰塔与湖对岸的保俶塔合在一起加以评说：“湖上两浮屠，雷峰如老衲，保俶如美人。”此话一出，世人无不赞叹他的绝句。

20世纪初，年久失修的雷峰塔砖砌塔身已经岌岌可危。

这时，市井乡间盛传起雷峰塔砖能“辟邪”“宜男”“利蚕”等荒诞不经的传言，芸芸众生中对现实和未来失去信心与希望的人们，纷纷想方设法挖取塔砖，并将其奉为至宝。

当时，杭州地方当局曾在塔下筑起围墙以阻隔盗砖的人出入，哪知，这一堵建于封建统治进入末期的围墙是偷工减料粗制滥造的，没过多久，就被一阵风吹倒了一角。于是，盗取塔砖的人照旧鱼贯而入，挖砖不止。这时，雷峰塔真如生命垂危的老衲一样，命运危在旦夕了。

20世纪20年代初，我国江南一带洪涝灾害不断，阴霾笼罩。1924年9月25日，以砖砌塔身之躯苦苦支撑了400年遍体疮痍的雷峰塔轰然倒塌了。

雷峰塔倒塌了！这在当时是一特大消息。杭州的大街小巷间，人们奔走相告，许多好奇而又大胆的市民都去夕照山上看个究竟。而想在塔中找寻塔藏宝物的人更是络绎不绝。雷峰塔废墟犹如一片未上锁的宝库，被人们糟蹋得惨不忍睹。

雷峰塔的倒塌轰动了当时整个社会，有的军阀派兵夺取塔藏文物；有的人花高价收买塔砖、藏经、古钱；有的人捏造流言蜚语企图乱中取利；有的人伪造塔藏古董牟取暴利。

雷峰塔砖塔坍塌后，人们发现在砖孔内藏有975年北宋吴越国王钱俶施印的《宝箧印陀罗尼经》的经卷，经卷采用川棉纸或竹纸精印，是研究我国早期雕版印刷的珍贵资料。“雷峰夕照”胜景却从此名存实亡了。

阅读链接

关于雷峰塔的倒掉在我国民间还有一个传说。白娘子被压雷峰塔后，小青在深山苦苦修炼。若干年后，她修炼成功，去找法海报仇。

小青和法海激烈打斗起来。小青挥起一剑，雷峰塔被劈塌，白娘子得救。二人共同围打法海，法海支撑不住退到西湖边，慌忙中跌进西湖。

白娘子用金钗变成一面小令旗。小青把令旗举过头顶一摇，西湖的水一下子就干了。

法海无处藏身，一头钻进螃蟹肚脐下。螃蟹把肚脐一缩，法海和尚就被关在里面，再也出不来了。

千年雷峰塔重现往日辉煌

杭州西湖边雷峰塔的倒塌引起了人们的普遍关注和议论，各界人士一直企盼有朝一日能重建这座古塔。

新中国成立后又在其原址上重建了一座新塔。新建的雷峰塔成为我国有史以来第一座彩色铜雕宝塔。

新雷峰塔的建设在我国风景保护和建设史册上留下了4项“天下第

雷峰塔匾额

须弥山 又译为苏迷嚧、苏迷卢山、弥楼山，意思是宝山、妙高山，又名“妙光山”。古印度神话中位于世界中心的山，后来被佛教采用。传说须弥山山顶就是帝释天，四面山腰是四天王天。

一”：塔类建筑采用钢材框架作为建筑支撑、承重主体；塔类建筑中采用铜件最多、铜饰面积最大；塔类建筑内部活动空间最宽敞；塔类建筑内部文化陈设最丰富。

雷峰塔塔基的主体是八角形生土台基，每边有方形柱础4个，外缘包砖砌石，对径近43米。东侧的塔基基座是双重石砌须弥座，石面上雕刻着象征佛教“九山八海”的须弥山、海涛和摩羯等图案。西侧地势较高，塔基基座为单层。

雷峰塔塔身对径25米，遗址残存底层3~5米的高度，是套筒式回廊结构，由外套筒、回廊、内套筒、塔心室四部分组成。内、外套筒用塔砖实砌而成，砖与砖之间用黄泥黏结。

■杭州西湖雷峰塔

外套筒每边正中央开一小门，南门是攀登楼梯的通道，在北门道两侧的回廊内还设有台阶。回廊的每个转角都设有一个圆形柱洞。内套筒开有4门，塔心室居中。

南宋及后代重建的僧房、道路等遗迹分布在塔基的南北两侧。北

组建筑残留一排3个柱础及砖砌地面，可能是塔基外围的回廊；南组建筑残留一排2个柱础及部分砖砌地面，可能为三开间的僧房。雷峰塔西南侧有一条砖砌的道路，残长12米、宽17米，用条砖铺砌而成。

和大多数古塔都设有地宫一样，雷峰塔在建立之始也在塔底建有神秘的地宫。

经过我国人民政府对雷峰塔的保护性开掘，在雷峰塔塔底层的回廊、门道内出土了1100多件残石经，共有六七万字。这些石经以唐代僧人兼佛经翻译家实叉难陀新译的80品《华严经》为主，少量是由姚秦鸠摩罗什大师翻译的《金刚经》，文字均用楷书镌刻。同时，还出土了吴越国王钱俶作的《华严经跋》残碑，这块残碑可与《咸淳临安志》等文献记载的碑文相互印证。

在塔底西侧的副阶上，有一方记录南宋庆元年间

《华严经》全名“大方广佛华严经”，是大乘佛教修学最重要的经典之一。据称是释迦牟尼佛成道后，在禅定中为文殊、普贤等上乘菩萨解释无尽法界时所宣讲的重要经典。

《金刚经》是佛教的重要经典，全名为“金刚般若波罗蜜经”。《金刚经》传入我国后，自东晋到唐朝共有6个译本。唐玄奘译本《能断金刚般若波罗蜜经》，共8200多字。

雷峰塔遗址废墟

塔刹 是指佛塔顶部的装饰，位于塔的最高处，是塔上最为显著的标记。“刹”来源于梵文，意思为“土田”和“国”，佛教的引申义为“佛国”。凡塔都有塔刹。

毗沙门天王 是藏传佛教与汉传佛教所共同推崇的财神护法毗沙门，其名毗沙门为梵语，意为多闻，表示其福德之名，闻于四方。

重修雷峰塔的残石碑。雷峰塔的地宫位于塔基中央的塔心室下方，造塔之初就被掩埋在生土塔基中。雷峰塔地宫的洞口就位于塔心部位，洞口四周都是高达数米的塔身残体。

雷峰塔的地宫呈竖穴式，距底层砖砌地面2米深。雷峰塔的地宫是方形、单室。地宫的四壁及底面都是砖砌而成，外表用石灰粉刷。密封程度良好，曾经遭到过人为的破坏。

在雷峰塔的地宫内共出土70多件编号器物。铁函位于正中，它的下面、与砖壁的空隙间堆放了大量的铜钱和多种质料的佛教器物、供养器。紧贴西北壁放置了一尊高60多厘米的鎏金铜坐佛，莲花座下以腾龙作为支撑柱，造型极为罕见。

其余三面墙壁粘贴鎏金小铜佛、毗沙门天王像。

其他出土文物还有铜镜、漆镯、银臂钏、银腰带、贴金木座以及玉、玛瑙、琉璃、水晶等小件饰物，这些是象征七宝的供养品。

在雷峰塔的地宫内还存有许多经卷、丝织品等有机质文物，由于早年遭水浸泡，保存状况并不好。据统计，地宫内的铜钱有3000多枚，近30个品种，以“开元通宝”居多，有鎏金的，有镶银的，还有一枚玉制“开元通宝”。铁函内放置鎏金镂空银垫、银盒、纯银阿育王塔、银腰带等金银器。

纯银阿育王塔由塔座、塔身、山花蕉叶、塔刹等组成，方形塔身四面镂刻佛本生故事，内有盛装“佛螺髻发”的金棺，四角的山花蕉叶上饰佛传故事，其造型与五代、两宋时期吴越国境内常见的金涂塔相似，代表了吴越国金银器制作的最高工艺成就。

据文献及出土的残碑考证，雷峰塔是吴越国王钱

莲花座 据传释迦牟尼和观世音菩萨颇爱莲花，用莲花为座，自此所有寺院里的佛像都是以莲花为宝座，称之为“莲花座”。莲瓣座分为4层，莲瓣除每瓣边缘外，绘制白、红、白3条曲线勾边。每个莲瓣的外表还绘制图案、有的莲座在仰莲处不绘制花朵，而只渲饰色彩，勾边图案。

■ 雷峰塔舍利函

西湖远眺雷峰塔

飞檐 我国传统建筑檐部形式之一，多指屋檐特别是屋角的檐部向上翘起，若飞举之势，常用在亭、台、楼、阁、宫殿、庙宇等建筑的屋顶转角处，四角翘伸，形如飞鸟展翅，轻盈活泼，所以也常被称为“飞檐翘角”。其为我国建筑民族风格的重要表现之一，能营造出壮观的气势和我国古建筑特有的飞动轻快的韵味。

俶为供奉“佛螺髻发”而建，是吴越国后期典型的佛塔形制。用于地宫墙体的塔砖上有“未上二”等铭刻，表明营造地宫的上限为辛未年，即971年；而直接覆压地宫的最底层塔身中模印“辛未”“壬申”等干支纪年文字的塔砖相互叠压现象，说明雷峰塔开工建设的时间应在972年或者稍后，雷峰塔地宫的营建年代不会晚于972年。

雷峰新塔建在原来的遗址上，保留了旧塔被烧毁之前的楼阁式结构，完全采用了南宋初年重修时的风格、设计和大小来建造的。

这座塔兼具遗址文物保护罩的功能，新塔通高71米，由起到保护罩的作用的台基、塔身和塔刹三部分组成，其中，塔身高约49米，塔刹高约18米，地平面以下的台基深约10米。由上至下分别为：塔刹、天宫、五层、四层、三层、二层、暗层、底层、台基二层、台基底层。

塔身的设计沿袭了雷峰塔被烧毁前的平面八角形楼阁式形制，外观是一座八面、五层楼阁式塔，保留了宋塔的固有风格。

各层盖铜瓦，转角处设铜斗拱，飞檐翘角下挂铜风铃，风姿优美，古色古韵。同时，二至五层还有外挑平座可供观景。用于装饰的塔刹高约16米，塔顶采用贴金工艺。它的外形具有唐宋时期江南古建筑的典型风格，在远处遥望，金碧辉煌。

专门为保护遗址而建的保护罩呈八角形，建筑面积3000多平方米，外饰汉白玉栏杆。保护罩分上、下两层，将雷峰塔遗址完整地保护起来。

雷峰新塔建成后，已经消失了70多年的“雷峰夕照”再次重现。全塔上、下、内、外装饰富丽典雅，陈设精美独到，功能完善齐备，以崭新的风貌和丰厚的内涵在西湖名胜古迹中大放异彩。游人登上雷峰新塔，站在五层的外观平座上，西湖山水美景和杭州城市繁华尽收眼底。

■雷峰塔

作为西湖南线的制高点，放眼四下眺望，碧波荡漾的西湖、秀美端庄的汪庄、初见轮廓的南线新景点、绿意葱龙的湖心三岛等一览无余。

而站在西湖东岸的湖滨路远眺，雷峰塔敦厚典雅，保俶塔纤细俊俏，两座塔隔湖相望，西湖山色又恢复了往日的和谐与美丽。

打开一道沉沉的古式门，可以走进新塔底层，这里，就是古塔遗址。而在台基的二层，同样可以看到遗址的模样。整个遗址区被玻璃包围着，以防氧化和人为破坏。

雷峰新塔是一座体现现代工艺的塔。塔中心的部位，是两座透明的电梯，周围是不锈钢扶梯。雷峰新塔也是古今中外采用铜件最多、铜饰面积最大的铜塔，栏杆、装饰瓦、脊、柱等都采用铜制。值得一提是铜瓦，虽为铜制，却呈青铜色，与陶瓦看起来极为相似。而且，这些铜瓦，还通过螺丝相互吃紧，不会像陶瓦或琉璃瓦那样容易脱落。

发掘雷峰塔地宫以后，有关部门又采取雷峰塔遗址保护措施，对遗址保护设施的内在功能和外观形象加以延伸、拓展，雷峰塔原有的形制、体量和风貌再次呈现在世人的面前。

阅读链接

《华严经》是大乘佛教修学最重要的经典之一，被大乘各宗派奉为宣讲圆满顿教的经中之王。据称是释迦牟尼佛成道后，在禅定中为文殊菩萨、普贤菩萨等上乘菩萨解释无尽法界时所宣讲。《华严经》汉译本有3种：

一是东晋佛驮跋陀罗的《大方广佛华严经》，也称“旧译《华严》”。

二是唐武周时实叉难陀的《大方广佛华严经》，也称“新译《华严》”。

三是唐贞元中般若的《大方广佛华严经》，全名《大方广佛华严经入不思议解脱境界普贤行愿品》。

虎丘塔

第一斜塔

虎丘塔是一座驰名中外的古塔，位于苏州城西北郊。始建于959年，落成于961年，是我国现存最古老的砖塔之一，也是唯一保存至今的五代时期建筑。

塔身设计完全体现了唐宋时期的建筑风格。由于宋代到清末曾多次遭到火灾，虎丘塔日渐倾斜成为斜塔。因此，虎丘斜塔被尊称为“中国第一斜塔”和“中国的比萨斜塔”。因苏州虎丘风景优美、古迹众多，所以有“吴中第一名胜”的美誉。

夫差在旧塔遗址建立虎丘塔

虎丘塔是云岩寺的塔，又称“云岩寺塔”，始建于959年，也就是五代周显德六年，建成于961年，虎丘塔是仿楼阁式砖木结构，共7层，高47米，比意大利著名的比萨斜塔早建200多年。

在古城苏州阊门外西北不远的虎丘，是一个历史悠久、人文景观丰富的风景名胜地，有“吴中第一名胜”

夫差 姬夫差，又称“吴王夫差”，春秋时期吴国最后一位国君，阖庐之子，公元前495年至公元前473年在位。公元前473年，越灭吴国，夫差自刎。

■隋文帝（541—604），杨坚，隋朝开国皇帝。陕西人，汉太尉杨震十四世孙。他在位期间成功统一了严重分裂的局面，是西方人眼中最伟大的中国皇帝之一，被尊为“圣人可汗”。

之美誉。2500年前，“春秋五霸”之一的吴王阖闾在虎丘修城建都，建造行宫，死后就葬在虎丘。

根据《史记》记载，阖闾在吴越之战中负伤后死去，他的儿子夫差把他的遗体葬在这里。当时，夫差调10万军民施工，并使用大象运输砖石，穿土凿池，积壤为丘。灵柩外套铜椁三重，池中灌注水银，以金凫玉雁随葬，并将阖闾生前喜爱的“扁诸”“鱼肠”等3000柄宝剑一同密藏在地宫深处。

在虎丘塔还有一块著名的千人石，也叫“千人坐”。据说，吴王夫差为先王阖闾治丧随葬了许多其他的财宝，在地宫内埋藏了 3000柄宝剑，为了保守这些秘密，夫差在石上杀害了上千名筑墓的工匠。

传说阖闾下葬3天后，金精化为白虎蹲在他的墓地上，因此便把这里叫虎丘了。

当时民间还有一种说法，是因为丘的形状像一只蹲着的老虎，故名“虎丘”。虎丘山头山门是虎头，山门前两侧的两口井是虎眼，断梁殿是老虎的咽喉，上山的石道是虎背，而斜向青天的虎丘塔则是老虎漂亮有力的尾巴。

据《地方志》记载，早在隋代，隋文帝就曾在虎丘建塔，但那时建的是一座木塔。现存的虎丘塔就是在木塔的原址上建筑的，塔身平

王羲之 东晋书法家，字逸少，号澹斋，东晋书法家，有“书圣”之称。历任秘书郎、宁远将军、江州刺史。其儿子王献之书法亦很有成就，世人合称为“二王”。曾写《兰亭集序》留于后世，晚年隐居。

面呈八角形，高7层，砖身木檐。

五代时期，中原纷争，江南等地比较太平。吴越实施以“保境安民”为宗旨的政策，百官都信奉“造寺保民”，兴建寺院和佛塔。

当时，苏州在吴越国钱氏政权的统治下，是仅次于都城杭州的重镇，钱元、钱文奉父子治理苏州数十年，修建了许多佛寺、构筑园林。

据记载，钱元每次浏览虎丘山寺时，都充满兴致。每次前来也都必须规划修缮一番。虎丘的寺院和胜迹在这一时期也得到了维修和发展。虎丘风景幽奇、风光如画。据《吴地记》记载：

山绝崖纵壑，茂林深篁，为江左丘壑之表。

虎丘中最引人入胜的古迹就是相传是吴王阖闾墓的剑池。从千人石上朝北看，“别有洞天”圆洞门旁刻有“虎丘剑池”4个大字，浑厚遒劲，是后来唐代大书法家颜真卿的独子颜頵所书。

圆洞内石壁上另刻有“风壑云泉”，笔法潇洒，传说是“宋代四大书法家”之一的米芾所书。在摩崖左壁有篆文“剑池”二字，相传是由晋代大书法家王羲之所书。这其中还流传一个神鹅易字的故事。

颜真卿 字清臣，汉族，他是我国唐朝中期杰出的书法家。他创立的“颜体”楷书与赵孟頫、柳公权、欧阳询一同并称“楷书四大家”，他和柳公权并称为“颜筋柳骨”。

王羲之喜欢养鹅，经常观察鹅的神情动态，他的某些笔势，也是从鹅的曲颈伸缩等动作中受到启发的。

关于“剑池”二字还有一段神话传说。有一天，王羲之来到虎丘游玩，看见池中有一黑一白两只护山鹅，他非常喜欢。这时有一位山僧对他说，只要你为我写“剑池”二字，我就将这两只鹅送给你。

王羲之听后非常高兴，拿起笔来就在这里写了“剑池”二字，当他准备把鹅带回家去的时候，转眼间，山僧不知去向，两只鹅则化为一龙一虎蹲在山头，但是“剑池”二字却永远地刻在这山崖上了。

在剑池的下面就是埋葬吴王阖闾的地方。剑池周长约45米，深约6米，终年不干，清澈见底，池中的水可以饮用，被后人称为“天下第五泉”。

许多听说或到过虎丘剑池的人，也许都知道剑池是个美妙的地方，但很少有人知道它还是个谜一样的地方。

虎丘剑池，传说剑池并不是天然形成的，而是人工斧凿而成。剑池水中有着春秋末期吴王阖闾的许多宝剑，剑池下面埋葬着吴王阖闾的尸体和珍宝。

后来，秦始皇称帝后为了找到吴王阖闾的墓穴，挖出他陪葬的许多珍宝和宝剑，于是调兵遣将，从咸阳不远千里到达虎丘山下安营扎寨。他们四处打听，八方开掘，可是折腾了好久却一无所得。

虎丘剑池

楚汉相争时，楚霸王听到了关于剑池的传说，也对它产生了强烈的兴趣。他带人来到剑池，兴师动众，大肆开掘，结果，和秦始皇的遭遇一样，连吴王阖闾的刀剑踪影也没有找到，更不要说找到吴王阖闾的墓穴了。

到了三国时期，孙权也梦想能找到吴王阖闾的墓穴。他曾亲自带领兵马来到虎丘剑池开挖，但仍是毫无所获。

东晋大司徒王珣和他的弟弟司空王珉为了寻找到传说中埋在剑池下面的宝藏，竟把自己的馆舍建到了虎丘，但是等待着他们的还是只有失望。

到底剑池下面有没有宝藏，很长时间都是一个未解之谜。在虎丘上有一处景观叫狮子回首怒视虎丘。传说，吴王阖闾命令心腹之人用“鱼肠剑”藏在鱼腹内，刺死了吴王僚，然后将他葬在狮子山。后来，阖闾去世，他的儿子将其葬在虎丘山，狮虎遥遥相对，僚是含恨而死的，所以才有狮子回首怒视虎丘的说法。

阅读链接

关于狮子回首怒视虎丘还有一个传说是：秦始皇东巡到虎丘，准备挖阖闾的墓，却看到一只白虎蹲在坟上，于是他拔剑去刺这只老虎，但是没有击中老虎，剑刺在石头上，使石陷裂成池，即为剑池。

后来，白虎占山为王，危害人畜。曾在寒山寺“挂锡”的文殊菩萨的坐骑青狮恼恨白虎作恶，趁文殊菩萨闭目养神的时候，偷偷走出灵山山门，直扑虎丘，将白虎斗死。

但是,时辰已到，坐骑来不及赶回来，因而触犯了佛门戒律，跌落人间，在化作石山时，青狮回头怒望虎丘，所以山体形如卧狮。

隋唐时期古塔的修缮和增建

虎丘塔自夫差建立以来，前来观瞻的人络绎不绝。当时，老百姓生活安定，社会财富有了积累，也有经济能力供养寺院。

提起虎丘塔，就不得不说云岩寺。云岩寺是东晋司徒王珣、司空王珉兄弟舍宅为寺，名“虎丘寺”。当时，云岩寺建于苏州云岩寺池山下东、西两处，本是两个寺。到了唐

李渊（566—635），唐高祖李渊，字叔德。唐朝开国皇帝，杰出的政治家和战略家。618年，李渊称帝，国号唐，定都长安，不久之后便统一了全国。

虎丘塔建造技艺

代，为了避唐高祖李渊的祖父李虎的名讳，便改名为“武丘报恩寺”。

841年至847年间，佛寺废毁。后来重建时，把两寺合为了一寺。也就是说，先有云岩寺，后有虎丘塔。

虎丘塔是一座砖结构的塔，但形制属仿木构的楼阁式塔，这是源于印度的佛教建筑塔与我国汉代兴起的多层木构楼阁相结合的产物，是我国早期佛塔的一种主要形制，方形多层的木构楼阁式塔。

太湖石 又名“窟窿石”“假山石”，是一种石灰岩，有水、旱两种。形状各异，姿态万千，通灵剔透的太湖石，它的色泽最能体现“皱、漏、瘦、透”之美，以白石为多，黄色的较为稀少。

据史料记载，三国时的苏州已经有了佛塔，从佛塔建造历史分析，此时苏州的塔也是方形、多层木构的楼阁式塔。由于江南地区气候潮湿，木材极易腐烂，又容易被虫蛀蚀、容易燃烧，因而，在虎丘塔之前的所有的苏州佛塔都没能保存下来，只能从历史文献中觅得一点踪迹。

然而，虎丘塔从宋代开始，曾经遭遇多次火灾，顶部和木檐都遭到了严重的毁坏。虎丘塔原来的高度已经无法知道，现存的塔身高47米多。现在看到的云岩寺塔已经是一座斜塔了，并且是用130万块砖垒砌而成，使用的主要是条砖和方砖。塔顶部中心点距塔中心垂直线已达2米多，斜度约2.5°。

长江流域 是指长江干流和支流流经的广大区域，横跨我国东部、中部和西部三大经济区共计19个省、市、自治区，是世界第三大流域，流域总面积180万平方千米，全长6000多千米。

在虎丘塔内有大量的装饰彩塑，如牡丹花、太湖石等立体的灰塑图案；在塔楼二层西南面的内墩上，还刻有两扇毬纹图案的装饰门，这是唐宋时期门的式样；仿木的斗拱、梁、柱子等处都有彩绘，“七朱八白”，鲜艳夺目，从上述这些可以追寻到唐宋时期苏州地区的花卉种植、湖石造景、裱画装饰等技艺的发展情况。

苏州云岩寺虎丘塔

虎丘塔7级八面，是我国10世纪长江流域砖塔的代表作。虽然曾遭遇多次火灾，却屹立千年，倾斜不倒，这与它独特的建筑手法和精良的建筑工艺是密不可分的。

虎丘塔是大型多层的仿木构楼阁式砖塔，一共有7层。塔身若是

虎丘塔建筑结构

恢复初建时的原状，即包含原塔刹部分在内，塔高应该在60米左右。虎丘塔以条砖和黄泥为主要建筑材料，这些都是著名的佛教寺院的主要建筑物。

构成塔身的仿木构部分的柱、枋和斗拱等是以条砖砌筑而成，特别是塔壁外面层间的出檐都以砖砌叠涩构作，外伸不远，这也是虎丘塔与大雁塔的相似之处。随着生产力的发展，后人对虎丘塔的多次修缮和重建，使它在许多方面都超过了建于唐代初期的大雁塔。首先，塔的平面形状由正方形过渡到八边形，这在我国建筑技术上是一个突破。方正规范的四边形建筑，如宫殿、官署、民居等，在传统建筑形式上都是正方形的，改为八边形，构作技术要复杂得多，但防御外力性能也大为增强。

壶门 建筑中须弥座的图案及家具中的装饰。须弥座中的壶门佛坛，即“祭佛之坛场”，指供奉、安放佛像在佛堂内砌造的基坛或坛座。须弥座上的壶门装饰砖砌坛等。

虎丘塔虽然并不是我国第一座八边形塔，但在高层大型的八边形佛塔中却是开创先河的。自虎丘塔建成以后，八边形塔成为我国佛塔的主要形式。

勾栏 又作"勾阑"或"构栏"，是我国古代一些大城市固定的娱乐场所，也是宋元戏曲在城市中的主要表演场所，相当于现在的戏院。宋代勾栏多同瓦市有关，是大城市里娱乐场所的集中地。

虎丘塔采用的是套筒式结构，塔内有两层塔壁，仿佛是一座小塔外面又套了一座大塔。塔层间的连接是以叠涩砌作的砖砌体连接上下和左右的，这样的结构，性能上十分优良，虎丘塔能够历经千年斜而不倒，与它优良的建筑结构是分不开的。

虎丘塔塔身的平面由外墩、回廊、内墩和塔心室等几部分组合而成。全塔由8个外墩和4个内墩支承。内墩之间有十字通道与回廊沟通，外墩间有8个壸门与平座连通。

自虎丘塔之后的大型高层佛塔也多采用套筒式结构。当代世界上的高层建筑也多采用套筒结构，这足以显示出我国古代建筑匠师们的智慧和技巧了。

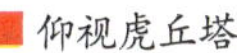
仰视虎丘塔

虎丘塔的砌作、装饰等较其他古塔更为精致华美，如斗拱、柱、枋等已经不同于以往浅显的象征手法了，而是按照木构的真实尺寸做出，斗拱已出跳两次，形制粗硕、宏伟。斗拱与柱高的比例较大。其他，如门、窗、塔梁、枋等的尺度和规模都体现了晚唐塔建筑的风韵和特点。

在建筑功能上，虎丘塔的外塔壁外面出现了平座栏杆，这就使登塔者能自由地走出塔体，扩展视野。在虎丘塔建成之前的砖塔中，至今还没有发现塔体外建有平座栏杆的先例。

虎丘塔的内外装饰，色彩鲜明浓烈，使仿木的氛围更加逼真。塔壁内外留存的百余幅牡丹和勾栏湖石塑画更是形态各异，生动活泼，栩栩如生。

虎丘塔是我国早期民间修塔的一个典型例子。这座耸立于虎丘山巅的千年古塔，已成为古城苏州的标志。“以物论史，透物见人”，从虎丘塔的兴衰可以看到苏州城市的沧桑变化。虎丘塔的每次毁灭和修建，都折射出当时苏州政治、经济、文化的综合情况。

唐武宗李炎在位时，崇道辟佛，于是他发动了一次大规模的灭佛运动，除了长安、洛阳保留两座寺院，观察使、节度使所在的城市保留一座寺院以外，其余的寺院全部被下令拆毁。当时江苏一带的节度使在润州即现在的镇江，而苏州连保留一座寺院的资格都没有，虎丘山寺和塔也不可幸免地被摧毁了。

阅读链接

关于虎丘塔第三泉的由来还有一个传说。五代十国时期，列国纷争，太湖边的上浜村百姓都怕本地出皇帝，被逼打仗。有一天，一座宝塔从天而降。有个想当皇帝的人借机说：“喜事啊，宝塔镇龙地，皇帝出这里。”

百姓一听这话便动手砸塔，那座宝塔竟腾空而起。孙悟空路过此处，看见宝塔便用金箍棒一拨，宝塔坠落在山顶，塔身没落正，就一直倾斜。孙悟空夹在腋下的一壶美酒也在山上砸开了一座“铁华岩”，这个岩泉形状如瓶，水质甘洌，后人称为“第三泉”。

历经沧桑的古塔数度重建

北宋年间，苏州知州魏庠奏改虎丘山寺为“云岩禅寺”，由律宗改奉禅宗，虎丘塔的塔名也改为“云岩寺塔”。后来，人们又将“云岩禅寺”更名为“虎阜禅寺”，但人们仍习惯称其为“虎丘寺”，把云岩寺塔称为“虎丘塔”。

虎丘塔

到了1034年，宋真宗赵恒御书300卷副本藏于虎丘寺中。为此，1037年，寺院又在虎丘寺特建御书阁。1044年，又把禅寺改为十方住持，此后，这里经常是禅僧挂锡的地方。

南宋绍兴初年，高僧绍隆来到虎丘讲经，一时众僧云集，声名大振，于是形成禅宗临 济宗的一个派别——“虎丘

刺史 职官，汉初，文帝以御史多失职，命丞相另派人员出刺各地，不常置。公元前106年始置，刺史制度在西汉中后期得到了进一步的发展，对维护皇权，澄清吏治，促使昭宣中兴局面的形成起着积极的作用。王莽称帝时期，刺史改称“州牧”，职权进一步扩大，由监察官变为地方军事行政长官。

派”。绍隆法师名重宇内，声闻海外，法席鼎盛。东南大丛林被称为“五山十刹”，虎丘就是其中的一处。

1136年，绍隆法师在虎丘寺圆寂坐化。虎丘曾经有一所隆祖塔院，日本使者来到我国苏州时，必定先要朝拜隆祖塔，可见虎丘影响之大。

虎丘是个历史悠久、人文景观丰富的风景名胜地。唐代著名诗人白居易任苏州刺史时，曾凿山引水，并修七里堤，使虎丘景致更为秀美。宋代诗人苏轼曾经说过：“到苏州而不游虎丘，诚为憾事。”

北宋著名的书学理论家朱长文在《虎丘山有三绝》中写道：

虎丘剑池

望山之形，不越岗陵，而登之者，风见层峰峭壁，势足千仞，一绝也；近邻郛郭，矗起原隰，旁无连续，万景都会，四边穹窿，北垣海虞，震泽沧州，云气出没，廓然四顾，指掌千里，二绝也；剑池泓淳，彻海浸云，不盈不虚，终古湛湛，三绝也。

朱长文所提的剑池是历代上至朝廷、达官贵人，下至黎民百姓寻踪觅宝的地方。人们向往的不只是剑池的景观，更因为传说中剑池埋藏的无尽宝藏。但是，无论谁去寻宝，始终没有寻到宝藏的踪影。这一切引起了一个人的密切关注，他就是宋代大诗人王禹偁。

剑池到底是天然而成还是由人工斧凿而成，这里是否真的埋有吴王阖闾的尸身，在一系列寻宝失败之后，人们不禁对剑池产生了种种疑问。

虎丘剑池

为了搞清剑池的真实情况，宋代大名士朱长文曾经到虎丘进行实地考察。他在经过一番实地考察后断言，剑池完全是天造地设的，它是大自然的产物，根本不是人力造就的，古代关于剑池的传说纯属无稽之谈，剑池根本没什么神秘可言。

秦始皇和楚霸王等人之所以屡次寻宝失败，那是因为他们误听传说从而上当受骗。剑池也不过是古代人在这里铸造宝剑时淬火的地方，那么剑池的谜题也似乎迎刃而解了。

虎丘塔另一处神秘的景观是白莲池和点头石，这里还有一个生公讲经的传说。

生公是我国晋代的著名高僧，名叫竺道生。当时，他主要阐述涅槃经，宣扬“苦海无边回头是岸，放下屠刀立地成佛”和“一切众生，悉有佛性”等佛

朱长文（1039—1098），北宋书学理论家。字伯原，号乐圃、潜溪隐夫，苏州吴人。他为太学博士，迁秘书省正字、秘阁校理等职。所辑周穆王以来金石遗文、名人笔记。他著述甚富，本有乐圃集100卷，南渡后，尽毁于兵火。长于书法理论，所编著《墨池编》《续书断》等，颇为世重。

虎丘塔

胡宗愈 字完夫，江苏常州人，宿从子。举进士甲科。元祐中官至礼部尚书，迁吏部。擅长书法，曾经在成都西楼重刻汉石经。

曾公亮 北宋著名政治家、军事家、军火家、思想家。字明仲，号乐正，汉族人。曾公亮与丁度编撰的《武经总要》，是我国古代第一部官方编纂的军事科学百科全书。

教观点。但是，他的学说被旧学不容，遭到北方士大夫的排挤，将他贬出了京城。

于是，生公四方云游来到虎丘，在这里讲经。丘上有一巨石，当时听他讲经的人很多。有1000多个人就围坐在这块巨石上，上书“千人坐”，是后来明代著名学者、诗人、书法家胡缵宗所书。

因为生公的学术观点同样也遭到南方士大夫的排挤，所以他们将这些听经人全部赶走不准再来听经了，但是生公并不灰心，对着听经人留下的块块垫坐石讲经。

他讲了三天三夜，口干舌燥，当他讲到一切恶人皆能成佛时，其中有一块石头突然之间向他微微点头示意，意思仿佛是说我懂了，这块石头就是白莲池中的点头石。

相传，当时正值隆冬季节，池中的白莲花不但没有被冻死，反而竞相开放，池水也盈满了，所以有“生来池水满，生去池水空”“生公说法，顽石点头，白莲花开”的说法。

在宋代，在虎丘山上创建的还有应梦观音殿、转轮大藏殿、水陆堂、陈公楼双井桥、千顷云阁、和靖书院等。

北宋天圣年间，湖州臧逵、臧宁兄弟侍奉双亲十年如一日。臧逵积劳成疾，家中十分贫困。臧逵戒斋默念观世音菩萨名号，到了晚上，他就梦见有一个穿白衣的人用针刺他的双耳，早上醒来，身上的病痛完全消失了。

由于臧逵擅长绘画、臧宁擅长精刻，两人便发愿雕塑一尊观音像，但他们不清楚观世音具体的模样。有一天，臧逵又梦见了白衣仙人，醒来连忙回忆梦中的形象。

他描绘的观世音大士容貌清秀，慈祥可亲，体态健美，神态庄重，令人肃然起敬。当时，人们看了无不称好，称为“应梦观音”，传为佳话。

虎丘观音殿遗址

■朱元璋　明太祖朱元璋，字国瑞，明朝的开国皇帝。原名朱重八，后取名兴宗。1368年，在南京称帝后建立了全国统一的封建政权。统治时期被称为“洪武之治”。

后来，臧逵画应梦观音图和臧宁刻石观音像这一举动，惊动了当时朝野上下、佛门诸宗。

1073年，官、佛、民各界一致在佛教名山虎丘的第三泉南侧、千人石西侧开辟了一块地方，在此地建起了石观音殿。

1074年9月，石观音殿竣工，开光之日，人潮如涌。极其珍贵的是，上自宰相、尚书，下至知府、知县，公卿大夫曾公亮、胡宗愈、沈括等92人，每人书《普门品》一行，每个人都写下自己的官职、姓名，刻在石壁上，希望永远流传后世，成为当时一大盛事。史称“熙宁经刻”。

1388年至1334年间，云岩寺有过一次较大规模的修建，塔的维修也第一次见于史料记载，现存的二山门、断梁殿就是当时修建的。同时修缮和改建的还有大佛殿、千佛阁、三大士殿、平远堂、小吴轩、花雨亭等建筑，并铸造巨钟一口，开通2000多米环山溪。

元代末年，群雄并起，到了1356年，张士诚占领平江，就是今天的苏州割据称王。为了保卫城池，张士诚选中水陆要冲的虎丘驻军布防，在开通浚环山溪的同时，沿溪修筑了一座环山城，将名胜之所变成了戒备森严的军事要塞。一时间“山上楼台山下城，朱旗夹道少人行”，但是虎丘土城在军事上并没有发挥作用。

1366年，朱元璋派大将徐达、常遇春率军征讨张士诚，围攻孤城平江长达10个月。相传徐达的攻城指挥部就设在虎丘，而常遇春也在虎丘屯兵，与张士诚军在山塘至阊门南北濠一带展开了激战。

据明代《虎丘山志》记载，常遇春打败盘踞在虎丘的张士诚，虎丘寺把应梦观音图和铜香炉献给常遇春，常遇春并不接受，命令手下去虎丘拿画。

这幅画后来被常州的范某得到。范某开始并不知道画是虎丘山的东西，他母亲有一天晚上梦见一个女子说："送我回去。"

他母亲问："要送你到哪里呢？"

女子回答说："虎丘。"

范某母亲看见画像上有"虎丘"的字样，便嘱咐儿子把画送回虎丘。

在范某运画的船路过浒墅的时候，画又被贼偷去。后来，有人买了此画，在睡觉时也梦见女子说："我家在虎丘，送我回去吧。"

买画的人立即把画送回了虎丘。

虽然是民间的传说，却可看出当时人们对虎丘的重视和向往。

明代是虎丘塔历史上的多事之秋，曾经3次发生火灾，毁而复建。第一次是1394年，寺僧不小心酿成火灾，虎丘寺被焚毁，火势蔓延到浮屠塔。约1403年，虎丘塔被重修，建大佛殿、文殊阁。1417年

浮屠塔 梵文音译词。佛塔起源于印度，在公元1世纪佛教传入我国以前，我国是没有塔的，也没有"塔"字。梵文传入我国后，隋唐时期翻译家才创造出了"塔"字，作为统一的译名，沿用至今。

云岩寺虎丘塔

至1419年间，又增建妙庄严阁、千佛阁、大悲阁、转轮大藏殿、天王殿、旃林选佛场等。

虎丘寺第二次发生火灾是在1433年。当时火势蔓延到寺院僧舍，附近的浮屠塔也遭受牵连，比上一次火灾更为严重。巡抚侍郎周忱、知府况锺闻知云岩寺住持南邱立志复兴，带头把俸禄捐助给寺院，苏州的官民纷纷捐助财物。

从1437年至1453年的15年间，先后修复宝塔、重建大佛殿，而后构建敕赐藏经阁庋藏敕赐《大藏经》、三大士殿、伽蓝殿、香积堂、海泉亭等。

嘉靖、万历和天启年间，在知府胡瓒宗等倡议和赞助下，又陆续修建了万佛阁、西方殿、伽蓝殿、天王殿、千手观音殿、大悲阁、转轮大藏殿、千佛阁、悟石轩、和靖祠、五贤祠、申公祠、仰苏楼等，并再次修缮虎丘塔。

但是，时隔不久，虎丘寺经历了第三次大火，其中大雄宝殿、万佛阁、方丈楼观，一夜之间销声匿迹了。1638年至1640年，巡抚张国维捐俸重建大雄宝殿、千佛阁，并修塔。据考证，虎丘塔的第七层就是当时改建的。

阅读链接

臧逵和臧宁兄弟俩从湖州来到苏州后，就立即召集群众开始立观音像，前后历时10年。

百姓知道了兄弟二人的孝心后，纷纷慷慨解囊，以资捐助。臧逵又在洞庭西山找到了一方太湖美石。这块石头像玉般莹润，又能发出金一般的声音，极不寻常。

臧宁便着手按照臧逵画的图像用心琢雕起来。每当他遇到细微之处感到困难不得其解时，晚上总能梦见心得，就像有人教授一样。经过臧逵10年的精雕细刻，石观音像终于完成，整个石像栩栩如生，人们无不称赞。

坐拥虎丘九宜的拥翠山庄

明代后期，虎丘塔更成为人们浏览的胜地。不仅王公贵族趋之若鹜，平民百姓都欣然前往。时人称赞虎丘有九宜：宜月、宜雪、宜雨、宜烟、宜春晓、宜夏、宜秋爽、宜落木、宜夕阳。由此可见，虎

拥翠山庄

《虎丘前山图》

丘不论春夏秋冬、阴晴雨雪，都各有致趣。

在清代，虎丘经历了一个盛极而衰的过程。虎丘最兴盛的时候，是康熙至乾隆年间。康熙帝玄烨和乾隆帝弘历都曾六次南巡，他们每次下江南时都要光临虎丘。有几次，两位皇帝从浙江返回京城途经苏州还要重游虎丘。

祖孙二人先后在虎丘题写匾额楹联数十处，吟诗不下20首。虎丘山门所悬的“虎阜禅寺”竖匾就是玄烨的手笔。

为此，1688年至1706年间，虎丘先后建起了万岁楼、御碑亭、文昌阁以及宏伟的行宫“含晖山馆”，接着又重修了大雄宝殿和千佛阁。

1750年，虎丘寺再次全面修葺，1754年，增建千手观音殿、地藏殿，1773年，重修虎丘塔。当时，虎丘山前山后轩榭亭台透迤参差，达5000多间，共有胜景200多处。

清朝皇帝也时常光顾虎丘寺。在寺中断梁殿内就有康熙手书“路接天阊”的匾额以及频那耶迦塑像，频那耶迦就是人们俗称的“哼哈二将”，可惜随着时光的流逝，塑像已毁。

清代书画家刘墉画像

到了清朝光绪年间，朝廷又组织在虎丘塔旁增建了著名的景观拥翠山庄。拥翠山庄位于虎丘寺的二山门内，面积600多平方米，利用山势自南往北向上而建。山庄共有4层，入口有高墙和长石阶。

拥翠山庄依山势起伏而建，旧为月驾轩故址。庄中有抱瓮轩、灵澜精舍和问泉亭等处，虽然规模不大，但构筑精巧。

拥翠山庄园门朝向南方，门前有石阶。门楣“拥翠山庄”用正楷书就。大门左右两壁白墙上嵌有“龙、虎、豹、熊”行草大字石刻4方，苍劲有力，气势磅礴。相传由清代桂林的陶茂森所书。

根据李根源《虎阜金石经眼录》记载，“龙、虎”2个大字是1785年，朝廷参议蒋之逵所书，原在五人墓东边的蒋参议祠内。

园基依山势分4个层次，逐层升高，总平面呈纵向长方形，范围虽小，但由于每层台地的布局都不相同，景色十分丰富。

进入山庄门后，就是园的第一层了，这里地势比较低。其间建有抱瓮轩，面阔3间，也是全园的主要建筑。轩东花窗粉墙环绕，墙外即古憨憨泉，轩后有边门可通井台。

井台中间有一井泉，犹如一个盛水的瓮，故把轩名称为“抱瓮轩”。轩内原来留有清代书画家、政治家刘墉撰写的一副对联：

庐山瀑布 主要由三叠泉瀑布、开先瀑布、石门涧瀑布、黄龙潭和乌龙潭瀑布、王家坡双瀑和玉帘泉瀑布等组成的庐山瀑布群。因李白《望庐山瀑布》“日照香炉生紫烟，遥看瀑布挂前川”的名句为人熟知。

香草美人邻，百代艳名齐小小；
茅亭花影宿，一泓清味问憨憨。

意思是轩对面是真娘墓，有幸与之为邻，因为真娘与名妓苏小小齐名，一泓清冽甘美的泉水从何处来，只有去问憨憨和尚了。

随着山势向上，第二层园景是四角形问泉亭，东南面对古代憨憨泉，因有此泉而设置问泉亭。亭内设有石桌石凳，可供小憩，壁上有“庐山瀑布”挂屏及诗条石碑两块。在亭的西、北两面堆叠太湖石拟态假山，形似龙、虎、豹、熊，和外墙的题字相呼应。

在峰石之间，磴道沿路种植白皮松、石榴、柴油薇、黄杨及花卉等，自然有致。围墙隐约于树丛间，墙内墙外交相辉映，融为一体，呈现出一幅“拥翠”的生动图景。

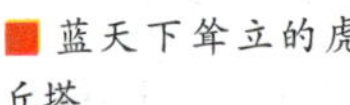

蓝天下耸立的虎丘塔

海涌峰石碑

问泉亭西侧有一座轩榭，轩榭南北各有小轩，整个形体就像小舟一样，因此取《水经注》“峰驻月驾”的句意题为月驾轩。这是第三层园景。

月驾轩旧时有题额“不波小艇”，存有状元陆润庠书楹联一副：

在山泉清，出山泉浊；
陆居非屋，水居非舟。

上联写憨憨泉，有清浊之分，写出了自然的可爱、人世的混浊；下联勾画了月驾轩的形态特征，似屋非屋，似舟非舟，未知是在陆上还是在水上。联语通俗巧妙，诙谐有趣。

在月驾轩内壁间嵌有1796年由清代史学家、汉学家钱大昕隶书“海涌峰”石碑，书风古朴端丽，不愧是大家手笔。后来，这通石碑在虎丘山麓被发现后移嵌于此。

由月驾轩向上走，就是第四层园景，即拥翠山庄的主要建筑灵澜精舍。“灵澜”就是“美泉”，指憨憨泉。轩内原有洪钧撰书楹联一副：

虎丘抱瓮轩

部狮峰底事回头，想顽石能灵，不独甘泉通法力；为虎阜别开生面，看远山如画，翻凭劫火洗尘嚣。

上联写出了有关虎丘的3个故事，分别是狮子回头望虎丘的故事，生公说法、顽石点头的故事，憨憨泉的故事；下联则描写拥翠山庄远眺所看到的别开生面的自然景观，衬托出山庄优越的地理位置。

灵澜精舍东侧有平台突出园墙外，围以青石低栏，形制古朴，既可纵观虎丘山麓，又可仰望虎丘古塔。台下就是上山的路。

走过前厅抱瓮轩，从后院东北角拾级而上，就来到了问泉亭。顺着曲磴向北是山庄的主厅灵澜精舍，厅的前面和东侧都有平台，经过厅的西侧门，可直接来到虎丘塔下。

拥翠山庄没有水，但依凭地势高下，布置建筑、石峰、磴道、花木，曲折有致，又能借景园外，近观虎丘，远眺狮子山，是在风景区中营建园林较为成功的实例。

关于虎丘剑池的谜题，到了明、清时代仍受到许多人的关注，也有人对剑池是否藏有宝藏持怀疑的态度。许多不同意朱长文和王禹偁看法的人，给后人留下了大量的宝贵资料。

其中有一位不太知名的古人，在一本《山志》的书中，记下了这样的一件事：

公元1512年，苏州剑池忽然水干见底，当时，人们奇异地看见一面池壁上有扇紧关着的石扉。

有的游人在好奇心的驱使下，竟然大着胆子下到池里去探访。在剑池的石壁上，人们看见了明代宰相王鏊等人留下的题记……

这段记载尽管很简单，但它无疑向人们表明，以前关于剑池埋葬着吴王阖闾和大量珍宝的传说，并非完全是无中生有，而很可能就是事实。

1669年，虎丘被圈入行宫；1860年，虎丘塔毁于火灾。然而，在1860年至1863年间，虎丘饱受兵火战乱的摧残，进入衰落时期。虎丘塔成为危塔，西风残照，人迹罕至，荒凉不堪。直到1871年，虎丘寺的殿宇才略有恢复，但是规模已大不如前。

阅读链接

虎丘寺断梁殿的断梁因何被保存下来的？这其中还有一个故事。

话说清朝乾隆皇帝南巡时，曾下令修建虎丘庙门。由于当时时间非常紧迫，就在准备上梁的时候，才发现原先准备做大梁的整块木料已经被作为顶梁锯成了两截。

由于限期的临近，无法另外寻找到合适的木料，人称“赛鲁班”的老木匠得到高人指点后，就用这根断梁终于如期地完工。乾隆皇帝听到此事后非常高兴，特别奖赏了这位能工巧匠，断梁也从此被保留下来。

千年古塔谜题的初步破解

人们对虎丘塔千载如故，对虎丘塔旁的虎丘剑池的探索更是一如既往。

新中国成立以后，许多专家学者先后到虎丘进行了实地的考察和研究。最终，专家学者们推翻了宋代朱长文、王禹偁等人的结论，得

苏州虎丘水景

出虎丘剑池不是天然形成而是由人工修建的。

虎丘原是吴王阖闾和他儿子夫差的陵墓。阖闾生前认真研究了古代皇家建造陵墓的规律，细致地勘测了剑池一带的地理条件。他了解到古代皇家建造陵墓，第一要规模宏大，第二要精巧和隐蔽。

剑池地势险要，依山近水，终年流水不断，很合乎古代营造王陵的规矩，因此吴王阖闾就决定在这里建造自己的陵墓。

■ 唐伯虎（1470—1523），唐寅，字伯虎，又字子畏，号六如居士、桃花庵主等，他与祝允明、文徵明、徐祯卿并称“江南四才子”，绘画与沈周、文徵明、仇英并称“吴门四家”。

吴王是“春秋五霸”之一，他为了防止在自己死后有人来盗尸和挖宝，在生前就用心选择营造陵墓的场所。后来，阖闾驾崩了，他的儿子夫差，就遵从他的遗嘱，按照古代营造王陵的规矩办理，经过精心施工，把阖闾的遗体葬在了剑池下面，并把他生前喜爱的宝剑和珍宝用来陪葬。

为了最后弄清虎丘剑池的真实面貌，1955年，在许多科学家的倡导下，苏州市政府决定组织力量对剑池进行疏浚开掘。

要准备挖掘剑池，第一步是运用现代化的手段，把剑池里的水抽干。在机器日夜不停地工作几天后，剑池的水终于被排完了。人们在清除污泥后，清楚地看到了剑池的全貌。

剑池的面积不大，池深约5米，池的底部很平

春秋五霸 从公元前770年到公元前476年的春秋时期，一些强大的诸侯国为了争夺霸权，互相征战，先后称霸的五个诸侯，指齐桓公、宋襄公、晋文公、秦穆公和楚庄王。

坦，它的东西两面石壁自下而上都很平直，剑池东面石壁上砌着两块经过雕刻的石板，石板上赫然写着王鏊、唐伯虎等明代名人的手迹。

这些文字的内容与古人在《山志》一书中的记载相符。这些发现，以十分确凿的证据证明了剑池是由人工开山劈石而成，宋代朱长文、王禹偁等人断言剑池是由天然而成，是缺乏事实根据的。

科学工作者开始刷洗剑池石壁上的苔藓，经过核实，在剑池东侧的岩壁上的确有明代长洲、吴县、昆山3县令吾翕等人以及唐伯虎、王鏊等人的石刻记事两方，载有1512年，剑池水干，人们在池底发现吴王墓门的简单情况。

清理出剑池的污泥后，人们发现在剑池两壁自上到底切削平整，池底也很平坦，没有高低欹斜的现象，显然是由人工开山劈石凿成的。

八仙桌 指桌面四边长度相等的、桌面较宽的方桌，大方桌四边，每边可坐2个人，四边围坐8个人，犹如八仙，因而称之为“八仙桌”。

春秋 我国古时代的名称，因鲁国编年史《春秋》得名。一般指公元前770年至前476年这个时期。这一时期是我国历史急剧变化，学术文化异彩纷呈，古代文明逐渐向中世纪文明过渡的时期。

虎丘塔旁的大殿

剑池南有土坝一座，与石壁三面相连，面积约1平方米，相当于八仙桌大小。土坝低于平时水面1米，是人工筑成用来蓄水的。由于池北最狭窄的地方，有一个洞穴和向北延伸3米多长的人工开凿的隧道，身材魁梧的人可以单独出入，举手可摸到顶，从上到下方正笔直。

苏州虎丘剑池

在隧道的尽头是一喇叭形状的出口，前有1米多的空隙地，只能容纳4人并肩站立。前面有用麻砾石人工琢成的长方石板4块，一块平铺土中做底座，3块横砌叠放着，就像一通大碑石。

每块石板的面积不到1平方米。第一块已经脱位，斜倚在第二块上。第二块石板门的石质不同于虎丘本山的火成岩，表面平整。

由于长期受池水侵蚀，显露出横斜稀疏的石筋。根据形制分析，这是一种洞室墓的墓门。剑池是竖穴，南北向，池底的石穴是通路，这和春秋战国时代的墓制形式是完全相符的。

据相关史料记载：

> 阖闾之葬，穿土为山，积壤为丘，发五郡之士十万人，共治千里，使象运土凿池，四周广六十里，水深一丈……倾水银为池六尺，黄金珍玉为凫雁。

这样夸大的描写，虽然不一定可信，但作为春秋末年五霸之一的吴王之墓，建筑规模肯定很大，墓室设计也必然会相当精密和隐蔽。

虎丘塔石板小路

从虎丘后山由泥土堆成和上述种种迹象分析，剑池很可能是为了掩护吴王墓而设计开凿的。墓门后面也很可能存在某种秘密。但是吴王墓是否就在其中，在未经考古发掘证实之前，依然是千古之谜。

疏浚开掘的第二步，是查清剑池的地下秘密，寻找吴王阖闾墓穴。在抽干剑池积水后，有人在池底岩石中间意外地发现了一个三角形洞穴。几天后，几个人小心翼翼地把洞穴扩展开，用木板铺设在地上，持着手电筒，踩着木板铺成的路，一个接一个地钻进了洞内。

地下洞穴的通道阴森潮湿，长约10米。人在里面穿行，举手便可以摸到洞顶。人们靠着手电筒的光亮，走过了那侧面狭长的通道后，来到了洞的尽头。洞尽头比刚进洞进的通道要宽敞些。

人们一进到比较宽敞的洞尽头时，迎面碰到了3块矗立着的长方形的石板，每块石板都是近1米高、约1米宽。大家猜测，这3块石板可能就是吴王阖闾陵墓门，在石板后面可能就安放着吴王阖闾的遗体和珍宝。

可是，几天后，正当部分科学考察工作者准备着手搬开3块长方形石板时，突然接到了停止开掘墓穴的通知。

通知中说明如果当真要打开深藏在剑池底下的那个墓穴，那建在剑池边上的虎丘宝塔就可能毁于一旦，整个虎丘风景区也将随之化为乌有，这样损失就太大了。科学考察工作者们只得停止考察。

就这样，剑池之谜的内幕在即将揭开的一刹那被叫停，对于剑池秘密的探索也就因此告一段落。

1956年，研究者在虎丘塔内发现了大量文物，其中有越窑、莲花石龟等罕见的艺术珍品。然而，古老的虎丘塔经历岁月的风霜，塔体已经倾斜弯曲，浑身裂缝，岌岌可危。塔的第七层塔刹部分毁坏无存，塔刹顶部已变成一个空洞，抬头可见蓝天白云。

苏州有关部门针对虎丘塔这一状况及时进行抢修。首先对塔身进行了加固，即在每层塔身加钢箍3道，并在每层楼面的东西方向和南北方向加置十字钢筋，与塔身钢筋拉结在一起；对塔体裂缝和塔壁缺损部位喷灌水泥砂浆进行修补。

这次抢修时，还在塔的二、三、四层的楼层窑

越窑 是我国古代南方青瓷窑，窑所在地主要在今浙江省上虞、余姚等地。生产年代自东汉到宋代，唐、五代时最著名的青瓷窑场和青瓷系统。其所烧青瓷代表了当时青瓷的最高水平。

青瓷 表面施有青色釉的瓷器。青瓷色调的形成，主要是胎釉中含有一定量的氧化铁，在还原焰气中焙烧而成。青瓷以瓷质细腻、线条流畅、造型浑朴、色泽纯洁而著称于世。

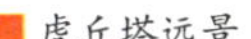

虎丘塔远景

树木掩映中的虎丘塔

穴中发现了越窑青瓷莲花碗、楠木经箱、刺绣经帙、檀龛宝相和石函、经卷、经袱、钱币和铜镜等一批五代至北宋初年的文物，为研究虎丘塔和五代、宋初的苏州的历史提供了大量珍贵的实物资料。

特别是越窑青瓷莲花碗，碗身和承托都由大瓣莲花图案组成，犹如出水芙蓉，造型精美，釉色滋润，为青瓷中的极品，后来被定为国家一级文物。1961年，虎丘塔被国务院列为全国重点文物保护单位。

1981年至1986年，虎丘塔又进行了第二次大修。这次以加固塔基和基础为主，在塔底外围处共打了44个深坑，直至岩石层。再在坑里构筑混凝土壳体基础，塔体稳定，倾斜和沉降的变化都降到了极小的范围。

几经兴衰的虎丘塔以其雄伟的姿态屹立在虎丘山的山巅上，它是苏州古老历史的见证，更是古城苏州的象征。

阅读链接

在虎丘上有一个山洞，关于山洞还有一段故事。这个特殊的山洞在春秋时期被称为“勾践洞”。“卧薪尝胆”这个成语就出于此地，据《东周列国志》记载，吴王夫差大败越国后，越王勾践被迫作为人质来到吴国，夫差命人在阖闾墓的旁边造一个石室，让勾践夫妇居住。

相传，这个山洞就是当年勾践夫妇栖身的地方，所以名为“勾践洞”。相传，在晋代有一位卖橘子的老人偶然走进此洞，看见两位神仙在这里下棋，所以勾践洞又被称为“仙人洞”。

十二边塔

嵩岳寺塔

嵩岳寺塔是我国现存最古老的多角形密檐式砖塔，位于郑州登封市城西北太室山南麓的嵩岳寺内，距今已有1500多年的历史。

嵩岳寺始建于509年，原是魏宣武帝的离宫，后改为佛教寺院，520年，改名“闲居寺”，602年，改名为“嵩岳寺”。

嵩岳寺塔的一些元素还具有印度阿育王时期佛塔的特色。是我国唯一一座横截面为十二边形的塔，在我国建筑史上具有崇高地位。

由王宫改建成的古老寺塔

在幅员辽阔的祖国大地上，随处都可以看到古塔的踪影。无论是皇宫、王府，还是乡野山村；无论是江边、海边，还是寺庙、道观，都可见到那些千姿百态的古塔。

我国古塔种类繁多，嵩岳寺塔是我国现存最古老的佛塔，在全世

嵩岳寺

嵩岳寺门

界也不多见。

嵩岳寺塔有些元素还有印度阿育王时期佛塔的特色，而阿育王时期的佛塔，在印度已经找不到了，许多研究印度阿育王时期佛塔的学者和专家必须要到嵩岳寺塔来。

嵩岳寺塔，在登封县城西北6千米太室山南麓嵩岳寺内。嵩岳寺原名“闲居寺”，早先是北魏皇室的一座离宫，后来改建为佛寺。此寺的建造年代在508年至520年之间，最少也有1500年的历史。

以寺名命名该塔的“嵩岳寺”始建于509年，就是北魏宣武帝永平二年，这里本是宣武帝的离宫，后被改建为佛教寺院。

520年，嵩岳寺改名“闲居寺”，寺院中又增建殿宇1000多间，其中就包括嵩岳寺塔。到了隋文帝时期，601年，闲居寺再次改名为“嵩岳寺”。

嵩岳寺塔的建筑设计艺术，堪称“古塔一绝”。嵩岳寺为单层密檐式砖塔，是此类砖塔的鼻祖。为

北魏 是由鲜卑族拓跋氏建立的封建王朝，是南北朝时期北朝第一个朝代，又称“后魏”“拓跋魏”“元魏”。北魏时期，佛教得到空前发展，促进了北魏的封建化和民族融合。

鼻祖 始祖，比喻创始人。鼻是自己的意思，自己上下各9代，共18代：鼻祖，远祖，太祖，烈祖，天祖，高祖，曾祖，祖父，父亲，自己，儿子，孙子，曾孙，玄孙，来孙，晜孙，仍孙，云孙，耳孙。

嵩山景区里的嵩岳寺塔

十二边形，也是我国古塔中的唯一的特例。

嵩岳寺塔是由青砖和黄泥砌筑成的15层密檐式砖塔，横截面呈十二边形。

密檐之间矮壁上砌有各式门窗，密檐自下而上逐层收缩，构成一条柔和的抛物线。

寺塔总高约37米，底层直径10米，内径5米多，壁体厚2.5米。塔的外部，分别由“基石”“塔身”和“宝刹”组成。

基台随塔身砌成十二边形，台高约85厘米，宽约160厘米。塔前砌长方形月台，塔后砌南道，与基台同高。

基台以上为塔身，塔身中部砌一周腰檐，把它分为上、下两段。下段为素壁，各边长为280厘米，东、西、南、北各开一门。

上部为全塔最好装饰，也是最重要的部位。东、西、南、北四面与腰檐以下通为券门，门额做双伏双券尖拱形，拱尖饰3个莲瓣，券角饰有对称的外券旋纹；拱尖左右的壁面上各嵌入石铭一方。

十二转角处，各砌出半隐半露的倚柱，外露部分呈六角形。柱头饰火焰宝珠与覆莲，柱下砌出平台及覆盆式柱础。

除了壁门的四面外，其余八面倚柱之间各造一个佛龛，呈单层方塔状，略突出于塔壁外侧。

龛身正面上部嵌有一块平石。龛有券门，龛室内平面呈长方形。龛内外都有彩画痕迹。

龛下有基座，正面两个并列的壶门内各雕一蹲石狮，全塔共雕16个狮子，有立有卧，正侧各异，造型雄健、气势恢宏。

塔身是15层叠涩檐，每两檐间相距很近，故称“密檐”。檐间砌有矮壁，檐上砌出拱形门与棂窗，除了几个小门是真的外，绝大多数是雕饰的假门和假窗。

密檐的上部就是塔刹，自上向下由宝珠、七重和轮、宝装莲花式覆钵等组成，高3米多。

塔室内空，从四面券门都可到达。塔室上层以叠涩内檐分为10层，最下一层内壁仍是十二边形，二层以上都改为八边形。这就是“凌空八相而圆”的建筑手法。

嵩岳寺塔由于建筑技术高超，塔身虽用青砖、黄泥垒砌而成，但经历1500多年仍巍然屹立在崇山之中，是我国古代建筑中的罕例，在世界建筑史上占有重要地位。这种富于创造与变化的做法，表现出了我国古代人民的建筑才能和智慧。

到了金代、元代以后，嵩岳寺逐渐走向了衰落，后来，嵩岳寺的主要建筑仅剩下嵩岳寺塔和建于清代的大雄宝殿。

阅读链接

嵩岳寺塔没有塔棚木梯，人们登不上塔顶，这里还有一个古老的传说。

很早以前，寺中和尚跟嵩岳寺塔的和尚住在一起。有一天，小和尚扫地时突然两脚升空又落到地上。老和尚得知此事后四处查看，他看到一条巨蟒正张开血盆大口，把小和尚往肚子里吸。

老和尚招来众和尚，众人商量后，决定用火烧来除掉巨蟒以绝后患。大伙说干就干，他们打开塔门把柴火堆得老高，熊熊大火烧死了巨蟒，也烧掉了塔棚和木梯，从此嵩岳寺中便只剩下一座没有塔棚和木梯的空塔了。

嵩岳寺塔仅存的诗文和碑刻

在我国，宝塔历来是文人墨客向往的地方。历代的名人大士观光寺塔后多会留下自己的墨宝。这些珍贵的文字记载着古塔兴衰的历史。

嵩岳寺

然而，关于嵩岳寺塔所存的诗文却极其稀少，只有一首流传至今，虽然我们不知道这首诗的作者是谁，但是我们能从这首朴实无华的诗文中感受到嵩岳寺塔的气息。

屋落鸡叫人声和，
嵩山风光如花朵。
魏大塔寺阁千古，
汉柏伸壁迎游客。

菩提达摩，意译为觉法。自称佛传禅宗第二十八祖，是我国禅宗的始祖，故我国的禅宗又称“达摩宗”，达摩被尊称为“东土第一代祖师”。

这首诗的作者，已无从查考，但他的诗可供后人欣赏。全诗使用白描手法，寥寥几笔便勾勒出一幅美妙动人的画面，令人心驰神往。

诗是语言的艺术，也是一种充满想象力的艺术。诗中的景物和意念可凭欣赏者的想象力描绘出来。

作者用比喻、拟人等修辞手法看似写景、状物，实际上情在景中，理寓诗中。

该诗含蓄而深刻地表达了诗人崇敬自然、眷恋国宝、酷爱中华、执着向善的思想感情。

在嵩岳寺塔的旁边立有一通“大德大证禅师碑”。碑文上刻有详细介绍。这通石碑刻于769年，也就是唐大历四年，主要记述了大德大证禅师的生平事迹和佛教禅宗初祖达摩至大证北宗九祖的传法世系，以及对大证禅师的热情颂扬和悼念。

大历 唐代宗李豫年号，唐肃宗长子。初名俶，封广平王，唐朝第八位皇帝，在位17年。代宗笃信佛教，寺院多占有田地，国家政治经济进一步恶化。779年，代宗驾崩，享年54岁。

嵩岳寺

这通石碑由唐代宰相王缙撰文，唐代著名书法家徐浩楷书，对研究我国禅宗历史及书法艺术具有较高的价值。

碑文内容如下：

广大佛刹，殚极国财，济济僧徒，弥七百众。落落堂宇，逾一千间。藩戚近臣，逝将依止，硕德圆戒，作为宗师。

及后周不祥，正法无绪。宣皇悔祸，道叶中兴。明诏两京，光复二所，议以此寺为观。古塔为坛，八部扶持，一时灵变，物将未可，事故获全。

隋开皇五年，隶僧三百人。仁寿载改，题嵩岳寺，又度僧一百五十人。逮豺狼恣睢，龙象凋落，天宫坠构，劫火潜烧，唯寺主明藏等八人莫敢为尸，不暇匡辅。且王充西拒，蚁聚洛师，文武东迁，凤翔岩邑，风承羽檄，先应义旗，挽粟供军，悉心事主。及傅奕进计，以元嵩为师，凡曰僧坊，尽为除削，独兹宝地，尤见褒崇，实典殊科，明敕洊及，不依废省。

有录勲庸，特赐田碾四所。代有都维那惠果等勤宣法要，大壮经行。追思前人，髣髴旧贯。十五层塔者，后魏之所立也，发地四铺，而耸陵空，八相而圆，方丈十二，户牖数百，加之六代禅祖，同示法牙，重宝妙庄，就成伟丽，岂徒帝力，固以化开。

其东七佛殿者，亦曩时之鳳阳殿也。其西定光佛堂者，瑞像之戾止。昔有石像，故现应身浮于河，达于洛，离京毂也。万輩延请，天柱不回，唯此寺也，一僧香花，日轮俄转。

其南古塔者，隋仁寿二年置舍利于群岳，以抚天下，兹为极焉。其始也，亭亭孤兴，规制一绝。今兹也，岩岩对出，形影双美。……

明準帝庸光启象设，南有辅山者，古之灵台也，中宗孝和皇帝诏于其顶，追为大通秀禅师造十三级浮屠。及有提灵庙极地之峻，因山之雄，华夷闻传，时序瞻仰。

每至献春仲月讳日斋辰，鴈阵长空，云临层

天宫 天庭圣境，开天始自盘古氏。传说自盘古开天后天地相隔9万里。西昆仑和西王母的瑶池遥遥相对。天有九重，由一重天瑶池上到九重离恨天，共计33层。

嵩岳寺塔的全貌

岭，委郁贞栢，掩映天榆，迢进宝阶，腾乘星阁。作礼者，便登师子；围绕者，更摄蜂王。其所内焉，所以然矣。

新中国成立以后，相关部门对嵩岳寺塔进行了详细的勘测，并对地宫进行了发掘。在塔地宫内共发现遗物70多件，其中，雕塑造像12件，建筑构件、瓦当、滴水等17件，其他文物41件。

后来，人们又在塔刹内发现了两座天宫。天宫分别位于宝珠中部和相轮中，此外还有银塔、瓷瓶、舍利罐、舍利子等。塔刹的建造年代据推测是在唐代末年宋代初年。

嵩岳寺塔是我国现存最早的一座多边砖塔，它的轮廓线各层重檐均向内按一定的曲率收缩，轮廓线柔和丰圆，饱满韧健，似乎塔内蕴藏着一种勃勃生机。

塔体高高耸立于青瓦红墙绿树之上，为山色林影增添了一抹神奇。它屹立在太室山之阳，衬以绿树红墙，更是显得巍峨壮丽，古朴大方。

阅读链接

塔林里面的塔都可称为“墓塔”，少林寺为在世的素喜大师修建的寿塔是所有寺塔中的特例。寺塔种类很多，建塔经费来自圆寂高僧的遗产和弟子们的捐献。所以，塔的高低大小就代表了墓塔主人生前的地位、功德、弟子多寡、经济状况等。

佛教有“救人一命，胜造七级浮屠”的说法，浮屠就是佛塔。所以，墓塔是不能超过七级的。少林寺高僧素喜大师灵塔是200多年来少林寺首次为活人修建的一座寿塔。素喜大师曾和一批少林武僧加入抗战队伍，他们的爱国情怀为世人称颂。

海宝塔

海宝塔又称“赫宝塔”“黑宝塔”，位于银川市北郊。据史料记载，407年至427年，大夏国王赫连勃勃重修此塔，因而又称“赫宝塔”。

海宝塔塔身坐落在宽敞的方形六基上，连同台基总共有十一级，通高54米，塔身呈正方形，四面中间又各突出一处脊梁，呈“亞”字形，是我国“十六名塔”之一。

海宝塔因与银川市西的承天寺塔遥遥相对，又俗称“北塔”。海宝塔与银川市内的承天寺塔遥相呼应，是“宁夏八景”之一，素有“古塔凌霄”之美誉。

用青砖砌筑的十二角塔

海宝塔的始建年代不详，最早的记载见于明代弘治年间的《宁夏新志》。据古籍所载，黑宝塔在城北1.5千米处，至于当初为何创建已无从详考。

到了清代乾隆年间，闽浙总督赵宏燮撰写《重修海宝塔记》时，

海宝塔石刻碑

才对海宝塔和海宝塔寺有了考证：

旧有海宝塔，挺然插天，岁远年湮，面咸莫知所自始，惟相传赫连宝塔。

赫宝塔之所以如此命名，与一个叫赫连勃勃的人密切相关。赫连勃勃是南北朝时期大夏国的创建人，他在407年创建了大夏国， 431年，被吐谷浑所灭。当时宁夏地区大部分版图属于秦有。

青砖砌筑而成的海宝塔

秦的创始人姚兴是一位颇有才华的帝王，在他统治的20多年里，政治清明，经济繁荣，儒学大兴，佛教盛行，特别是当姚兴灭了后凉以后，便迎请天竺国高僧鸠摩罗什来到长安，让众僧聚会，佛徒有主，建立营寺塔，托意于佛祖，公卿以下，没有不依附于他的。

姚兴 （366—416），后秦文桓帝，字子略，394年至416年间在位。姚兴在前秦时任太子舍人，后秦建国后立为皇太子。姚苌每次出征都留姚兴驻守长安。姚兴在位22年，重视发展经济，兴修水利，关心农事，提倡佛教和儒学，广建寺院。他勤于政事，治国安民。

佛教的传播和译经活动在我国北朝时期达到了高峰。据此推测，海宝塔寺和海宝塔始建于后秦，而大夏国赫连勃勃只是在海宝塔原有的基础上加以重修。

后世所存的海宝塔是1778年重修的遗物。塔身为楼间式，全部使用青砖砌筑，共9层11节，通高53.9

海宝塔寺匾额

米，平面呈正方形，四壁出轩，即每层4面设卷门的部分均向外突出0.1米，因而在正方形的平面上，又形成直线“十”字形，构成十二角塔。每层出轩部分两侧各设有一个佛龛，龛眉突出。

所有这些，都增添了海宝塔塔身的华丽感和立体感。海宝塔寺这种整体造型风格在我国古塔建筑中可谓是别具一格。

每年农历的七月十五，是海宝塔寺传统的“盂兰盆”法会。届时广大佛教徒云集海宝塔寺，进行佛事活动。举行法会时，寺内香烟缭绕，钟声悠悠，悦耳的僧乐声、僧侣的诵经声以及寺外广场的杂要声构成一幅太平盛世的壮丽画面，使这座千年古刹更加焕发出耀眼的光辉。

海宝塔属于仿楼阁式砖塔，原塔13级，高耸入

抱厦 建筑术语，是指在原建筑之前或之后接建出来的小房子，也指围绕厅堂或正屋后面的房屋，在形式上如同楼抱着正屋或厅堂。宋代把这种建造形式的殿阁叫“龟头屋”，清代叫“抱厦”。龟头屋在两宋时期风行一时，宋人游记中常有“龟首四出”的描述，特别应用于大型风景建筑。

云，自7层而上，从塔外盘旋凌空而上。重修以后，只有9级，连塔座在内共11级。塔建在每边长19.7米，高5.7米的砖台上。塔后有天桥通向韦陀殿和卧佛殿。塔的平面为十字折角形，每面正中都突出一部分。在高层楼阁式塔中，这种形式极为罕见。

第一层塔的入口有小抱厦，进抱厦入券门，迎面就是罗汉龛，龛的两旁有砖梯可以上登。每层正中辟有券门，两侧置有假龛。券门和假龛上，挑出菱形角牙子3层。从第二层开始，每边挑出3层叠涩，正好作为券门和假龛的底边。

塔身内部也呈十字形，中央是一座方形塔室，每层宽度0.15～0.2米之间。塔刹是用绿色琉璃砖砌成的桃形四角攒尖顶，与众不同之处在于塔刹并无相轮、华盖、宝珠等部分。

这种形制，在我国古塔建筑中极为罕见。走进塔门就是方形的塔室。塔的第二层到第十层，平面形式完全相同，只是尺寸有所差异。沿着楼梯辗转而上就到达塔的顶层。塔的顶部，在四角攒尖顶上置有一个庞大的桃形绿色琉璃塔刹，这与灰色的塔身形成了鲜明的对比。登塔远眺，银川市容尽收眼底，美不胜收。

阅读链接

关于海宝塔还流传着一个马鸿逵箍塔的故事。话说，在银川城北不远的地方住着一户农民。有一天有人向他问路，农民用赶牛鞭一指，不巧鞭梢子甩在问话人的身上，顿时那人的下身落地变成了海宝塔。

不久，银川发生大地震，塔身被震裂。当时在宁夏做官的马鸿逵便命人给塔打了几道铁箍。可是，从那以后，马鸿逵总是头痛。一天，塔给他托了个梦，说他头疼是铁箍的原因。马鸿逵又派人把北塔上的几道铁箍子卸了下来。果然他的头不疼了，而塔的几道裂缝也合了起来。

海宝塔寺及海宝塔的传说

海宝塔位于海宝塔寺中，这是一座有着1500多年历史的古刹，寺院内树木成荫，空气清新，环境优美，红墙黄瓦，古朴典雅。古刹飘出的悠悠钟声，绵延不绝。

海宝塔寺在清末又称“海宝禅院”，寺院四周杨柳繁茂，绿树成

海宝塔寺正门

海宝塔寺的大雄宝殿

荫，环境十分幽静。

相传，在很早以前，这里曾经是一片湖泊，海宝塔就坐落在一块湖岛上，湖内芦苇丛生、鱼肥水美。每逢农历的四月初四，人们便走出银川城，乘舟向北，过大湖，赶往寺院参加一年一度的庙会。

海宝塔寺坐西朝东，占地面积18 000平方米。正门是3间歇山式山门，门楣匾额上“海宝塔寺”4个苍劲有力的大字。

寺院主要建筑有山门、钟鼓楼、天王殿、大雄宝殿、海宝塔、玉佛殿和卧佛殿。这些建筑排列在一条东西走向的中轴线上。

大雄宝殿是寺内的主殿，殿内供奉端坐莲台的释迦牟尼三身佛，两侧是十八罗汉，神态慈祥，造型各

歇山式 我国古代常见的建筑屋顶的构造方式之一。由前、后两个大坡檐、两侧两个小坡檐及两个垂直的等腰三角形墙面组成。在形式多样的古建筑中，歇山建筑是最基本、最常见的一种建筑形式，在4个坡面上各有一个垂直面，故而交出9个脊。这种屋顶多用在较为重要，体量较大的建筑上。

海宝塔入口

异，栩栩如生。

穿过廊桥，便是玉佛殿，玉佛殿内供奉着释迦牟尼佛成道像。玉佛身高1.5米，是用整块金镶玉雕琢而成，整座佛像洁白无瑕，光彩照人。海宝塔耸立在大雄宝殿和玉佛殿之间，是寺内的中心建筑。

玉佛殿后面便是卧佛殿，殿内卧佛7.6米长，神态安详，通体贴金，光灿夺目。佛陀十大弟子恭立其后，给人以端庄肃穆之感。

关于海宝塔的传说故事有很多，有些故事妙趣横生，这些故事都反映了我国人民淳朴善良的世界观和价值观，很有哲理和趣味。其中流传较广的是回族老人治水的传说。

从前，从宁夏川来了一位回族老人。他到处给人看病，教人做好事。宁夏川的人对他很崇敬，可是人们一直不知道他叫什么名字。

一天，回族老人来到银川的北塔寺。北塔寺的住持早就听说他的美德，便热情地接待了他。两人谈得很是投机，便结为好友。后来，回族老人出外行医，就再没回来。

一天晚上，北塔寺的住持做了一个梦，梦见了回族老人回来了，他非常高兴。可是，回族老人面色忧郁地对他说：“你不要过于高兴了。我是来告诉你，某月某日，这里将要发一次大水，整个寺院都要被水淹没，到那时，你不必惊慌，领着弟子登上浮图之顶，方可避难。”说完，回族老人就离开了。住持醒来以后，回想起梦中的一切，把老人的话牢牢地记在了心里。

老人说得没有错，发大水的日子到来了。大水突然把北塔寺淹没，寺院的和尚们个个惊慌不已。这时候，寺院住持想起了回族老人在梦中讲的话，就带领众弟子，打开浮图，从塔门走了进去。当他们登上第七塔级的时候，大水已经把整个寺院吞没了。面对浩渺的大水，师徒们无不垂泪涕泣。

突然，寺院的住持看见大水中间有一座小岛，在岛上有一个人，只见他身穿长袍，手拿一只汤瓶，很安然地站在岛上。寺院住持仔细一看，此人正是他的好朋友回族老人。他刚要张口喊，回族老人向他摆了摆手，示意不要言语。然后，老人把汤瓶举了起来，

拱北 我国伊斯兰教先贤陵墓建筑的称谓，是阿拉伯语的音译，原意是指拱形建筑物或圆拱形墓亭。中亚、波斯及我国新疆地区称为“麻札”，意为先贤陵墓或圣徒陵墓。后来，专指苏菲派在其谢赫、圣裔、先贤坟墓上建造的圆拱形建筑物，供人瞻仰拜谒，称之为“拱北”。

海宝塔寺鼓楼

小岛上的海宝塔

往下滴水。

老人每滴一滴水，下面的大水就往下退一尺，再滴一滴，大水又退一尺。等到汤瓶的水滴完，北塔周围的水全退了。

寺院住持和僧众看到大水退了，都感到非常惊讶。可是当他们再回头看老人时，老人却不见了影踪，只留下那座小岛。寺院的住持非常感激这位不知名的回族老人，就在岛上给他修了个陵墓。

之后，人们看到北塔周围的一片湖，传说就是当年大水退了以后留下的。湖中的那个小岛和岛上的陵墓，也一直留在人们的心里。年代久了，上面长了许多芦苇。

后来，湖不见了，小岛也不见了，小岛上的拱北也不见了。只有海宝塔高高耸立在那里，然而回族老人的故事，却一直在民间流传。

阅读链接

关于海宝塔还有一个有趣的传说。相传在很久以前，宁夏川是一片汪洋大海。东海龙王的小儿子黑怪龙，偷走龙母的翠钗和小定海银针。这事触怒了龙王和龙母，龙王亲自去捉拿黑怪龙。黑怪龙骑着龙母的坐骑蓝金螭，匆忙向深海逃去。

终于，老龙王把黑怪龙捆绑起来，黑怪龙向海底沉去。蓝金螭担心黑怪龙再露出水面，就跑到东海深处伐木、制砖，用了几年工夫，才把黑怪龙的龙体围盖起来。水干后，地面上就出现了一座高大的塔，这就是海宝塔。

小雁塔

小雁塔位于陕西省西安市南门外的荐福寺内。属于保护较为完好的著名佛塔。小雁塔的塔形秀丽，被认为是唐代精美的佛教建筑艺术遗产。

小雁塔始建于707年，是一座典型的密檐式砖塔，是唐代长安城保留至今的两处标志性建筑之一。小雁塔规模虽不及大雁塔宏大，但是环境清幽，风景优美，“雁塔晨钟”是清代“关中八景”之一。一直以来，小雁塔都是西安市的著名古迹。

为存放佛经和佛图而建寺塔

小雁塔与大雁塔是古都长安从唐代保留至今的两处标志性的建筑。因为小雁塔的规模小于大雁塔，并且修建时间偏晚一些，故名小雁塔。

小雁塔旁的荐福寺全景

小雁塔建于707年至710年之间，位于长安城朱雀门街东安仁坊的荐福寺内。当时是为了存放唐代高僧义净从天竺带回来的佛教经卷和佛图等物品而建立的。

小雁塔所在的塔院是荐福寺的一部分，只不过在当时，塔院并不在荐福寺内，而是与寺门相对。

塔院位于安仁坊，与位

于开化坊的荐福寺门隔街相望。只可惜，在唐代末年的战乱中，荐福寺屡遭破坏，寺院毁废，只有小雁塔得以保存。

荐福寺大雄宝殿

从北宋哲宗元祐年间的文字记录来看，当时荐福寺已经迁入塔院内，与小雁塔成为整体。

1116年，一位自称“山谷迂叟”的信士发愿修缮小雁塔，将风化严重的塔檐、塔角修好，以白土粉饰，历经千年，塔身仍然可见用白土粉刷的痕迹。

明代和清代，荐福寺和小雁塔历经了多次修缮。在明代，荐福寺曾有5次大规模的整修，基本上保留先有的格局，这也开启了荐福寺的中兴。

1426年，陕西西宁卫弘觉寺番僧勺思吉蒙钦锡度

哲宗　（1076—1100），宋哲宗赵煦，北宋第七位皇帝，是宋神宗的第六子，原名佣，曾被封为延安郡王。神宗病危时曾立他为太子，神宗死后，赵煦登基为皇帝，是为宋哲宗，改元为“元祐”。他在位15年，享年24岁，死后葬于河南巩县的永泰陵。

牒，到荐福寺住坐，见这里殿堂荒废，发愿重修。

1449年，小雁塔大修竣工后，向朝廷乞赐寺名。如今的“敕赐荐福寺”匾额就是明英宗亲笔书写的。

1487年，西安地区发生地震，小雁塔的塔身震裂。后来重修时，在塔的底部砌了一层包砖，但没有修复塔身的裂缝。

小雁塔原来有15层，到1555年遇到华县大地震时塔顶两层被震毁，仅剩下了13层。

清代，荐福寺又经多次修缮，以1692年的整修规模最大。晚清时期又增建了藏经楼和南山门等。

小雁塔是密檐式砖结构佛塔，塔身全由青砖砌筑。塔的横截面为正方形。原为15级，约45米高，现13级，高约43.4米，底边长约11.4米。

小雁塔的基座是砖砌的方台。基座底下有一地宫，规格为竖穴。基座之上为塔身，塔身底层较高，二层以上每层高度呈现递减趋势，因此塔的轮廓呈现出秀丽的卷刹。

此外，塔身的宽度自下而上也逐渐递减，塔身轮廓为锥形。小雁塔比例均匀，造型优美，玲珑秀丽。

小雁塔塔内中空，塔壁不设柱额，塔身上为叠涩挑檐，塔身每层砖砌出檐，塔身表面各层檐下都砌有斜角牙砖。塔底层南、北两面各开有一扇青石券门。

门框上布满精美的唐代线刻，尤其门楣上的天人供养的图像，艺术价值非常高。

塔底层以上各层南北两面的正中均开有半圆形拱券门洞。小雁塔内设有木梯，可登临到塔顶。

塔底层北券门外紧靠塔体的砖砌门楼，是清代后期增建。塔基座南侧有清代石门坊，南额刻有“万汇沾恩”，北额刻有“不二法门”。

在塔底层南门入口的石质弓形门上，刻有阴文蔓草花纹和天人供养的图像，与大雁塔的门楣相同。但因年久及保护不善，已经残缺不全、模糊不清。

原来在小雁塔底层环绕塔身有砖木结构的大檐棚，被称为“缠腰”。在金朝和元朝交战之际，“缠腰”毁没。

不二法门 佛教用语，指显示超越相对或差别的一切绝对或平等真理的教法。在佛教八万四千法门之上，能直见圣道者。在佛教中，对事物认识的规范，称之为“法”。修有得道的圣人都是在这里证悟的，又称之为“门”。佛教有八万四千法门，不二法门是最高境界。

荐福寺

荐福寺

说起小雁塔就一定要说荐福寺，因为小雁塔与荐福寺有着深厚的历史渊源。荐福寺位于陕西西安市南门外，始建于684年。

寺院是因唐高宗李治死后百天，皇室族亲为了给李治献福而兴建，因而最初取名为“献福寺”。

690年，武则天执政时期把“献福寺”改为“荐福寺”。706年，扩充寺庙为翻经院，成为大继慈恩寺之后的一个佛教学术机构。

寺址原在唐长安城的开化坊南部，也就是唐太宗的长女襄城公主的宅邸，唐代末年因遭兵祸破坏，将其迁建于安仁坊小雁塔所在的塔院里。

襄城公主 唐太宗李世民的长女，下嫁萧瑀的长子萧锐。死后陪葬于昭陵。襄城公主雅礼有度，深得太宗疼爱。太宗要求其他公主都要向襄城公主学习。

相传707年，也就是景龙元年，唐中宗李显令宫人摊钱，在安仁坊建造一座秀丽的高塔，形似大慈恩寺大雁塔，唐宋时期被称为“荐福寺塔”。后世因它比大雁塔小巧，又称作“小雁塔”。

671年，唐代高僧义净从长安出发，经广州取海道赴印度游学求佛法，历时25年，足迹遍及中南半岛、南洋群岛、印度洋东部等30多个国家，终于在695年回国。

当时，义净带回梵文佛教经典等400部，曾在荐福寺内从事翻译工作，并著有《大唐求法唐僧传》《南海寄归内法传》等书，对中外文化交流做出了重大贡献。

荐福寺经宋、元、金、明、清历代重修，香火不绝。后世经过全面整修，存有大雄宝殿、藏经楼、慈氏阁、白衣阁、钟楼、鼓楼及小雁塔，并有北宋政和时期的碑记和金代所铸的一口大钟。

寺内庭院肃穆雅静，殿堂屋宇宏伟壮观，夹道古槐、古楸，树龄都在300年左右。

荐福寺钟楼

荐福寺庭院

传说，当年义净释经为早起礼佛、译经，向寺中住持建议“每日清晨击钟”。清代著名诗人朱集义题诗写道：

噌弘初破晓来霜，落月迟迟满大荒。枕上一声残梦醒，千秋胜迹总苍茫。

阅读链接

荐福寺内一直保存着一口1192年铸造的大铁钟，钟高3.55米，重约8000千克。这口钟原本是武功崇教禅院的旧物，后来流失沉落到渭河河底。到了清代康熙年间，人们重新发现这口钟，并把它移入荐福寺内小雁塔旁的钟楼内。

清代时，每天清晨荐福寺都会定时敲响铁钟，况且钟声响亮悦耳，于数千米内都可听到。因而，小雁塔及“雁塔晨钟”成为著名的“关中八景”之一。其实，“雁塔钟声”并非仅在清代康熙年间重修塔寺偶得铁钟之后，早在唐代初建小雁塔时，就有此声此景了。

义净取经幸遇千年菩提

在西安城南小雁塔旁有一株国内罕见的菩提树。这株古老的菩提树已有千岁高龄，树径约1米，树心虽大部分已经中空，树顶也早谢，但四周却仍枝繁叶茂，与千载古塔一起焕发着诱人的魅力。

小雁塔内的古树

荐福寺的古石碑

说起印度的这种“圣树”能在我国西安的小雁塔旁落户的缘由，还得从我国高僧义净不远万里到天竺取经说起。

相传，长安大荐福寺里的义净和尚在研究中，深感国内现有的佛经不完善，佛理不明，原始经卷太少，便以法显和玄奘为榜样，取水路到五天竺去取经。

义净在印度五天竺的所有寺院都受到热烈的欢迎和礼遇，各寺院还把他看作是“第二个玄奘法师”，不但满足他的需要赠送给他许多部珍贵的经卷、经论，还赠送给他许多珍贵的佛宝，诸如金佛像、珍珠念珠、金丝袈裟及释迦的真身舍利等无价之宝。

义净在五天竺各地学习、讲学整整24年，他觉得自己学到的东西及所得到的佛经资料已足够研究所用，便准备返回祖国潜心译经和研究。

告别五天竺前，义净再次朝拜当年佛祖释迦说法的灵鹫山和释迦成佛的那棵“圣树”菩提树。当他正在向“圣树”礼拜的时候，突然发现身边两侧和背后各站着两个手握利刃的大汉。他们逼他交出所有的佛宝和佛经，并用刀比画着要杀掉他灭口。

义净不愿交出自己得之不易的佛经、佛宝，更不愿它们落到强盗们的手中染上铜臭。他要保护它们免遭劫难，但自己被四把尖刀逼住，施展不开。

他只得闭目诵佛，心中默念阿弥陀佛……祈求圣树保佑自己度过劫难。

义净刚刚默念完毕，那“圣树”突然伸出5股茁壮的树枝，中间的那股树枝把义净卷入树冠下保护起来，其余的4根树枝猛然地把那4个强盗推出几米远，重重地摔倒在地上。4个强盗吓得目瞪口呆，仓皇离去。

被救的义净不知如何向菩提谢恩，只是心中发愿道：“回到祖国后，弟子一定在即将修建的荐福寺塔下栽一株天竺圣树，一天一钵净水、一炉清香供奉终生，绝不食言！如若圣树信任弟子，就请恩赐一株树苗吧。”

他刚刚默念完，一株小小的菩提树苗便从圣树华盖似的树冠上冉冉落下，直落在义净的手掌里。

义净回到长安大荐福寺后的第一件事，便是栽种那株圣树苗。

小雁塔风景区建筑

荐福寺内的文物石狮

他在选定的塔址之旁小心翼翼地栽下了那棵幼小的菩提树苗，并浇上净水，焚上第一炉清香。

义净心想，菩提圣树是种热带的常绿树木，能不能在寒季里生存呢？想到这里，他便在菩提树的西北两面筑上挡风墙。

每当寒冬来临之前，义净都要亲自给菩提树裹上御寒的“衣裳”。令人称奇的是，菩提树慢慢适应了四季分明的气候，改变了它四季常绿的习性，越发英姿挺拔了。

阅读链接

悉达多·乔达摩是古印度国的王子，他离家后四处游走，跟随数论派先驱学习禅定。后来，他认为人身脱离体液才能悟出真理。于是，他逐渐减少饮食，从每天只吃一粒米到后来每七天进餐一次，六年后却形同枯木。

悉达多寻求解脱无果，便开始净身进食，渡过尼连禅河，来到伽耶，坐在毕钵罗树下沉思默想，这树就是菩提树。他在树下沉思七天七夜，最终觉悟成佛。佛，也称“佛陀”，意思就是觉悟者。释迦牟尼也就被后人尊称为“佛祖”。

北海白塔

北海白塔位于北京北海公园的琼华岛上，建于清代初年，是一座藏式藏传佛塔。白塔始建于清代，已有数百年的历史。

据史料记载，清代皇帝听了西域僧人的建议，为了祈祝国泰民安而建立白塔。

北海白塔矗立在琼岛顶峰，殿阁耸拥，绿荫环簇，巍峨壮美，不仅庄严肃穆，而且具有天人合一的境界。饱经历史沧桑的北海白塔曾经2次毁于天灾，又数次被重新修葺，成为琼岛顶峰最巍峨、最壮丽的景观。

建于琼华岛顶峰的藏传佛塔

北海白塔位于北京北海公园的琼华岛上，建于清代初年，是一座藏式藏传佛塔。据建塔石碑记载，当时有一位西域的僧人，请求皇上恩准建立寺塔以保佑国泰民安。皇帝批准了僧人的请求，于1651年在原广寒殿旧址的基础上修建了永安寺和白塔。

北海白塔

上圆下方的白塔

1679年和1731年，北京城曾先后两次发生地震，白塔在地震中倒塌，每次地震后都进行了重建。后来，塔顶在震波中受损。人们在修复时，发现塔内主心木中藏有一个两寸见方的金漆盒子，盒盖绘有太极图，盒内藏有两颗珍贵的“舍利”，由此证明此塔是一座舍利塔。

白塔塔高35.9米，上圆下方，富有变化，采用须弥山座式。塔顶设有宝盖、宝顶，并装饰有日、月及火焰花纹，以表示“佛法”像日、月那样光芒四射，永照大地。

塔身正面有一盾形小龛，内塑红底黄字的藏文图案，含“吉祥如意”之意。此龛俗称“眼光门”，又叫“时轮金刚门”。

北海白塔采用的全部是砖木石混合结构，由塔基、塔身、相轮、华盖和塔刹五部分组成。它是一座覆钵式塔，外形与妙应寺的白塔极为相似，但较之妙应寺白塔则更为秀丽。

塔的基座是十字折角形的高大石砌须弥座，座上置有覆钵式塔身。覆钵的正面有壶门式眼光门，内刻“十相自在”的图案。

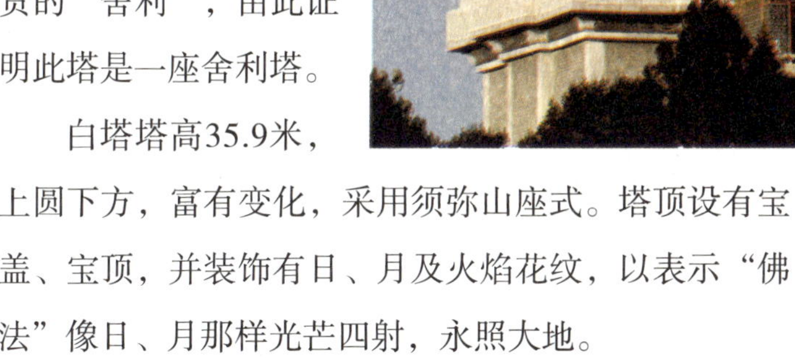

君权神授 也称“王权神授”，是封建君主专制制度的一种政治理论。认为皇帝的权力是神给的，具有天然的合理性，皇帝代表神在人间行使权力，管理人民。据记载，在我国，夏代奴隶主已经开始假借宗教迷信进行统治。《尚书·召诰》中“有夏服（受）天命”，就是君权神授最早的记载。

十相自在图 藏传佛教中常见的图，可以简单地理解为具有神圣力量的10个符号，在塔门、壁书、唐卡上都可见到，也有人把十相自在图刺绣成护身符和制成珐琅的徽章佩戴在胸前。

塔座边长17米，塔基是砖石须弥座，基座部分安有角柱石、压面石和挑檐石。座上是3层圆台，中部的塔肚是圆形，最大直径达14米。塔上有高大挺拔的塔刹。

从塔的表面只能看到砖和石料，却看不到木构架，但是可以看到塔的通身有306个方形青砖透雕通风孔，这些风孔塔木构架起通风的作用，防止塔内的木料潮湿糟朽。通风孔的纹饰雕刻也十分讲究，图案形式更是多种多样，有蝴蝶、芭蕉扇叶、喇叭花、菊花、荷花、宝相花、西番莲花等画像。

在白塔内部有一根柏木立柱，这根立柱是白塔的主心木，高约30米，从塔基处一直通向刹顶。塔身正面的眼光门，周围用钳子土烧制的西番莲花装饰图案，中间是木质的红底金字的"时轮咒"，这就是"十相自在图"，是由7个字组成，译音"杭、

北海白塔

恰、嘛、拉、哇、日、呀”，有“吉祥如意”的意思。这组字图是由清代藏传佛教的著名领袖章嘉国师亲手写成，据说这种文字图案从明代开始经由西藏才传到内地。

北海白塔

刹座是一个小型须弥座，上面置有细长的“十三天”刹身，由十三重相轮组成。十三天之上覆以两层铜制华盖，下层周边悬有14只铜铃。塔的顶端是仰月和鎏金火焰宝珠组成的刹顶。

北海白塔的四周建有天王殿、意珠心镜殿、七佛宝殿和具六神通殿等建筑。后世所存的天王殿、意珠心镜殿、东配殿和北侧厢房内都有文物和史料展出。天王殿是佛殿瑰宝展，意珠心镜殿是藏传万佛造像艺术展。

阅读链接

关于白塔所处之地北海，源于一个古老的传说。传说战国时期，渤海东面有蓬莱、瀛洲和方丈三座仙山，山上住有神仙，山中藏有长生不老药。秦始皇统一中国后，派方士徐福等人带数千童男童女，寻找三座仙山以求长生不老药。药没找到，便在兰池宫建了百里长池，筑土为蓬莱山。汉代武帝仍没找到仙山，在建章宫后挖一个大水池，取名“太液池”。将挖出的土在池中堆了三座山，象征蓬莱、瀛洲和方丈三座仙山。自此以后，历代皇帝都喜欢仿效“一池三山”的形式来建造皇家宫苑。琼华岛象征蓬莱。

参天古木见证白塔的兴衰

北京北海公园白塔

白塔寺是北海的标志性建筑，建造于1651年，也就是清顺治八年。1743年，白塔寺改名为“永安寺”。白塔寺主要建筑有法轮殿、正觉殿、普安殿、配殿廊庑、钟鼓楼等。这些殿宇自下而上，依山势而建，错落有致，古韵横生。

正觉殿前，建有“涤霭”“引胜”“云依”“意远”四亭。4座亭子不仅对称且典雅美观。由此四亭可以拾级登上白塔。

北海白塔

白塔塔身呈宝瓶形，上部为两层铜质伞盖，顶上设鎏金宝珠塔刹，下筑折角式须弥塔座。塔内藏有经文、衣钵和两颗舍利。塔前有座小巧精致的善因殿。琼岛的西面有悦心殿，殿后有庆霄楼。

西北面的阅古楼内存放自魏晋到明代时期的法帖340件，题跋210多件，石刻495方。楼内壁嵌存的摹刻故宫中的《三希堂法帖》，堪称墨宝，是清代乾隆年间原物。附近还有琳光殿，延南熏亭和山腰中的“铜仙承露盘”。

在琼岛的东北坡长有参天古木，这里便是“燕京八景”之一的“琼岛春荫”。据《大清会典》记载，在每年农历十月二十五的燃灯节，塔顶到山下都会燃灯，并请僧人举行法事，祈求国泰民安。

在塔前的高台上还建有一座小殿，名叫“善因

法帖 我国书法艺术的载体之一。在纸张发明之前，古人大都将文字书写在简牍或简书上，或者书写在丝织品上，称为“帖”。宋代出现了汇集历代名家书法墨迹，将其镌刻在石或木板上，然后拓成墨本并装裱成卷或册的刻帖，这种刻帖被称为“法帖”。

唐卡

殿”。殿的四周嵌砌有455尊琉璃砖制小佛，殿中供有千手千眼佛，又称“镇海佛”，传说起镇守北海的作用。

在永安寺东还有两块石碑，分别是1651年的《建塔诸臣恭纪碑》和1731年的《重修白塔碑》。

永安寺西的悦心殿是皇帝临时理政之所，殿后的庆霄楼是冬天观景的最佳处。整个永安寺建筑群从山顶的白塔开始，房屋鳞次栉比，直达岸边的牌坊，再以堆云积翠桥跨过水面，与南面的团城遥相呼应。此外，寺院内还藏有一些元、明、清时代的唐卡、佛像和匾额等。

北海白塔历近千年的风雨侵蚀以及地震和战火，仍然保存完好，除了它塔基牢固、结构谨严以外，历代不断维修也是重要原因。新中国成立后，北海白塔成为世界上保护最完整、外形最壮观的古代高层宝塔。

阅读链接

在康熙年间，北京城遭受过一次大地震，白塔塔身出现几道大裂缝。皇上下令限工匠在10天之内把裂缝修好，抗旨者斩。两个工匠接到圣旨后一筹莫展。到了第10天，两位工匠想到明早就要问斩，便来到白塔下的酒馆喝起闷酒来。

夜晚两位工匠听有人喊“箍大家伙嘞！”便对那人说：“你看白塔，算不算大家伙？有本事你就把白塔给我箍了！”话刚说完，一阵风吹来，工匠和酒馆老板就昏昏欲睡了。第二天，人们就看见白塔上新添了三道大铁箍。工匠认为是鲁班祖师爷下凡，马上跪地，望空而拜。

宝塔珍品

巧夺天工的非常古塔

大理象征

崇圣寺三塔

崇圣寺三塔位于云南大理以北1.5千米的苍山应乐峰下的原崇圣寺正前方。它背后是终年积雪的苍山，前面是碧波荡漾的洱海，与“玉洱银苍”浑然一体，展现出一种自然、典雅的东方美。崇圣寺初建于南诏丰佑年间，大塔“千寻塔”先建，南、北小塔后建，寺中立塔，故塔以寺得名。崇圣寺三塔是云南古代历史文化的象征，也是我国南方最古老、最雄伟的建筑之一。

传观音助南诏大理建国

阿嵯耶观音塑像

传说，阿嵯耶观音初到大理地区的平普涅一带时，他不惜用肉体生命来感化生灵，希望将人们从愚顽状态中解救出来。不仅如此，观音还为这里的人们做过许多善事，最主要的就是为南诏国选定了开国皇帝。

传说在南诏建国之前，云南西部地区一直由白国统治着各部族。

张乐进求是当时白国的国王，他有3个姑娘，大姑娘和二姑娘性情文静，十分听话，父王很喜欢她俩。三姑娘名叫金姑，虽然她也很聪明能干，能歌善舞，但由于她性情倔强，连父王都敢回嘴。因此，张乐进求不

大理白族照壁建筑

像喜欢大姑娘和二姑娘那样喜欢她。

有一次，张乐进求带着家小回家乡祭祖。在一个大白月亮的晚上，金姑背着家人偷偷地跑到洱海边，与白族青年男女一起对歌玩耍去了。

张乐进求知道后很生气，第二天早上便把金姑骂了一顿。金姑不但不向父王认错，反而回了嘴，这一来，就更加惹恼了张乐进求，张乐进求说她伤风败俗，有损王家尊严，叫她永远不要回家。

金姑万万没有想到父王会如此对她，一气之下，她便跑出家门，顺着洱海，一直往南走去。虽然沿途风光十分迷人，但金姑一点心情也没有。

这时她又渴又饿，筋疲力尽了。不知不觉间，金姑来到七五村东南面的二台坡，在一棵粗大的古松树下歇息，一会儿她就睡着了。

黄昏时候，有个20多岁的猎人经过这里，他身背

白族 是我国西南边疆的一个少数民族。在4000多年前的新石器时代，白族先民就在以苍山洱海和滇池为中心的地区生息繁衍，他们在河旁湖滨的台地上创造了早期的稻作文明，过着农耕渔猎和游牧的生活。

千寻塔

弓箭，肩上扛着一只打死的鹿子。当他发现大树下睡着一个姑娘时，感到很奇怪，正要上前看个明白，忽见一条大蛇从树上往姑娘的睡处爬去。他急忙取下弓箭对着大蛇“嗖”的一箭，就射死了大蛇。

响声惊醒了金姑，当她睁开眼睛，看到身边有个五大三粗、满脸麻子的男人时，她吓了一大跳。她再看看身旁死去的大蛇，就更觉害怕了。

猎人憨厚地指着死去的毒蛇说：“别害怕！姑娘，我已把它射死了。我名叫细奴逻，是巍宝山的猎人，不会加害于你的。”

细奴逻告诉她这里常有野兽出没，太危险了。为防野兽，他烧起火堆，又给金姑烧鹿子肉吃。金姑见他虽然长得丑陋，但心地善良，便如实相告了自己的身份。

细奴逻知道姑娘原来是三公主以后，也讲起了自己的身世，说他原先住在哀牢山，母亲名叫茉莉羌，因为发生瘟疫，父亲病死后，母亲便带他来到蒙舍川以种地和狩猎为生。

细奴逻对金姑说：“既然白王把你撵出家门，不如你就跟我回去，我一定能让你吃穿不愁。”

金姑一时犹豫起来，想到这关系到自己的终身大

巍宝山 巍山县县城是著名的国家历史文化名城，巍宝山在县城东南约10千米处。巍宝山是细奴逻的发祥地，相传细奴逻年轻时在巍宝山悉心躬耕，家业逐渐兴旺，由于他胆略超群，才智过人，而且家人又乐善好施，因此颇得民心。

事，父王不在身边，只有祈求天神指引了，于是她便默默祷告起来。

这时，观音化作一位白胡子老人走来对金姑说："细奴逻虽然是个猎人，但有王者之福，嫁给他吧！这是命中的姻缘！"

细奴逻和金姑便结成了夫妻。金姑结婚的事传到了父王那里，张乐进求认为女儿是被自己赶出家门的，也就没有追究。

后来，年纪越来越大的张乐进求，想找一个能继承王位的人，他左思右想，最后决定从3个姑爷中挑选一个。他认为大姑爷和二姑爷两个都有不足之处，一个生性多疑好嫉妒，一个好大喜功易暴怒。

张乐进求便令细奴逻夫妇前来见他。经过多次考察后，张乐进求觉得细奴逻是个精明过人、武艺超群和忠厚善良的好人。

箭 又名"矢"，是一种借助于弓、弩，靠机械力发射的具有锋刃的远射兵器。因其弹射方法不同，分为弓箭、弩箭和甩箭。箭的历史是伴随着弓的产生，远在石器时代箭就作为人们狩猎的工具。传说黄帝战蚩尤于涿鹿，纯用弓矢以制胜，是用弓矢之最早者。

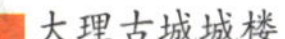

■大理古城城楼

皮罗阁 又名“魁乐觉”。太宗盛逻皮之子。他承袭王位后，推进了和唐朝的友好关系。738年，他被唐玄宗封为越国公，赐名归义。经唐玄宗允准，他又统一了六诏，唐玄宗进而封他为云南王。

张乐进求就召集文武大臣和众酋长，按照当时的习俗，在广场的一棵梧桐树上挂一只鸟笼，笼门开着，里面放一只金丝鸟。

文武大臣都到齐时，张乐进求便大声说道：“我已年老体弱，无力再料理国事，今天我就准备让位……”

白王的话还没说完，梧桐树上的金丝鸟忽然从笼里飞出来，落在细奴逻的肩上大声叫道：“天王细奴逻！天王细奴逻！”

在场的臣民都很惊奇。张乐进求觉得这是天意，便对众臣们说：“你们看见了吧！这是天意，天意不可违啊！我要把王位让给细奴逻，让他当国王。”

人们早就听说细奴逻是个有胆有识的能干人，再加上刚才看到的情景，大家个个都表示赞同。

细奴逻却推辞说：“谢父王和大臣们恩典，只怕我治国无能，有负众望，还请多多斟酌。”

白王张乐进求说：“贤婿不要再推辞了，只有你来继承王位才最合适。”

细奴逻说：“既然父王如此厚爱，那就请天神最后来决断吧！”

张乐进求同意了。细奴逻来到一块大石头面前，跪下对天盟誓：“天神在上，要是我能当王，一刀

张乐进求塑像

砍下去，刀进石3寸；要是我不配当王，一刀砍下去，刀不进石。”

说完，细奴逻就举刀往大石上砍去，不多不少，刀砍进石头的深度恰好是3寸。

张乐进求说：“看，这就是天意。”说罢高兴地大笑起来。

其实，这一切都是观音菩萨暗中安排好的，不论是金丝鸟的叫声，还是细奴逻用刀砍石。

雨铜观音殿

于是，细奴逻就接受了王位，改国号为“大封民国”，又称“蒙舍诏”，自号奇嘉王，从此，他实行世袭制，共经历了13代，历时253年。

在这一时期，云南西北洱海一带，分布着6个比较大的部落，称为“六诏”。其中的蒙舍诏，在六诏的最南面，所以又称为“南诏”。这6个部落为争夺统领权进行了长期争斗。

653年，细奴逻敬服唐朝的高度文明，就派儿子逻盛赴长安朝见唐高宗，表示愿意归附唐朝。于是，唐高宗封细奴逻为巍州刺史，从此南诏接受了唐朝的领导。

在当时，南诏实力最强，欲求一统六诏，唐王朝为了减轻与古代藏族吐蕃的纷争问题，大力支持南诏统一其他各个部落。

观音 又称“观世音菩萨”“观自在菩萨”“光世音菩萨”等，是四大菩萨之一。他相貌端庄慈祥，经常手持净瓶杨柳，具有无量的智慧和神通，大慈大悲，普救人间疾苦。当人们遇到灾难时，只要念其名号，便前往救度，所以称“观世音”。在佛教中，他是西方极乐世界教主阿弥陀佛座下的上首菩萨，同大势至菩萨一起，是阿弥陀佛身边的胁侍菩萨，并称“西方三圣”。

738年，南诏第四代王皮罗阁，也就是细奴逻的曾孙，在唐王朝支持下，一举统一了六诏，建立了统一的南诏国，并以其族姓“蒙”为国号，第二年迁都太和城，也就是大理。

传说观音菩萨对南诏国的建立起了决定性的作用，阿嵯耶观音进而成为大理地区人们的精神支柱，被当地人们景仰和奉颂。后来，人们称阿嵯耶观音为“建国观音”。

人们为了感激观音救民于水火的圣恩圣举，纷纷捐献各种铜器，用于铸造观音圣像。后来，人们在兴建崇圣寺三塔时，就铸造了许多观音的塑像。

阅读链接

传说张乐进求在位时的白国，强悍的外族驻扎在大理七里桥，准备大举进攻白国。观音菩萨巡天来到白国上空，见白国百姓就要遭到外族的屠杀，于是就施法变成一个80多岁的老妇，背着一块大岩石，迈着轻松的步子朝敌兵走去。

外族首领见此情形，就问道：“哎！你这个老太婆咋能把这么大一块岩石背起来？”

老妇满不在乎地说：“我是听说你们要来攻打白国，先来看看你们有多大本领，能不能打得过我后面的年轻人。”

外族首领又问：“后面的年轻人有多大本事？”

老妇答：“他们哪，像我背的大岩石，一只手就轻轻举起来，一丢就能丢到百步远。每个人还有一把百多斤重的大刀，杀人就像切菜！”

外族首领听了，吓得面如土色，连忙退兵。白国兵马借助神力，乘势追杀，打得外族人落荒而逃。

老妇见战事已平，就把岩石丢在七里桥，现形为观音菩萨，回到了天上。从此，外族人再也不敢来攻打白国了。

南诏崇佛治水建三塔

在漫长的发展史上，佛教一度是南诏国和大理国的国教。到了南诏国后期，佛教已达极胜，佛寺遍布云南，有小寺三千，大寺八百。经过了南诏之后的大理国，佛教比南诏时期更为发展了。

大理南诏王龙椅

据说南诏第三代王盛逻皮继位后，十分崇信佛教，他曾经塑造了大黑天神圣像。据说，在塑像将成时，有一位天竺来的僧人，为大黑天神像开光。这更拉近了南诏王室与佛教的关系。

到了南诏第五代王阁罗凤时，

为宣扬佛教而修建的三塔

佛教密宗与王室的关系更进一步加强了，不仅国王信仰佛教密宗，在王室成员之中，还出现了像阁罗凤弟弟阁陂和尚这样的重要人物。

王室与佛教关系的密切，还体现在对僧人的尊敬上。据记载，南诏时期，有7位天竺高僧，先后在南诏得到礼遇，号称“七师”。

灌顶 是佛以大慈大悲，将最好的顶法传授给你，叫作“灌顶”。有“驱散”“注入”之意，也可以译为“授权”。梵语的意译是原为古印度帝王即位的仪式。灌顶是藏传佛教中最重要、最基本的宗教仪式，也是每个僧人所必须履行的过程。

这些僧人甚至利用一种来自于印度王室确认王子，或新登基国王获得合法地位的仪式，为南诏诸王灌顶，即所谓“摩顶蒙氏以主斯土”。

为南诏诸王灌顶的这种做法，一方面，使南诏国王与王室获得了“君权神授”的权威；另一方面，因为佛教密宗阿吒力教派的地位不断提高，在南诏社会生活中的影响不断扩大，从而推动了佛教密宗的传播。

僧人备受王室青睐和尊重的主要表现，是南诏、大理国均有封佛教密宗阿吒力教派中的高僧大德为

"国师"的传统。

到了南诏第十代王劝丰佑在位时期，王室成员俱皈依佛法，劝丰佑的母亲还曾出家为尼，他的妹妹越英公主则嫁给了来自天竺的阿叱力僧赞陀屈多。同时，劝丰佑还颁行法令，让他的臣民虔敬三宝，每户供佛像一堂。

三宝 在佛教中，称"佛、法、僧"为"三宝"，佛宝指圆成佛道的本师释迦牟尼佛；法宝指佛的一切教法，包括三藏十二部经、八万四千法门；僧宝指依佛教法如实修行、弘扬佛法、度化众生的出家沙门。

就在这一时期，这里少数民族的祖先们，为了宣扬佛教，便修建了三塔。

修建三塔，除了佛家所宣扬的可以成佛外，还有一个重要原因。据记载，大理古为"泽国"，多水患，为了镇住造成水患的龙，根据"龙性敬塔"而修建了三塔，希望平息给百姓带来灾难的水患。

相传那时修建三塔，采用垫一层土修一层塔的方法，当塔修好以后，才将土逐层挖去，让塔显露出来，因此有"堆土建塔"与"挖土现塔"之说。

建塔时所搭的桥，高得如山丘，长达10余里。那时修塔运力不足，还用山羊来驮砖，后来大理的银桥村，古时都称为"塔桥村"。据古籍记载，修建三塔时：

役工匠七百七十万，耗四万余金，历时八年建成。

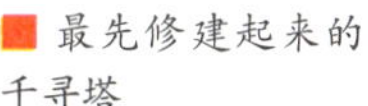
最先修建起来的千寻塔

崇圣寺三塔最先建了大塔"千寻塔"，这是崇圣寺三塔中最大的一个塔，位于南北两座小塔前方的中间，所

大理崇圣寺建筑群

以又称“中塔”。塔的全名为“法界通灵明道乘塔”，塔身16层，每层正面中央开券龛，龛内有白色大理石佛像一尊。

此塔高69.13米，是座方形密檐式砖塔，共16层。其基座呈方形，分3层，下层边长为33.5米，四周有石栏，栏的四角柱头雕有石狮；上层边长21米，其东面正中有石照壁，“永镇山川”4个大字即位于此，每字1.7米，笔力雄浑苍劲，气势磅礴，此字为沐英后裔明代黔国公孙世阶所书。

千寻塔以白灰涂面，每级四面有供奉佛像或神位的石室或小阁，相对的两面供佛像，称“佛龛”，另两面为窗洞。塔内装有木骨架，塔身内壁垂直贯通上下，设有木质楼梯，循梯可达顶层，顶层有瞭望孔，从瞭望小孔中可以欣赏大理城全貌。

千寻塔的塔顶有金属塔刹宝盖、宝顶和金鸡等。金鸡也称“大鹏金翅鸟”，是当时云南佛塔上常见的装饰动物，民间称它为“金鸡”。

据说大鹏金翅鸟与佛教的天龙八部有关。天龙八部是佛教术语，它分别是一天众、二龙众、三夜叉、四乾达婆、五阿修罗、六迦楼罗、七紧那罗、八摩呼罗迦。天龙八部中的“六迦楼罗”指的就是“金翅鸟神”。

金鸡是一种大鸟，翅的羽毛有种种颜色，头上有一颗凸起的如意珠。此鸟鸣声悲苦，传说以龙蛇为食，它每天要吃1条大龙及500条小龙。

在崇圣寺三塔所在的苍洱之间，当时为水乡泽国，水患频发。佛教传入洱海地区之后，天龙八部之一的大鹏金翅鸟，因为以龙为食，而受到了南诏大理国的重视。

■大鹏金翅鸟 是神鸟，据说它的身体非常大，跟一座山似的！大鹏金翅鸟能降龙，龙一见到它，一切神通都没有了，只能在那儿等着大鹏金翅鸟来吃它。

因此，崇圣寺建塔时，就建造了4只大鹏金翅鸟，置于塔顶。不仅如此，崇圣寺以及附近的寺庙里，还专门给大鹏金翅鸟雕了像，以作为神来供奉。据说这只金鸡还有一个传说呢！

传说有一座山和一条河，山上住着一只金鸡，它所居住的山崖很高大，河水从山脚下流过。

一天，金鸡和住在河里的龙打赌，金鸡说：“如果你能把水堵到我站的这块岩石上，我就嫁给你。”

龙听了很高兴，于是就下功夫堵水，大概用了一两年，终于把水堵到金鸡脚下。当然，金鸡不可能真心

大理崇圣寺

想嫁给龙，只是欺骗它而已。

半夜里，这只金鸡在岩石上拉了一堆屎，就飞走了，从这时起，人们就把这只金鸡称作“凤”。凤飞过了第二座山，那座山后来被人们称为“凤凰坡”。

过了凤凰坡，这只金鸡飞到了凤羽坝子。当时的凤羽坝子是个连名字都没有的荒坝，金鸡经过的时候有根羽毛掉到了坝子里，坝子里的人捡到了凤的羽毛，就把当地取名叫“凤羽”。

过了凤羽，凤飞到大理三塔寺大塔的宝顶上落脚，它在宝顶上歇了一天一夜，老百姓都跑出来看它，但都不敢驱赶它。后来，来观看的人越来越多，人们不但不驱赶它，反而烧香叩拜它。

就在这时，大理国国王的驸马仗着自己的地位尊贵，态度很蛮横，整天想着要显一显自己的本领。

祝圣寺 原名为“迎祥寺”，创建于明代，位于钵盂峰下，处全山中心位置。经虚云法师努力，历经10余年修成。寺内最主要的建筑是宏伟的大雄宝殿，正中供奉如来佛，两旁为五百罗汉，全贴有金箔，望之光彩夺目。

于是，他拿出弓箭射了凤一箭，刚好射到了凤的膝盖上。凤被射伤之后就飞走了，据说当时凤停歇的宝顶是直的，被它一下子就踩歪了。

凤离开崇圣寺三塔后，飞到宾川的一座山上，它被射伤的脚掉在这座山上，就变成鸡爪形状的三座大山，当时，有和尚们把它取名叫“鸡足山”。一些和尚们见这座山风水很好，于是在山上盖起了一座寺院，这就是离崇圣寺不远的祝圣寺。

稍后不久，在大理国段正严和段正兴在位时期，又建了南、北两小塔，三塔中的南、北两小塔在主塔之西，与主塔等距70米。两小塔之间，南北对峙，相距97.5米。

两小塔形制一样，均为10层，高42.4米，为八角形密檐式塔，外观装饰成阁楼式，每角有柱，每级设平座，顶端有镏金塔刹宝顶，非常华丽。

密檐式塔 为我国佛塔主要类型之一，可以说是一种由楼阁式塔演变而来的新式佛塔，多是砖石结构。密檐式塔始于东汉或南北朝时期，盛于隋、唐，成熟于辽、金，它是由楼阁式的木塔向砖石结构发展时演变而来的。

大理崇圣寺钟楼

崇圣寺三塔之主塔

两小塔的每层都有出檐，角都往上翘，不用梁柱斗拱等，以轮廓线取得艺术效果。塔的通体都抹有石炭，好似玉柱擎天。

在建筑风格上两小塔与主塔，都是具有典型的唐塔风格。三塔又都具有不同于内地古塔的两个特点：塔层数均为偶数，而内地塔多为奇数；中原塔由基座向上直线收缩，下大上小，呈矩梯形，而三塔上下较小，中部较大，外部轮廓呈曲线。

修建三塔后，又建了规模宏大的崇圣寺。据《南诏野史》对崇圣寺记载：

基方七里，周三百余亩，为屋八百九十间，佛一万一千四百尊，用铜四万五百五十斛。

有“三阁”“七楼”“九殿”“百厦”之规模。

阅读链接

关于修建崇圣寺三塔的年代，说法颇多。据史料记载，始建于836年。在建三塔的主塔即大塔时，唐王朝还派了恭韬、微义两位著名的建筑工匠来南诏，负责塔体的设计、施工，使中原的建筑艺术在云南连续开出绚丽而奇特的花朵。

也难怪很多专家、学者认为，大理三塔的建筑风格和著名的西安大雁塔的建筑风格有异曲同工之妙，这实际上也是我国古代民族团结的最好实物见证。

修建规模宏大的崇圣寺

871年，南诏第十一代王蒙世隆下令，在崇圣寺内铸造一口建极大钟。大钟声音洪亮，声传40千米仍能听到。然而，大钟不幸在1856年至1872年间毁于战乱。后来，重铸的南诏建极大钟为云南第一大钟。

崇圣寺山门设有3道门，故又称“三门”，象征着佛教的“三解脱门”。山门两旁，塑有哼哈二将。

崇圣寺山门

东方琉璃世界是药师佛的净土，“药师佛”也就是药师琉璃光如来佛的简称，据佛经记载药师琉璃光佛手持药钵，医治一切众生之病源和无名痼疾，药师佛的十二大愿中，其中最令人瞩目的一条是“除一切众生病，令身心安乐”。

进入崇圣寺山门后，左边是财神殿。殿内供奉骑于虎上的金甲财神像。金甲财神为赵公明，传说《封神演义》中，赵公明曾在峨眉山罗浮洞修道，身跨黑虎，助纣为虐，死后被姜子牙封为“财神爷”。也有人说，金甲财神为北方多闻天王，因为他别名“施财天”，相当于我国的财神爷。

进入山门的右边，就是药师殿。药师殿供奉一尊高1.6米的坐姿药师佛像。药师佛是梵文音译，全称是“药师琉璃光如来”，亦名“医王善逝”“大医王佛”。药师佛是东方净玻璃世界的教主，与释迦牟尼佛、阿弥陀佛并称为“横三世佛”。而与其胁侍日光菩萨、月光菩萨合称“东方三圣”。

据《药师经》上说，药师佛过去世行菩萨道时，曾发十二大愿，愿为众生解除疾苦，使具足诸根，趋入解脱，故依此愿而成佛，住东方琉璃世界，其国土

■ 大理崇圣寺财神殿

■大理崇圣寺药师殿

庄严如极乐国。

在财神殿和药师殿的背后，分别是钟楼和鼓楼。左侧为鼓楼，内置直径达3.1米的牛皮大鼓，也是后来全国佛教寺院中最大的牛皮鼓。右侧为钟楼，内置铜钟。晨钟暮鼓，正是佛寺僧侣们清苦淡泊、青灯古佛、虔心修行、精勤求佛的精神所在，钟、鼓也是号令僧尼的法器，是僧尼起居饮食的依据。

寺内的天王殿，又称为“护法殿”。天王殿为仿明代建筑，庑殿顶单檐五开间，中间供奉的是在佛教密宗及大理地区影响比较大的护神大黑天神。

大黑天神在密宗里属于战神，据说礼祀此神，可增威德，举事能胜。为何在大理地区供奉大黑天神，还有一个神话故事。

传说大黑天神是玉帝前的一名掌管天下疾病和药物的天神，玉帝听信谗言，派了大黑天神携带瘟疫和

财神 是我国民间普遍供奉的一种主管财富的神明。财神是道教俗神，民间流传着多种不同版本的说法，月财神赵公明被奉为正财神，李诡祖、比干、范蠡、刘海被奉为文财神，钟馗和关公被奉为赐福镇宅的武财神。日春神青帝和月财神赵公明合称为“春福”，日、月二神过年时常贴在门上。

大理崇圣寺天王殿

疾病到大理进行传播。

当大黑天神到了大理以后，他发现大理的人民勤劳善良，并非像玉帝所说。于是，大黑天神自己就把所有的瘟疫和疾病吃掉，全身发黑而死。后来，大理的人民为了感谢他，就把他作为护法神加以供奉。后来，大理的很多村落还把他奉为自己的本主。

在天王殿大黑天神的两边，还供奉有四大天王像，分别是手持琵琶的东方持国天王、手持宝剑的南方增长天王、手持蛇的西方广目天王和手持雨伞的北方多闻天王，它们分别代表了风、调、雨、顺。

天王殿之后是弥勒殿，它为仿宋代单檐庑殿顶七开间建筑，采用庄严典雅的和玺彩。中前供弥勒菩萨，背后供韦驮菩萨，两边列天龙八部之龙部。

弥勒殿的弥勒像高3.7米，姿态为坐姿，体形肥胖、袒胸露腹、大肚凸出、手掐串珠、笑口常开，为身着僧衣的金色圣像。

弥勒 是梵语，意为“慈氏”。他名叫阿逸多，生于南天竺的贵族家庭，后成为释迦牟尼的弟子，并先于释迦入灭，上生兜率天内院，做了补处菩萨，后补佛。由于弥勒袒胸露腹、眉开眼笑，使人一看便觉心情放松，因而弥勒成了中国人心目中最为和蔼可亲的宗教人物。

有楹联说：“大肚能容，容天下难容之事；开口便笑，笑世间可笑之人。”正是他豁达、洒脱、宽容的蕴含，成为中国民间信众的做人信条。

弥勒殿的韦驮像是立像，高3米。韦驮是二十诸天中地位最为显赫的天神之一。相传他是南方增长天王手下的一员神将，其职责是保护东、南、西三洲的出家僧众，所以深受佛教的崇敬，是一般寺院必奉的护法神。

据佛教传说，在佛祖涅槃时，有两个“疾捷鬼”偷走了佛祖的两颗牙齿舍利，幸好被韦驮发现，急起直追，才得以取还。故韦驮的塑像常塑于弥勒像背后，面对大雄宝殿以示警诫。

弥勒殿的大殿两边的塑像为天龙八部中的龙部众，即八部龙王。龙可以兴云布雨，令众生热恼消灭，并守护佛法，是吉祥与威严的象征。

琵琶 一种传统的弹拨乐器，已经有2000多年历史。最早被称为“琵琶”的乐器大约在我国秦朝出现。“琵琶”二字中的“珏”意为“二玉相碰，发出悦耳碰击声”，表示这是一种以弹拨琴弦的方式发声的乐器。“比”指“琴弦等列”。“巴”指的是这种乐器总是附着在演奏者身上，和琴瑟不接触人体相异。

大理崇圣寺弥勒殿

大理崇圣寺观音殿

崇圣寺的观音殿，又名“十一面观音殿”，它是崇圣寺第三大殿。观音殿属于仿明代建筑，重檐五开间，正中供奉有十一面观音像。崇圣寺十一面观音像的由来，还有一个传说。据说，天宝战争中，观音托梦阁罗凤，铸十一面观音像，才退敌军，拯救了南诏国。

韦驮 在佛教寺庙中，韦驮的形象如同中国古代的将军。戴金盔，穿金甲，手执金刚杵，威风凛凛。弥勒殿的这尊韦驮的姿势是双手合十，金刚杵倚在手腕上，挺直站立，表示该寺是十方丛林大寺，具备接待云游僧人和居士的能力。

正如名字所说，崇圣寺观音殿的十一面观音像共有11张面孔。一面，化恶有情；二面慈面，化善有情；三面寂静面，化导出世净业。这三面教化三界便有九面。第十面为暴笑面，表示教化事业需要有极大威严和极大意志方能无懈而有成就。最上一面为佛地，功德圆满。

观音殿两边的神像都是观音化身。为什么内地的观音只有6个化身，而这里却有8个？这是因为在观音六化的基础上，大理人民又加上了在本地流传比较广的观音的两个化身，即易长观音和建国观音。

在观音殿外面的格子门上，刻有在大理地区流传比较广的观音十八变的故事。上面一层是绘画，下面一层就是所对应的文字说明。其中的建国观音就是通常所讲的梵僧观音，因为他曾经点化南诏国第一代国王细奴罗，帮助细奴罗建立了南诏国，故名“建国观音”。

在观音殿的两边，分别是南、北罗汉堂，这里供奉的是五百罗汉。关于五百罗汉还有一个故事。据说古印度有五百强盗，被俘后，全部挖去双眼放至山林。在山林里，失明的众强盗日夜啼哭，佛祖听到后，大发慈悲，用神药使他们复明，五百强盗从此皈依佛门。经多年修行，这500个皈依佛门的人，终于得成正果，成为罗汉。

经过重重殿堂，就到了崇圣寺的主体建筑大雄宝殿。大雄宝殿，高大敞亮，金碧辉煌，为仿北京故宫太和殿修建。重檐九开

大理崇圣寺罗汉堂

蛟龙 蛟和龙是不同的生物，蛟龙是蛟和龙交而成。虽然都有强大的力量，却一正一邪，有本质不同。龙则是我国传说中的一种善变化、能兴云雨、利万物的神异动物，为众鳞虫之长，四灵之首。龙在神话中是海底世界的主宰，在民间是祥瑞象征，在古时则是帝王统治的化身。

间，有3层台基，殿面阔51.7米，高26米，为全国佛教寺院中体量最大的殿。

大雄宝殿内的神像造型和排列顺序，完全按照“释迦牟尼佛会图”进行雕塑和排列。正中供奉有“华严三圣”，即如来佛、文殊菩 萨、普贤菩萨。在文殊菩萨和普贤菩萨两边，分别是观音菩萨和大势至菩萨，观音菩萨、大势至菩萨和极乐世界的阿弥陀佛称为“东方三圣”。

大雄宝殿内还有木雕的《大理国张胜温画梵像卷》，在天花板上，还雕有一条苍劲的蛟龙，有云雨翻腾之势，“称为天龙”。

大雄宝殿的左边是祖师殿，右边是高僧殿，后面是阿嵯耶观音阁，观音阁前面是一组“九龙浴太子”的石雕。

传说，佛祖从母亲的右肋骨下出生后，有9条龙同时喷水，帮太子洗去身上的污秽。“九龙浴太子”

大理崇圣寺“九龙浴太子”石雕

大理崇圣寺观音殿

石雕后面的壁画，就再现了这个传说故事。

过了崇圣寺山海大观石牌坊，就到了崇圣寺中轴线上的最后一个建筑望海楼。它是三重檐明清式楼阁，这里四周松柏滴翠，楼立林中，登楼可眺望大理全景，苍洱毓秀，尽收眼底。

阅读链接

崇圣寺三塔里有藏传佛教特点的两种法器，一种是五组转经筒，转经筒上下两端固以轴承可以转动，周围刻有《平安经》《般若波罗蜜多心经》《金刚经》和《妙法莲华经》。

另一种是五件金刚杵。金刚杵俗名“降魔杵”，原系古印度的一种兵器，后来成为密宗的一种法器，常为金刚力士护法所持。崇圣寺三塔里的金刚杵，是阿吒力僧诵经时的手持之物，数量极多。传说“不持金刚杵念诵，无由得成就”。

杵分单面独股杵、双面独股杵、双面三股杵、双面五股杵。崇圣寺内的5件金刚杵，最大的一件，高6米，直径1米。体现了藏传佛教的思想，经筒上刻有经文，口念经文，转动经筒，给人带来平安。

高僧募化铸造雨铜观音像

崇圣寺阿嵯耶观音

据说，崇圣寺雨铜观音铸造于899年。在大理崇圣寺，有一位高僧，他曾发誓终生募化，来铸一件铜观音像。经过多年的努力，高僧终于募捐到了一些钱，于是开始了铸铜像工作。

然而，当铸至到观音像的肩部时，所准备的铜就已经全部用尽。正在高僧和工匠一筹莫展之际，天上突然降下铜雨，满地滚动着铜屑。

高僧满心欢喜地取铜雨来铸造观音像，让人不可思议的是，天上降下的铜屑竟然不多不少，刚好够造铜观音所需。

重新修建的雨铜观音殿

铜像铸造成功后，高僧认为冥冥中有神相助，于是给塑像取名为“雨铜观音”。此外，还有一种说法是南诏清平官，也就是宰相郑买嗣灭南诏蒙氏政权，自立大长和国之后，铸佛万尊以为他杀南诏王室800人的忏悔，并集十六国之铜铸造了一尊高5.3米的雨铜观音像。

雨铜观音其像庄严静美，细腰跣足，造型精美。雨铜观音殿前廊有大钟，天井南北各有一尊小塔，大殿的漏阁中供地母神，大殿对面还塑韦驮菩萨，格局精妙。

1514年5月6日，大理发生地震，崇圣寺遭受严重破坏，塔裂1米多，除雨铜观音殿尚存外，其余殿堂楼房尽毁，贵重文物丧失殆尽。

1851年至1861年，雨铜观音殿毁于大火，铜像的两手及衣角亦有损坏。直到1896年，时任大理提督的蔡标，才将其损坏的部分修复。

原有的雨铜观音由乌铜铸成，这种乌铜传说出自缅甸，其特点是即使埋到土中许久都不会生铜绿。但这次补铸上的部分由青铜铸成，其光泽和质量就不如原有的乌铜好。

到了20世纪，雨铜观音殿及殿内诸多宝物都遭到毁坏，到1999

年，人们在原先的旧址上扩大重建。

新建的雨铜观音殿高29.99米，占地面积约8100平方米，建筑面积约4380平方米。殿内居中的2.2米高的汉白玉须弥座上，有1.8米的贴金铜铸莲花座，莲花座上站立有8.6米高铜铸贴金的雨铜观音。

重铸的雨铜观音是根据清末遗存照片精心复制，重11吨。慈祥、善良的女性的脸，结实挺拔的男性的身材，是典型南诏中晚期大理地区男性观音向女性观音过渡时期的造像。

在雨铜观音左手边的两座汉白玉须弥座上，靠东铸有坐着的水月观音，它是仿造千寻塔出土文物中一尊玉质的水月观音所铸。

靠西边铸有站着的阿嵯耶观音，它是仿造千寻塔出土文物中一尊高24厘米高的金质阿嵯耶观音像所铸。大理地区盛行的是大乘佛教中密宗的阿吒力教，对观音的崇拜胜过对佛的崇拜。阿嵯耶观音是大理地区最被崇拜的一尊观音，是大理的主尊观音。

阿嵯耶观音的造型比较独特，不同于中原地区的观音，中原地区的观音皆为慈祥的女性形象，而阿嵯耶观音是产生于男相观音向女相观音过渡时期的观音，呈男身女像，是大理地区所特有的一尊观音。又被誉为“云南的福星”。

崇圣寺梵僧观音像

根据民间传说中的观音老母所铸。南诏时有强敌入侵大理，阿嵯耶观音闻讯化为一白族老妪，负巨石立道旁，敌兵惊其神力，老妪曰：“吾老也，只能负小石，年轻人皆负石更大。”敌闻之丧胆，不战而退。被大理人尊为“观音老母”，专建大石庵予以供奉，并称之为“观音老母”。

崇圣寺负石观音像

在雨铜观音殿的二楼，有两组画卷彩图。一组是唐宋时期为南诏、大理国宫藏珍品，人称中华传世珍宝的《南诏国史图传》之摹本，另一组是被认为可与《清明上河图》相媲美，并与其一起被美誉为“南北双娇”的《张胜温画梵像卷》之摹本。

阅读链接

在雨铜观音右手边的两座汉白玉须弥座上，靠东铸有坐着的男身梵僧观音，它是阿嵯耶观音的化身，因其曾助南诏国开基立业，被尊为“建国观音”。靠西铸有手执金绳负石的观音，它是阿嵯耶观音的化身。

雨铜观音与左右两边的4位观音全都铸造得栩栩如生、惟妙惟肖，在大殿中金光闪闪，交相辉映，显得格外庄重、气派，富丽堂皇。

古塔激起诗人的创作激情

崇圣寺三塔兴建于中华诗词鼎盛时期的唐朝，因此，从唐朝时起，就有不少诗词与崇圣寺三塔有关。唐朝以后的宋、元、明、清各朝，亦有不少佳作与崇圣寺三塔有关。

以登临怀古见长的唐代诗人许浑，曾经到访过崇圣寺。在许浑一

崇圣寺三塔

生流传下来不多的诗词中，竟有4首与崇圣寺有关：

■崇圣寺

寓崇圣寺怀李校书

几日卧南亭，卷帘秋月清。
河关初罢梦，池阁更含情。
寒露润金井，高风飘玉筝。
前年共游客，刀笔事戎旌。

崇圣寺别杨至之

萧寺暂相逢，离忧满病容。
寒斋秋少燕，阴壁夜多蛩。
树暗水千里，山深云万重。
怀君在书信，莫过雁回峰。

题崇圣寺

西林本行殿，池榭日坡陁。

唐诗 泛指创作于唐代的诗。唐代被视为我国各朝代旧诗最为丰富的朝代，因此有唐诗、宋词之说。大部分唐诗都收录在《全唐诗》，自从唐朝开始，有关唐诗的选本不断涌现，而流传最广的当属《唐诗三百首》。

雨过水初涨，云开山渐多。
晓街垂御柳，秋院闭宫莎。
借问龙归处，鼎湖空碧波。

下第寓居崇圣寺感事

怀土泣京华，旧山归路赊。
静依禅客院，幽学野人家。
林晚鸟争树，园春蝶护花。
东门有闲地，谁种邵平瓜。

许浑的作品追抚山河陈迹，俯仰古今兴废，颇有苍凉悲慨之意。元朝时曾经在云南任诸路行中书省参知政事的李源道，和崇圣寺关系密切。他曾经为崇圣寺的《大崇圣寺碑铭》碑刻撰过文。

李源道在云南期间，曾经多次到访过崇圣寺，他在《游大理崇圣寺》中写道：

崇圣寺内古建

崇圣寺大雄宝殿

古塔参差映宝昙，令人偶误一身三。
佛光忽作长虹起，世味宁如瑞露甘。
把茗对山云恋恋，看花著屐雨毵毵。
唐家旧迹今无几，弹指兴亡可尽谈。

崇圣寺的宏伟与繁华、幽雅与灵秀，使无数个诗人为之倾倒。明代诗人李霖在一首《登三塔寺》的诗中写道：

山上花宫水上楼，彩云城郭望中收。
峰连十九截元豹，海阔三千起玉蚪。
六诏文章汉儒雅，百年人物晋风流。
凭栏此日堪乘兴，材履何时更十洲？

诗中“山上花宫水上楼，彩云城郭望中收”之

李元阳 白族，云南大理人。他始终甘于清贫，矢志不移，悉心致力于家乡的文化教育事业，创办中奚谷书院，培养白族学子，修建古寺古塔，搜存历代文物。特别是在崇圣寺三塔的保护维修上做了许多工作，因而使其幸存了下来，能够相沿至今，其功可谓大矣！

崇圣寺观音殿

句，写出了在崇圣寺登高望远的壮丽景象。

明代诗人彭继在一个明媚的春日，也曾到崇圣寺三塔游玩，并写下了《春日游三塔》。诗曰：

松桂阴阴入翠微，上方台殿对朝晖。
槛前海色连云碧，云处朱霞伴鹤飞。
小院深深悬雪璋，深林老树挂苔衣。
携壶踏遍花开处，明月窥人上竹扉。

在彭继的笔下，崇圣寺三塔巍然屹立，它见证着古寺的雄伟与繁华、幽雅与灵秀。

明代官员李元阳与崇圣寺关系密切。他晚年归隐大理，捐资修复崇圣寺三塔、弘圣寺塔等。

李元阳一生用30多年的时间重修崇圣寺，其功绩得到了世人的认可。李元阳死后，他的墓被建在了崇圣寺雨铜殿旧址西南，并成为崇圣寺一景。清代人张复游览崇圣寺三塔时，就曾写过《拜李元阳墓》，诗曰：

年来诗废恐招尤，何事登临咏未休。
千古为怜同调少，故浇浊酒吊荒丘。

崇圣寺三塔前，有一片水池，三塔倒影于水中，形成了著名的“三塔倒影”。清代杨炳锃就在一首《三塔倒影》的诗中介绍了这一美景：

佛都胜概肇中唐，三塔嶙嶙自放光。
苍麓蟠根湖倒影，此中幻相说空王。

诗的第一句交代了崇圣寺三塔的修建年代，第二句描写了三塔的风光，最后两句写出了三塔倒影的美，特别是“此中幻相说空王”之句，更是意味深远。

阅读链接

说到崇圣寺三塔的楹联，首先就要提到被公认为明朝三大才子之一的杨慎。杨慎少年时聪颖，11岁能诗，正德六年（1511年），殿试第一，被授翰林院修撰。

后来因违背明世宗意愿被谪戍云南永昌卫。杨慎居云南30多年，足迹遍布云南南部。他的这一经历，给崇圣寺三塔带来最大贡献是留下了流传千古的楹联。杨慎的著名楹联：

海涌玉浮屠尘却非人间；
山开银色界烟霞是佛都。

历朝精心维护礼佛圣塔

伊洛瓦底江 我国古称“大金沙江”和“丽水”。发源于西藏，自贡山县进入云南，又从盈江进入缅甸。干流在我国流经较短，但它是缅甸最大河流，缅甸人民对它十分崇敬，称它为“天惠之河”。

崇圣寺建成之后，就成了南诏国和大理国时期佛教活动的中心。

802年，伊洛瓦底江流域的佛教古国骠国国王雍羌和王子舒难陀，在南诏第六代王异牟寻的陪同下到崇圣寺三塔祈拜敬香。

大理国时期，第一代国王段思平酷爱佛教，《南诏野史》说：段思平“好佛，岁岁建寺，铸佛万尊”。

崇圣寺三塔大殿

■元世祖忽必烈　元朝创建者。他兴兵灭宋，统一全国，领土包括亚洲及欧洲东部，疆域之广，前古未有。他知人善任，信用儒术，在位35年，死后庙号世祖。

在大理国22代国王中，就有9位到崇圣寺出家当和尚，他们分别是：第二代王段思英、第八代王段素隆、第九代王段素贞、第十一代王段思廉、第十三代王段寿辉、第十四代王段正明、第十五代王段正淳、第十六代王段正严、第十七代王段正兴。

其中，第二代王段思英，即位仅一年就到崇圣寺出家了。这些国王固然也酷爱佛教，但主要是在争夺王位的斗争失败后的一种出路，因而史书上也有“逊位为僧”“避位为僧”的记载。

1056年，星逻国王耶多曾两次到崇圣寺迎佛牙，大理国王段思廉以玉佛相赠。由于大力倡导，大理佛教非常盛行。

1253年，元世祖忽必烈征服大理国，采取怀柔政策，仍以大理国段氏子孙世袭，称为“大理总管”。大理虽然结束了独立局面，但“国灭教未灭”，佛教在苍洱地区仍然得到进一步的继承和弘扬。

元武宗皇帝即位后，曾按照成吉思汗、忽必烈以来的圣旨体例，于1311年降下对崇圣寺进行保护的圣旨。

段氏第六代总管信苴隆于1325年，请

■元武宗　元朝第三位皇帝，他在位仅4年时间，虽然并不长，但使国内矛盾得到舒缓，元朝统治稳定而顺利，全国歌舞升平，国力强大，是元代的一位明君。

大理三塔倒影

碑铭 意思是碑文和铭文。其中，碑文，是指刻在竖石上的文字。这种文字是专为刻碑而作。立题时，根据形式而定，或直题为某某碑，或题为某某碑铭，没有固定的格式。有些文章虽刻在碑上，但不是为立碑而作的，就不能叫作碑文。铭文，本指古人在青铜礼器上加铸铭文以记铸造该器的原由、所纪念或祭祀的人物等，这里指有韵的碑文。

翰林国史大学士云南省参政知事李源道，撰写记述祖先重修并立石的《大崇圣寺碑铭并序》。第二年，立下武宗皇帝的《大崇圣寺圣旨碑》。碑文中说：

长生天气力里、大福胤助里皇帝圣旨：军官人每根底、军人每根底，管城子达鲁花赤官人每根底，来往使臣每根底，宣谕的圣旨：成吉思皇帝、月吉皇帝、薛禅皇帝、完泽笃皇帝、曲律皇帝圣旨里，和尚、也里可温、先生，不拣什么差发休着者，告天祝寿者。

道来如今依在先圣旨体例里，不拣什么差发休当者，告天祝寿者。磨道哈剌章有的大理崇圣寺里，有的释觉性、释主通和尚根底，执把的圣旨与了也。

此碑文意思是说皇上命令要把此圣旨交给崇圣寺的住持释觉性、释主通和尚。免去有关寺院的赋税。属于寺院的席舍，使臣不能随便去住，驿站传递文书、迎送公差的坐骑也不能供应。

寺院的产业、园林、碾磨、店铺、席洛，无论谁也不准夺取。住持的和尚可凭此圣旨，要大胆地保护寺产。由此可以看出，受到帝王关注的崇圣寺在元代得到了很大的发展。

到了明朝，1514年，大理发生强烈地震，崇圣寺遭到严重破坏，为了保住崇圣寺这一方胜迹，云南大理人李元阳在雇请民工清理废墟瓦砾的同时，奔走于城乡之间，向官商富户募集重修崇圣寺的银两。

忙碌之余，他还写了一篇《崇圣寺重器可宝者记》，文云："寺中重器有五：一曰三塔，二曰鸿钟，三曰雨铜观音，四曰证道歌佛都匾，五曰三圣金

浮屠 佛教用语，又作"浮头""浮屠""佛图"，旧译家以为佛陀之转音。古人最早习惯称佛教徒为"浮屠"、佛教为"浮屠道"。后来，我国佛教徒多将佛塔视为浮屠，并认为造浮屠佛塔是建立功德的事情。另外，佛塔浮屠还被佛教视为宝物和法器，如四大天王中的多闻天王，手中持的宝物就是浮屠宝塔。

云南大理崇圣寺

■大理崇圣寺门前的石狮子

像。”最后说道：“而无此重器不名全胜……冀后来具正赏者，共宝惜焉。”其意在告示后来者，对现存的重器应加强保护，对已失的重器应恢复之，使其“全胜”，永传千秋。

功夫不负有心人，终于在1553年11月间，修复崇圣寺三塔的工程竣工，有人建议李元阳写《重修三塔碑记》，李元阳欣然应允，提笔写道：

大理郡城之北有崇圣寺，旧号千厦，创自唐贞观间，寺前三浮屠高侵云表，世传开元癸丑南诏所建，阅四十八年功成。

大明正德甲戌地大震，城堞屋庐为摧，独三浮屠无恙，然已罅拆如破竹。嗣是风雨飘摇，日益剥泐。嘉靖庚戌闰六月六日，余乃补中塔，复作木骨，凡百日竣工，又三年癸丑始克。

重葺左右二塔，秋初经始，首尾历五月。其助赀□则前同邑苏鹏程、韩斗、淇钰，余弟元春、元期、元和。时嘉靖三十二年十一月甲子。

碑 春秋时期就已经出现“碑”这个名称了，但它当时是宗庙里拴供祭祀用的牲畜的石桩子。碑的结构一般分为碑首、碑身、碑座三部分。碑首主要刻些碑名，或仅起装饰作用。碑身刻写碑文，碑座起承重和装饰作用。

此文刻石成碑后，曾立于千寻塔前侧，既让后人看到明代嘉靖年间重修崇圣寺的有关史实，也是对李元阳寓意深远的纪念。

1791年，乾隆皇帝下令修葺崇圣寺三塔竣工后，由杨长桂撰文，刻《重修崇圣寺塔记》石碑一块。该碑面长180厘米，宽83厘米，文字为汉文，12行，字体为楷书，额间篆刻“重修崇圣寺三塔碑记”8个字。

碑文中说：

> 榆古称泽国，多水患，昔人置浮屠镇之，所在多有，而崇圣寺前者为最。……盖西南第一巨观，而龙所敬畏者也。唐贞观年始建，明李侍御复修。

碑文中明确记述了建崇圣寺三塔的缘由、始建年代及明、清两次复修的史实。

1925年，大理发生七级地震，城墙倒塌，民房几近全毁，死亡者难以计数。而崇圣寺三塔之中的主

楷书 又称“正楷”“楷体”“正书”，是汉字书法中常见的一种手写字体风格。其字形较为正方形，不像隶书写成扁形，是汉字手写体的参考标准。楷体是我国古代封建社会中最为流行的一种书体，同时在摩崖石刻中也较为常见。

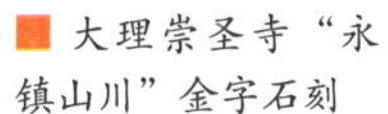

大理崇圣寺“永镇山川”金字石刻

塔千寻塔的南面，也被震开裂缝一尺余，铜塔顶也掀翻落地。塔前的“永镇山川”石刻的“镇”字被震落损坏。

据说，此次地震中三塔倒下来的塔顶残骸，金光灿烂，堆在雨铜观音殿中，满满一屋子。这些塔顶残骸为铜制品，据说具有避痧症的功能。因此，存到观音殿后，或巧取或豪夺，不到半年已无半点存余。

1927年，崇圣寺内立了一块《重修“永镇山川”四字记》石碑。石碑是为了重修1925年大理大地震震坏的“永镇山川”4个字而立的，碑文简述大理崇圣寺及寺前三塔的历史。

新中国成立后，党和人民政府十分重视文物保护工作。1961年，将三塔列为全国文物保护单位。

1978年，对其进行了大规模维修。这次维修中在千寻塔基座中发现了南诏、大理时期的佛教文物600余件，其中有大量的佛像和写本佛经，其中有一尊金质观音像，重1135克，高24厘米，极为珍贵。这些发现，揭开了古代大理这个“佛国”的一道神秘面纱。

崇圣寺三塔修建后，经历了上千年风雨剥蚀，也经历了30余次强地震的考验，塔身已偏离垂直线，呈现倾斜状态，但它依然巍然屹立在古城大理，成为大理“文献名邦”的象征。

阅读链接

崇圣寺曾经被称为南亚、东南亚一带的“皇家园寺”。后来虽然崇圣寺被毁，但古老的崇圣寺三塔犹存。进入21世纪，人们又在三塔附近恢复重建了崇圣寺，还在三塔附近修建了三塔倒影公园。经过人们的努力，崇圣寺三塔与周围的寺庙、公园浑然一体，每年吸引了许多名人到此参观。

到访过崇圣寺三塔的名人很多，既有国内知名人士，又有国外名人；既有政界、军界要人，又有文化界知名人士，更有宗教界人士。他们的到来，给古老的三塔增添了不少光辉。

西湖六和塔

天地四方

六和塔位于杭州西湖之南，钱塘江畔月轮山上。始建于970年，由僧人智元禅师为镇江潮而创建，取佛教“六和敬”之义，命名为“六和塔”。现在的六和塔塔身重建于南宋，又名“六合塔”，取“天地四方”之意。经过历代修建，现六和塔内存有五代、南宋、元、明、清5个朝代的构件。1961年，六和塔被国务院命名为全国重点文物保护单位。

钱王集中万名强兵射潮神

钱塘江的潮水从来都是很大的，潮头既高，潮水冲击的力量又猛，因此钱塘江两岸的堤坝，总是这边才修好，那边又被冲塌了。真是“黄河日修一斗金，钱江日修一斗银”啊！

关于钱塘江大潮还有一个传说。原先钱塘江的潮水来时，跟其他各地的潮水一样，既没有潮头，也没有声音。

有一年，钱塘江边来了一个巨人，这个巨人特别高大，一迈步就能从江这边跨到江那边。他平时就住在萧山县境内的蜀山上，没事就引火烧盐。人们不知道他叫什么名字，因为他住在钱塘江边，所以大家都叫他为“钱大王”。

钱大王力气很大，他扛着自己的那条铁扁担，常常挑些大石块放到江边，过不了多久，就堆成了一座座山。

有一天，钱大王去挑自己在蜀山上烧了三年零三个月的白盐。可是，这些盐只够他装一头，因此他在扁担的另一头系上了一块大石头，放到肩上一试，两边重量刚刚好，于是，他就担起来，跨到江北

钱王射潮筑塘雕塑

岸来了。

这时候，天气很热，钱大王因为才吃过午饭，有些累了，他便放下担子歇歇，没想到竟然打起瞌睡来了。

正巧，东海龙王这时出来巡江，潮水涨了起来。涨啊涨，涨啊涨，竟然涨上了岸，把钱大王挑的盐慢慢都溶化了。

东海龙王闻闻，这水怎么这样咸啊？而且越来越咸。他受不了，转身就逃，没想逃到海洋里，竟把整个汪洋大海的水都弄咸啦！

而这位钱大王，睡了一觉，两眼一睁，看见扁担一头的石头还放在地上，而另一头的盐却没了，心里在想：这是怎么回事？

萧山县 地处浙江南北要冲，素为战略要地。春秋战国时，越范蠡筑“固陵城”于钱塘江边，以拒吴。五代十国时，西兴、坎山等地，为吴越国王钱镠的屯兵处。自钱塘江大桥建成和钱塘江汽车轮渡开通后，萧山更扼南北水陆交通之咽喉，为杭州的南大门。

钱大王赶紧去找，找来找去，就是找不着盐，一低头，闻到江水里有咸味，怪不得盐没了，原来是被东海龙主给偷去了。于是，钱大王举起扁担就打海水。

一扁担打得江水里面大大小小的鱼儿都震死了，两扁担打得江底的水翻了身，三扁担打得东海龙王冒出水面来求饶命。

东海龙王战战兢兢地问钱大王："究竟是什么惹您发这么大的脾气啊？"

■ 故事中的东海龙王塑像

钱大王气得两眼圆睁，大声喝道："该死的龙王！你把我的盐偷到什么地方去了？！"

东海龙王这才明白海水是怎么变咸的了。于是，龙王连忙赔罪，就把自己如何巡江，如何无意中把钱大王的盐溶化了，使得海洋的水也咸起来的事情，一五一十都说了。

钱大王听了好不气恼，真想举起铁扁担，把东海龙王砸个稀巴烂。只是东海龙王连连叩头求饶，并答应用海水晒出盐来赔偿钱大王，并保证以后涨潮的时候就叫起来，免得钱大王再睡着了听不见。

钱大王觉得这两个条件还不错，这才饶了东海龙王，他把自己的扁担向杭州湾口一放，说道："以后

东海龙王 也就是敖广。在我国，东方为尊位，按《周易》来说东为阳，故此东海龙王排第一便是理所应当。龙是我国古代神话的四灵之一，在《西游记》中，龙王分别是：东海敖广、西海敖钦、南海敖润、北海敖顺，合称为"四海龙王"。

潮水来时，得从这里叫起！”

东海龙王连连点头答应，钱大王这才高高兴兴地走了。

从那个时候起，潮水一进杭州湾，就伸起脖子“哗！哗！哗！”地喊叫着，涨到钱大王坐过的地方，脖子伸得顶高，叫得顶响，这就是举世闻名的“钱江潮”了，这个地方就是海宁。

当时，有个吴越国，吴越国的创建者名叫钱镠，勇猛无比，人们都称他为“钱王”。

钱王治理杭州的时候，各种事情都容易办，就是这道钱塘江的海堤修不好。潮水一天一夜两次，只要潮水一冲击过来，就会把海堤冲塌，叫人简直没办法把海堤修筑起来。

钱王手下的人很着急，都怕修不好，钱王发脾气，可要修好它，实在太难了！大家一商量，没法子，只好老老实实地向钱王讲道：“大王，这海堤恐怕是修不好了，因为钱塘江里面有个潮神在跟我们作对，一等到我们把海堤修得差不多的时候，他就兴风作浪，鼓起潮头，把我们的海堤给冲塌。”

钱王一听，气得胡子都竖起来了，厉声喝道：“呔！你们这些没用的家伙！为什么不把那个潮神给我拖上来宰了？”

手下人慌忙道：“这不能啊！他

吴越国 是唐末宋初五代时期十国中的一国，由浙江临安人钱镠所创建，以杭州为西府，越州为东府。强盛时拥有十三州疆域，包括浙江全省、江苏东南部和福建东北部。吴越国共有5位君主。

■钱镠 字具美，小字婆留，杭州临安人。五代吴越国创建者。在位41年。在位期间，曾征用民工，修建钱塘江海塘，又在太湖流域，广造堰闸，以时蓄洪，不畏旱涝，并建立水网圩区的维修制度，有利于这一地区的农业经济。

是潮神，在海水里面，是跟龙王住在一起的。我们没法去找他，何况他来的时候，是随着潮水翻滚而来，都在潮头的海水里面，我们凡人，既看不到，更没法子捉拿他呀！”

神 神话传说中指一些具有特殊能力、并且可以长生不老的人。道家指修炼得道而获得神通的人。我国的神仙，主要是由佛教与道教组成的。在神仙与神仙之间，遵从儒家思想。神仙既是道的化身，又是得道的楷模。神仙以济世度人为宗旨。故道教徒既信道家，又拜神仙。

钱王听了，两眼直冒火星，大吼道：“呸！难道就让这个小小的潮神来胡作非为吗？”

手下人没一个敢吭声的。

钱王看了看底下的人，知道这低头弯腰的人，都是没有能耐的。想了一想，说道：“既然是这样，就让我自己去降伏他吧！到八月十八这一天，你们给我聚集1万名弓箭手到江边，我倒要去见见这个潮神！”

钱王为什么要选八月十八这一天呢？因为八月十八是潮神的生日，这一天潮头最高，水势更是排山倒海、凶猛无比，而且潮神会在这一天，骑着白马跑在潮头上面。

很快八月十八这天就到了，人们在钱塘江边搭起了一座大王台，钱王一早就到台上观看动静，等待潮神到来。可是，这时从当地挑选出来的1万名弓箭手，却稀稀拉拉地一会儿来一个，钱王见了就喝令他们心须立即聚齐到江边，排列好阵势。

跪拜 就是跪地磕头。在我国的旧习惯中，作为臣服、崇拜或高度恭敬的表示。古人席地而坐，“坐”在地席上俯身行礼天经地义，自然而然，从平民到士大夫皆如此，并无卑贱之意。只是到了后世，由于桌椅的出现，长者坐于椅子上，拜者跪、坐于地上，“跪拜”才变成了不平等的概念。

这时有个将官，走上前来跪拜道：“大王！弓箭手跑向江边来时，要经过一座宝石山，这个地方山路狭窄。只能容一人走过，何况过山又得爬上爬下，因此不能同时到来。”

钱王听了，喝道：“这岂不是要耽误除灭潮神的大事吗？”

钱王立刻跳上千里驹，飞也似的来到了宝石山前，一看，果然如此。他连忙跑到山巅上面，向四面望了一下，只见这山的南半边有条裂缝。于是他坐下来，把两只脚踩在山的裂缝处，用力一蹬，哈！这山竟然给他一下蹬开了，中间出现了一条宽宽的道路。

那些将士见了，人人喝彩，个个欢呼！从此，这里就被叫作“蹬开岭”了。没多久，全部弓箭手就通过这条大路，到江边聚齐了。钱王又骑着马到处巡视一番，等他再到江边大王台上的时候，1万名精兵早就排好了阵势。

钱江沿岸的百姓，受尽了潮水灾害，修堤治水，哪个不欢喜，谁不尽力啊！如今听说钱王射潮神，都争着来观战助威，几十里路长的江岸上，黑压压地挤满了人。

■ 宝石山 位于杭州西湖之北，与葛岭一起成为西湖的北屏。这里的山岩呈赭红色，岩体中有许多闪闪发亮的红色小石子，当朝阳或落日之时，分外耀目，仿佛数不清的宝石在熠熠生辉，宝石山因此而得名。

钱王见了这般声势，更加胆壮起来，忙叫人拿来纸笔，写了两句诗道：

为报潮神并水府，钱塘且借与钱城。

钱王写完后就把诗丢进江水里去，并大声叱道：“喂，潮神听着！如果你答应了，就不许把潮水涌来！假如潮水仍然要来，那就不要怪我手下无情了！”

潮神并没有理睬钱王的告诫，一会儿，但见远远一条白线，飞疾滚来，越来越快，越来越猛，等到近旁时，就像爆炸了的冰山，直向大王台冲来。

钱王见到了，大吼一声：“放箭！”话音一落，他抢先就“嗖”的一箭射了出去。

这时，只见万名精兵，万箭齐发，直射潮头。百姓们都跺脚拍掌，大声呐喊助威。1万支箭射出，接着又是1万支箭，霎时间就射出了3万支箭，竟逼得那潮头不敢向岸边冲击过来。

钱王又下令：“追射！”

六和泉池

钱王射潮雕塑

只见那潮头弯弯曲曲地向西南逸去，最后消失得无影无踪了。从这个时候起，海堤才得以造成。百姓们为了纪念钱王这次射潮的功绩，就把江边的海堤叫作“钱王堤”。

阅读链接

传说钱王出生时，满天红光，后院一片兵甲声，他父亲认为这个孩子出生不吉利，于是要将他丢掉，幸好当时被家中的一位婆婆偷梁换柱留下，因此，钱王小名又叫“钱婆留”。

钱镠年轻时，县城里有个叫钟起的，他的几个儿子整天和钱镠混在一起。后来，有个占卜大师发现杭州临安有王气，便跑来在市场上摆摊子给人看相，暗地里寻找这个注定要称王称帝的人。一天路过钟起家，恰好看到钱镠。

大师对钟起说：“你以后的富贵，就是因为钱镠。我之所以要寻找这个人，是出于我对自己技术上的追求和验证。”第二日，这个大师就离开了临安。后来，钱镠果然为王。

六和填石镇江制服龙王

六和塔近景

传说，在北宋时期，钱塘江里住着一位龙王，他脾气古怪、性情暴躁，把潮水弄得时涨时落，没有一定的规律，使得沿江两岸的田地常常被淹没，害得江边的人们成天提心吊胆地过日子。

那时，在江边，住着一户穷苦的渔民，夫妻俩带着儿子六和靠到钱塘江打鱼艰难度日。在六和5岁的那一年，爸爸到江上打鱼再也没有回来。

这下，爸爸没了，渔船也没有了，六和一家更加穷苦

了。没办法，娘儿俩用两支竹竿，上面各拴上个小圆网，趁潮来的时候，赤着脚跑在潮头前面捞潮头鱼。捞潮头鱼是很危险的，跑得稍慢一步就会被潮水卷走。娘儿俩为了生活，也就不得不冒这个危险了。

有一天，娘儿俩正在捞鱼的时候，不料这次潮水来得特别快、特别凶，六和看势头不妙，拉住娘的手，拔腿飞跑，可是已经来不及了，一个浪头打来，就把他娘卷进漩涡里去了。

从此，六和没有了娘，更是孤苦伶仃、无依无靠了。他又伤心又愤怒，就一面哭着，一面尽他最大的力气把江边小山上大大小小的石块搬下来，使劲丢进江里去。

他发誓要学精卫填海的方法，用石头填满钱塘

■精卫填海 神话传说，上古时期，炎帝最疼爱的小女儿女娃在东海被水淹死，她的灵魂化作一只精卫鸟，总是飞到西山去叼石头和树枝扔进东海，她发誓要填平东海为自己报仇。后来，人们常用“精卫填海”这句成语，比喻按既定的目标坚毅不拔地奋斗到最后。

江，不让潮水再横冲直撞，到处害人。他手里丢着石块，嘴里还不断地咒骂着：“可恶的潮水，该死的龙王！我要把山搬下来，填没你这钱塘江！”

龙王住的水晶宫里的屋顶和门窗，被六和丢的石块砸了许多窟窿，石块在水晶宫前的台阶上堆成了一座小山，马上就快把大门堵死了。

这时，龙王听到六和的咒骂声，不知发生了什么事情，就走到水晶宫门口张望。

谁知，龙王刚一出来就被六和丢下的石块砸在头上，把他的一只龙角砸歪了，后脑勺上肿起一个大疙瘩，疼得龙王“嗷嗷”直叫。

■黄罗盖伞 古时皇帝或高官出巡时，乘坐的轿子或车子顶棚上张着的黄色伞盖。这种伞又称“凉伞”“罗伞”“万民伞”“华盖”。在我国古代，伞是帝王将相、达官贵人权势的象征。

六和在江边还是一面哭，一面咒骂着，一面还不断地往江心丢石块，一天，两天，三天……他整整丢了七七四十九天。

这天正好是八月十八，他忽然听到了“轰隆隆”的声音自远而近，钱塘江潮水涌过来了。

六和看见涌来的潮头上站着一个横行霸道的蟹将军，还领着一队弯腰曲背的虾兵，后面的黄罗盖伞下罩着龙王。

不一会儿，龙王来到了六和面前，说：“小孩

钱塘江大潮风景

儿，小孩儿，你不要哭，不要哭，也不要丢石块。你要金要银还是要珠宝，只要你说出来我就都给你。”

六和根本不吃龙王那一套，高声喊道：“龙王，你听着，我不要你的金，也不要你的银，更不要你的什么珠宝！我要你依我两件事，如若不依，我就用石块压坍你的水晶宫，填没这条钱塘江！”

“哪两件事呀？你说说看。”龙王赔笑道。

“第一件，马上把我娘送回来；第二件，从今以后不准乱涨大潮，潮水只许规规矩矩顺着河道走，涨到小山这里为止。”

龙王听了后，满心不愿意，但他又怕六和真的压坍他的水晶宫并把钱塘江填没了，只好都答应下来。

龙王一行人走后不一会儿，龙王就把六和娘送了上来，六和别提有多快活。娘儿俩高高兴兴地就回家去了。

月轮山 南濒钱塘江，海拔153米，因形圆如月而得名。千年古塔六和塔就矗立在山腰。月轮山是眺览钱江美景的最好去处，站在山巅，极目南望，感受到的是湿爽怡人的习习江风，映入眼帘的是由古塔、大桥和滔滔江水构成的别具雄浑情韵的壮丽图画，使人心胸宽朗、神思如翔。

六和塔上的风铃

从这以后，钱塘江的潮水便小了许多，而且涨到那座小山边便稳了下来。只有每年八月十八这一天，潮水才会比平常要大些，这是因为龙王吃过六和的亏，怕他的部下再闯祸，亲自出来巡江的缘故。

人们摸到了潮水的脾气，就不再怕它了，把沿江两岸的荒滩都开辟成了良田，种上了绿油油的庄稼。

大家为了感谢六和制服了龙王，后人就在他搬石块的月轮山上，修筑起一座宝塔，并以六和的名字将塔命名为“六和塔”。

阅读链接

据说，当吴越国国王钱镠的孙子钱弘俶即位后，钱塘江水汹涌，冲毁田地，吞噬生命的一幕幕惨剧时有发生，钱弘俶为了安抚百姓，找来当时得道高僧智元禅师前来辟园建塔镇江，取名曰“六和塔”。

六和塔建成之后不久，万马奔腾的钱塘潮水开始沿着江道平稳地流动，仿佛真的被六和塔镇住似的。

实际上，在六和塔建造期间，钱俶命人在钱塘江岸筑浙江、龙山两闸，闸门建成后，利用闸门来调节上下游水位和流量，大大降低了田地遭潮水危害的概率。

在当时，人们都相信这是六和塔的功劳。钱王便顺水推舟将塔推上了神坛，并告诉百姓，此塔象征着皇意，可通天。从此，六和塔披上了一件黄袍，香火鼎盛了百余年。

六和塔无辜替皇受难

六和塔是皇权的象征，良民们对它自然是毕恭毕敬，可是对于那些“逆臣贼子”来说，眼里岂能容得下这六和塔呢？

1120年，安徽贫苦农民方腊揭竿起义。在11月29日，头扎红巾的方腊率领上万名起义军手持刀枪以力不可挡之势攻入了杭州城。方腊来到塔下，看着这座代表着“皇帝”的古塔，心中充满愤怒，于是，他一把大火点着了六和塔，致使六和塔化为灰烬，片瓦不存。

六和塔倒了，方腊最终没能推

■方腊 又名方十三，北宋末年农民起义领袖。他于1120年10月率众在歙县七贤村起义，建立了包括江苏、浙江、安徽、江西的六州52县在内的农民政权。在当时影响很大，1121年夏起义失败。

匾额 是古建筑的必然组成部分，相当于古建筑的眼睛。匾额中的“匾”字古也作“扁”字。是悬挂于门屏上作装饰之用，反映建筑物名称和性质，表达人们义理、情感之类的文学艺术形式即为匾额。但也有一种说法认为，横着的叫“匾”，竖着的叫“额”。

翻北宋王朝。不过，北宋的根基却开始在风雨飘摇中松动了。1127年，金军攻破东京，宋钦宗被俘虏，赵构仓促登基，史称“南宋”。

新皇登基后为金人所逼迫，奔于江浙一带，为了坐上安稳的皇位，新皇帝与金人达成议和，俯首称臣。皇位虽然坐稳了，但皇权在百姓心中的地位却要重新塑造。

1152年，有市民上书要求重建六和塔，宋高宗赵构便命礼部预算重建六和塔的费用，临安府转运司张榜公开寻找工程住持者。

这时，有个叫智昙的学僧自告奋勇，挺身而出，揭下了榜，并愿“以身任其劳，不以丝毫出于官”。

听说有人不要朝廷投资修塔，临安府求之不得。不过为了慎重起见，临安府的官员还是对智昙考察了一番。最终，智昙以其道业坚固、戒行精洁当选为六

六和塔

■ 智昙铜像 六和塔毁于兵火后，南宋时，智昙决意重修六和塔。他化缘筹资重建，历时11年终于竣工。经过了多少年的风尘岁月，六和塔依然巍立，为了纪念智昙化缘建塔的功绩，特建此铜像。

和塔的第二代建设者。从此，智昙以建塔为己任，从一砖一瓦开始，全身心投入其中。

智昙，师奉法相宗。但作为一名和尚，智昙没有收入。微薄的供奉也不足以建造六和塔。

因此，智昙为了筹措资金，除了将自己的财物倾囊奉献外，还不辞劳苦，闯南走北，四方募化筹集资金。

当地官吏、富户和众多善男信女为智昙的精诚所感动，纷纷尽力支持，百姓“虽远在他路，亦荷担而来”，出资出力。

智昙并没有因为资金不足而敷衍了事，而更是精益求精，结构上求稳求实，装饰上用了当时最为时尚的砖雕和佛像，如此前后历时11年，至1163年岁末，此项庞大的复建工程全部完工。砖彻塔身成为智昙的杰作。

法相宗 是一个极具先锋作用的佛学宗派。它在理论创新上富有睿智，蕴含着依法而治的法治思想，在实践拓展上具足功效，表现出法如利剑的威力及锋芒，敢破敢立，能破能立，不惧邪魔与妖孽。

由于智昙大师是佛教中人，相信“七级浮屠”这个说法，所以，他把六和塔造成了七层宝塔。规模上虽然比塔初建时略有收缩，但依然庞大富丽，而精整、坚固则超过旧构，在浙江佛塔中规制、造型和功能都堪称首屈一指。

塔建成后，朝廷赐寺匾额、免杂税，很是热闹了一番。后来，智昙大师化缘重建六和塔的事迹广为传诵，在人们心目中留下了一座高大的丰碑，1995年5月，特建智昙铜像供人们瞻仰。

1164年，塔院亦告建成，皇帝赐予匾额“慈恩开化教寺”，被称为“开化寺”，因该寺依塔而建，故又名“六和寺”，因位于月轮山，又称“月轮寺”。

开化寺第一任住持据说是重建六和塔的功臣智昙。该寺的建筑反映了我国早期寺庙中的风格，即先有塔后有寺，寺之建筑以塔为中心而建，而不是像后期寺庙建筑那样，以塔为附属物。

阅读链接

据说花和尚鲁智深随宋江南征方腊，驻扎在六和塔。一天夜里，忽听战鼓擂响，鲁智深提起禅杖迅速冲出禅房。和尚告诉他，这声音不是战鼓响，而是钱塘潮水，鲁智深恍然大悟，记起师父智真长老赠送他的偈语：“听潮而圆，见信而寂。”于是焚香沐浴，坐在法堂禅椅上。等到宋江来到时，他已闭目圆寂了。

鲁智深圆寂之后，宋江等人看望失去一臂的武松，要其随军回京接受朝廷封赏，武松对宋江说：“小弟今已残疾，不愿赴京朝觐。尽将身边金银赏赐，都纳此六和寺中，陪堂公用，已作清闲道人，十分好了。”自此，武松在开化寺出家，后至80岁善终。

重建后的六和塔再遭磨难

古时有说："火烧六和塔，沙涨钱塘江，天下失矣。"六和塔能除潮患、导航运、福泽民生，已成为杭州的标志备受历朝历代的关注。南宋后的六和塔屡遭战争创伤，但欣慰的是，都能及时得到修缮。

美丽的六和塔

六和塔在1333年至1335年，曾因年久破败而做过修缮。到了1533年，日本倭寇入侵杭州，六和塔再遭破坏。

明人郎瑛在其著作《七修类稿》中描绘了当年的受损状况：

今光砖巍然，四围损败，中木燋痕尚存，唯内可盘旋而上也。

云栖寺 据史料记载，该寺院始建于清代道光十四年（1834年），占地面积约2公顷，顺山势而建，依地形而造，由黑砖、花岗岩雕琢而成。举目望去，飞檐凌空，怪兽伏脊，雕梁画栋，金碧辉煌。

可见，这六和塔被毁得有多么严重啊！塔的外檐已完全烧毁，只留下砖构塔身。净土宗著名高僧袾宏，也就是莲池大师，当时住持云栖寺，每每路经六和塔下，看见六和塔颓废的模样，总是忧心忡忡，深感惋惜。

于是在重振云栖寺后，莲池大师便发愤要重修六和塔，经四处募资，住持了大规模的修缮工作。他重建了塔的外檐，还调换了塔身部分中心木柱下面的磉石构件。直到1615年，六和塔再次金光闪闪。

莲池大师，名袾宏，字佛慧，杭州人。与紫柏、憨山、蕅益诸大师并称“明代四大高僧”。被后世推为莲宗第八祖。

莲池大师墓

传说，莲池大师到了云栖，他的法力也得以充分发挥，先是降服了山中老虎，使当地村民不再受虎患。接着在大旱之年，大师手击木鱼，向田埂念佛，一时间，大雨如注。

村民及众僧相当信服，便自发为大师建造禅堂寺院，希望大师永久住在云栖。莲池大师便开始在这里大力整顿道场，设立规矩，使云栖寺气象焕然一新，后来竟成为“杭州四大名寺”之一。

■胤禛（1678—1735），是清朝第五位皇帝，康熙的第四个儿子。1722年继位，年号雍正，习称雍正帝。胤禛诚信佛教，工于心计，性格刚毅，处事果断。在位期间严整吏治，清查亏空，并对清朝的赋役进行大刀阔斧的改革。

然而，六和塔的金光还没有闪烁多久，在1636年6月，清兵横渡钱塘江，炮轰杭城，烧毁了六和塔结构外檐。钱塘江边因此又开始水患成灾。

清世宗胤禛认为这座古塔关系到国计民生，于是在1735年，下诏特拨国库银两，修整六和塔。后来，乾隆皇帝也多次亲临六和塔，杭州府也因此加强了对六和塔的保护管理，各项设施得到了恢复和增益。

阅读链接

据说文殊菩萨曾化为童子来参莲池大师。莲池大师见到童子便问："两脚有泥，必是远来客。"

童子说："闻知莲池水，特来洗一洗。"

莲池大师说："莲池深万丈，不怕淹死你。"

童子说："两手攀虚空，一脚踏到底。"

莲池大师在终前半月就预知自己将要离开世间，于是，他去告别诸弟子及故旧朋友，只说："我将到其他地方去。"

到了那一天，莲池大师说有轻微的疾病，瞑目无语，城中诸弟子赶到，哀请留嘱，大师睁眼开示："老实念佛，莫换题目。"说完就圆寂了。

乾隆皇帝偏爱六和塔

观赏钱塘潮，早在汉、魏、六朝时就已蔚成风气，到唐、宋时，此风更盛。相传农历八月十八是潮神的生日，故潮峰最高。

“八月十八潮，壮观天下无。”这是北宋大诗人苏轼咏赞钱塘秋潮的千古名句。南宋朝廷曾经规定，这一天在钱塘江上校阅水师，之后相沿成习，遂成为观潮节。

为什么钱塘秋潮如此壮观而又如此准时呢？对于这一点，还有一个传

■苏轼 字子瞻，号东坡居士。四川眉山人。北宋文学家、书画家。他一生仕途坎坷，学识渊博，天资极高，诗文书画皆精。同时，他也是著名的美食家。他和父亲苏洵、弟苏辙合称为“三苏”。

说是这样说的：

仰观六和塔

早在春秋战国时期，在江苏、安徽一带有一个吴国，吴王夫差打败了浙江一带的越国。越王勾践表面上向吴国称臣，暗中却卧薪尝胆，准备复国。

此事被吴国大臣伍子胥察觉到，多次劝说吴王杀掉勾践。由于有奸臣在吴王面前屡进谗言，诋毁伍子胥，吴王奸忠不分，反而赐剑让伍子胥自刎，并将其尸首煮烂，装入皮囊，抛入了钱塘江中。

伍子胥死后第九年，越王勾践在大夫文种的策划下，果然灭掉了吴国。但越王也听信谗言，迫使文种伏剑自刎。

伍子胥与文种这两个敌国功臣，虽然分居钱塘江两岸，各保其主，但下场一样。他们同病相怜，于是有传说他们化作滔天巨浪，掀起了钱塘怒潮。

秋满湖天八月中，潮头万丈驾西风。
云驱蛟蜃雷霆斗，水激鲲鹏渤澥空。

钱塘江涌潮以雄伟的气势、多变的画面、迷人的景象引来了千千万万的人来观赏。

董嗣杲 字明德，号静传，杭州人。宋亡后，他改名思学，字无益，号老君山人。诗作有《庐山集》五卷，《英溪集》一卷，西湖百咏二卷，并传于世。

宋代诗人董嗣杲置身六和塔塔顶，仰观俯察，面对无垠时空，曾发出历史的浩叹：

阑槛倚云汉，身疑出上方。
乾坤一指顾，吴越两消亡。
海接空江白，山分落日黄。
伍胥遗恨在，秋草隔沙长。

另一位宋人何宋英，集中强调古塔的山水地理与吴越人文，他如同历史深处走来的歌者：

吴国山迎越国山，江流吴越两山间。
两山相对各无语，江自奔波山自闲。
风帆烟棹知多少，东去西来何日了。
江潮淘尽古今人，只有青山长不老。

■杭州西湖美景

乾隆南巡图

乾隆皇帝曾六下江南，七登六和塔。据《南巡盛典》记载：“乾隆十六年，圣驾南巡，廑念海塘，特幸寺中，亲登塔顶，悉江流之曲折……海若不惊，圣情悦豫，爰亲洒，辰翰为文，以纪盛事焉。”

乾隆担心沿江堤坝能否挡住钱塘江潮水，于是亲自登塔，到塔顶制高处望江，发现江水来往平稳，才放下心来。

1751年，乾隆皇帝第一次南巡到杭州，对钱塘江、月轮山一带的山河风光大加赞赏，并发出了“壮观至是真空前，那更息心安四禅”的感叹。并作《开化寺》诗。

1757年，乾隆帝开始第二次南巡。再次莅临六和塔，此次，乾隆皇帝还重新撰写出一篇塔记，并在塔前牌坊上题写了“净宇江天”4个字。

又取佛学寓意，在六和塔一到七层上各赏赐御书

牌坊 又名“牌楼”，为门洞式纪念性建筑物。是封建社会为表彰功勋、科第、德政以及忠孝节义所立的建筑物。也有一些宫观寺庙以牌坊作为山门的，还有的是用来标明地名的。同时，牌坊也是祠堂的附属建筑物，昭示家族先人的高尚美德和丰功伟绩，兼有祭祖的功能。

四字匾额，乾隆的题额为：

初地诣坚固，信心登窣堵。
二谛此俱融，空色本无所。
三明真净域，可以泯今古。
四天垂宝纲，落落闻铃语。
五云纠扶盖，拥护龙象祇。
六鳌永负戴，万劫奠江溆。
七宝胜庄严，如是瓣香炷。
层层标实诠，历历频证取。
江山识重巡，欢喜生八部。
扬以细细风，霏以纤纤雨。

第一层为“初地坚固”，前供地藏菩萨塑像，后供明万历刻北极真武大帝像；第二层是“二谛俱融”，供东海龙王像；第三层写作

杭州西湖美景

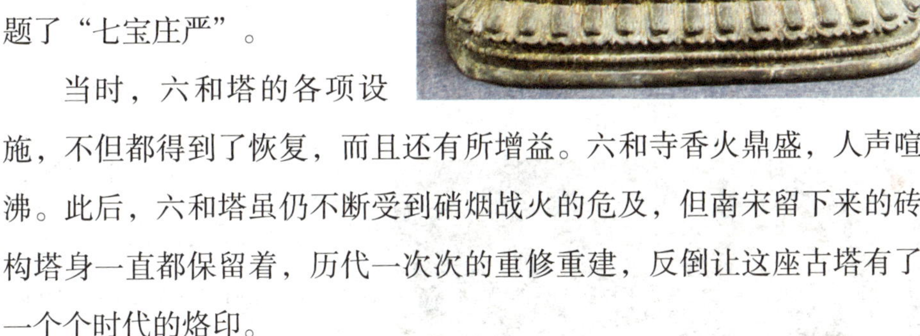

■地藏菩萨　或称“地藏王菩萨”。因其“安忍不动如大地，静虑慎密如秘藏”，故名“地藏”。为佛教“四大菩萨”之一，与观音、文殊、普贤一起，深受世人敬仰。以其“久远劫来屡发宏愿”，故被尊称为“大愿地藏王菩萨”。

“三明净域”，供弥陀、观音、势至像；第四层题“四天宝纲”，供鲁智深像；第五层题“五云扶盖”，供毗卢、观世音像；第六层四字为“六鳌负戴”；第七层留题了“七宝庄严”。

当时，六和塔的各项设施，不但都得到了恢复，而且还有所增益。六和寺香火鼎盛，人声喧沸。此后，六和塔虽仍不断受到硝烟战火的危及，但南宋留下来的砖构塔身一直都保留着，历代一次次的重修重建，反倒让这座古塔有了一个个时代的烙印。

阅读链接

关于六和塔的传说，有些传说在这里已经物化。在塔身北侧，有3尊石雕，其一是“钱王射潮”。传说吴越王钱镠治理杭州，江边海塘边修边塌，钱王认定系江中潮神作怪，决定镇伏潮神。

八月十八日是潮神生日，钱王在江边部署万名弓箭手，潮水高涨之际，一声令下，万箭齐发，射死了潮神，修好了海堤。为纪念此一壮举，人们把塘称作“钱塘”，江也成了“钱塘江”。

朱智再次捐资重修六和塔

西湖旁的六和塔

又过了半个多世纪，六和塔日渐破损，在1822年，浙江巡抚帅承瀛奏请皇帝修葺了六和塔。但非常遗憾的是，1843年，六和塔重蹈覆辙，外檐再次失火被毁。

六和塔颓败朽衰持续了将近50年。直到1899年，杭州人朱智，在捐资修筑钱塘江堤坝的同时，更是以余财重修六和塔。

朱智组织大量人力，在尚存的砖结构塔身外部添筑了13层木构外檐廊，其中偶

■光绪皇帝　清朝第十一位皇帝，4岁登基，由慈禧、慈安两宫太后垂帘听政至18岁。此后虽名义上归政于光绪帝，实际上大权仍掌握在慈禧太后手中。1898年，光绪实行“戊戌变法”，但受到以慈禧太后为首的保守派的反对。被慈禧太后幽禁在中南海瀛台。1908年，光绪因砒霜中毒而暴崩，享年38岁，葬于清西陵的崇陵。

数6层封闭，奇数7层分别与塔身相通，塔心里面，则以螺旋式阶梯从底层盘旋直达顶层，全塔形成“七明六暗”的格局。

塔自外及里，可分外墙、回廊、内墙和小室4个部分，形成了内、外两环。内环是塔心室，外环是厚壁，回廊夹在中间，楼梯置于回廊之间。

外墙的外壁，在转角处装设有倚柱，并与塔的木檐相连接。墙身的四面开辟有门，因为墙厚达4米，故而进门后，就形成一条甬道，甬道的两侧凿有壁龛，壁龛的下部做成须弥座。

六和塔中的须弥座上有200多处砖雕，砖雕的题材丰富，造型生动，有争奇斗艳的石榴、荷花、宝相，展翅飞翔的凤凰、孔雀、鹦鹉，奔腾跳跃的狮子、麒麟，还有昂首起舞的飞仙，等等。

这些砖雕，据后来有关人员与宋代成书的《营造法式》所载十分吻合，是中国古建筑史上珍贵的实物资料。

穿甬道而过，里边就是回廊。内墙的四边也辟有门，另外的四边凿有壁龛，相互间隔而成。内墙厚4

《营造法式》
此书成书于1100年，是我国古代土木建筑家李诫在两浙工匠喻皓的《木经》的基础上编写而成的。是北宋官方颁布的一部建筑设计、施工的规范书，这是我国古代最完整的建筑技术书籍，标志着中国古代建筑已经发展到了较高阶段。

石刻 泛指镌刻有文字、图案的碑碣等石制品或摩崖石壁。在书法领域，也有把镌刻后，原来无意作为书法流传的称为"石刻"，一般不表书者姓名，三国六朝以前多为；而有意作为书法流传的称为"刻石"，隋唐以后多为标刻书者姓名。我国古代石刻种类繁多，广泛地运用圆雕、浮雕、透雕、线刻等技法创造出来风格各异的石刻艺术品。

米多，故而每个门的门洞内，也形成了甬道，甬道直通塔中心的小室。

壁龛的内部镶嵌有《四十二章经》的石刻。中心的小室是为了供奉佛像而设的，为仿木建筑，制作讲究。经过这次修缮，六和塔的状貌基本定型了。据史料记载，朱智重修六和塔，工程极为浩大而艰巨，仅仅搭建施工必需的脚手架一项，就花了3年时间。

朱智重修六和塔功绩最大，因此受到光绪皇帝嘉奖，赏赐了御书"功资筑捍"四字匾额。

新中国成立后，国家于1953年、1971年和1990年分别进行了3次大修，并在塔内装上扶手栏杆和电灯。六和塔自南宋重建迄今，虽经多次修缮，但整座塔身还基本上保持着南宋时期的风貌。

阅读链接

1934年，时任浙江省建设厅厅长曾养甫，想把六和塔复原成南宋时的样子。他邀请当时在清华大学教建筑学的梁思成，来杭州出谋划策，研究南宋时期的六和塔到底是什么样的。

梁思成在六和塔待了十几天，主要做现场勘探和测绘，又多方考证，查阅了很多文献资料，最终他得出结论：六和塔塔身的形制、用材、体例、浮雕图案都符合《营造法式》里的规定，是原汁原味的南宋时期建筑物。

他还以此为依据，把南宋时期六和塔的复原图一笔一笔画了出来，后来就刊在《杭州六和塔复原状计划》这本书的第一页。因为《杭州六和塔复原状计划》这本书，梁思成也成为从建筑学角度为六和塔撰书的我国第一人。

开封铁塔

天下第一塔

开封铁塔位于河南省开封城内东北隅铁塔公园内，始建于1049年，该塔因当年建筑在开宝寺内，被称为“开宝寺塔”，塔高55米多，八角13层。又因该塔遍体通饰褐色琉璃砖，浑似铁铸，民间又将其称为“铁塔”。此铁塔以精湛绝妙的建筑艺术和雄伟秀丽的修长身姿而驰名中外，被人们誉为“天下第一塔”。

古城上空传来的声音

古时候，在开封城北角夷山上有一个井口大的泉眼，这个泉眼一眼看不到底，整天“咕嘟咕嘟”地直往外冒水，日夜不息。淌出来的水十分混浊，又咸又涩。城里本来就地势低洼，加上污水横流，致使城里老百姓饱尝了泥泞之扰、疫病之灾。

后来，全城的父老乡亲就在一起商议，一定要想办法堵死这个害人的泉眼。他们先用石头填，磨盘大的石头扔进去立马就不见了踪影。后来又用

■开封 古称“东京”“汴京”。开封是世界上唯一城市中轴线从未变动过的都城，城摞城遗址在世界考古史和都城史上都是绝无仅有的。北宋时的东京开封是当时世界最繁华、面积最大、人口最多的大都市。

铁塔公园

沙袋堵，激流把沙袋冲得千疮百孔，还是不能把泉眼堵住。没办法，人们想不出更好的办法，只得听凭它祸害古城。

相传有一天，一位商人来到夷山泉眼里打水，一个漩涡就将他的水桶卷得无影无踪了。

不久，他乘船到外地经商，在大海上无意间看到一只水桶，当他打捞上来仔细一看，心里一惊，这不正是自己在夷山泉眼里丢失的那只水桶吗？

这个消息不胫而走，传遍全城，人们恍然大悟，心情不觉更加沉重了，原来这泉眼底下通着汪洋大海哩！海里有妖兴风作浪，怪不得泉眼怎么都堵不上呢！往后这日子可怎么过啊！

正当全城百姓一筹莫展之时，在一个漆黑的夜晚，开封的上空突然出现了“造塔哟！造塔哟”的叫喊声，这个叫喊声一连出现了好几夜。

妖 泛指一切人类无法理解的自然现象，超出常识范围的异常行为，或能发挥出不可思议力量的个体，包含各种鬼怪变化之物，属于一种超自然的存在。人们经常会把妖和西洋的怪物、妖精等传说生物联想在一起。

开始人们不知是怎么回事，后来大家到一起谈论这个喊声时，有人提出，塔能镇住海妖。

真是群情振奋，人们终于豁然开朗，便相互转告：“只有造塔才能镇住海妖。”可是，说是好说，造却很难。

那时，人们只会造桥，别说造塔，连塔是什么样子也没有见过呀！全城走南闯北、见多识广的能工巧匠们聚在一起，议论了好几天也没得出个结果。

这天，正在人们议论时，忽然有一位须发皆白、红光满面的老人沿街叫卖道：“卖塔啦！卖塔啦！”

人们顿时围过来争着观看，只见他手中托的那件东西用楠木雕成，就像一头粗一头细的红萝卜，又像一座摞起来的亭阁，玲珑剔透，十分可爱。

大家恍然大悟，原来这就是塔呀！

工匠头上前施礼道：“老人家，这塔我们买了，您说个价吧！”

开封铁塔

开封铁塔全景

老人瞧瞧工匠，开腔道："你要塔干啥呀？"

工匠说："我们要在海眼上造塔镇妖，为民除害！"

"好，有志气。塔就送给你吧！"老人乐呵呵地放下木塔，飘然而去。

老人走后，工匠头组织工匠们一起把木塔拆开合拢，再拆开再合拢，反复研究。

当他们能记住各部零件后，便按照比例开始备料，准备建塔了。可是，一到施工却遇到了问题，如何到二层上去造，如何一层层造到顶呢？

于是，工匠们又进行研究。这天，赠塔老人又一次来到建塔工地，见到了备料，却不见施工。于是老人问道："你们造的塔呢？"

工匠头说："俺们正在发愁哩，一层好造，往上就难办了，光材料就运不上去呀！"

白胡子老人生气地说："空有雄心！"说罢，拿起摆在旁边他送给工匠头的木塔，用脚往地上一踩，木塔被踩到土里，只露出一个塔尖儿。半晌，工匠们回过神来，又鼓起了勇气，工匠头说："咱们城都能造，还怕造塔？"

说着，他们小心翼翼，一层一层地把木塔从土里扒出来，又用土一层层把塔埋起来，工匠们终于明白白胡子老人的意思了。

工匠们正要谢过老人，却发现他不知什么时候不见了，只听空中隐约传来爽朗的笑声，这笑声和那夜间"造塔哟！造塔哟"的声音一样。工匠头说："一定是鲁班祖师爷来点化咱们！"说罢，众人向空中叩头遥拜。

工地上立即热火朝天地造起塔来。工匠们先在海眼上盖了第一层，然后用土把它埋起来，修成坡道运料，接着盖第二层，和在平地上施工一样。依次类推，一直盖了13层，最后把封的土一层层剥开运走，一座巨塔就矗立在夷山上了。

自从夷山造塔以后，开封再也不冒海水了。这座塔便是闻名中外的铁塔，又被誉为"天下第一塔"。

阅读链接

开封曾经是我国历史上辉煌一时的名城，古名"大梁""汴梁""汴州""东京""东都""开封府"……是我国六大古都之一，人称"十朝都会"。鼎盛时期应为北宋，当时人口超百万人，其繁华景象，有举世闻名的《清明上河图》佐证。

数千年来，黄河水滋润着这方土地，也摧残着这方土地。黄河每决堤一次，便用泥沙把这座古城覆盖一次，不屈的人们再在旧城上面建设新城，形成了"城摞城"的奇特格局。

在距黄河仅7千米的开封市地下，一层一层地掩埋了自春秋战国时代以来的至少7座古城。开封的许多古迹，都已深埋在地下，地面建筑很多是复制、仿制的东西。而唯有这座孤零零的铁塔，算是赵宋王朝地道的"遗民"。

两朝皇帝眷顾独居寺

据说，在南北朝时期，有一位僧人曾经在开封城东北的夷山上找到了一个理想的“阿兰若”，“阿兰若”在印度语中的意思是“空闲的地方”。

这位僧人就在这远离尘嚣的野外，随便搭建了一处避风遮雨的茅草屋，以便躲开世间凡尘的打扰，好专注于打坐念佛。他给自己的“阿兰若”起了一个儒雅的名号，就是“独居寺”。

独居寺自从建立以后香火不断，直到延续170年后的729年，独居寺里

■秦始皇　我国历史上伟大的政治家、改革家、战略家、军事统帅。首位完成我国统一的秦朝的开国皇帝。他13岁即王位，39岁称皇帝，在位37年。秦始皇把我国推向了大一统时代，为建立专制主义中央集权制度开创了新局面，对我国和世界历史产生了深远影响。

汉武帝 刘彻，汉朝第七位皇帝，政治家、战略家。他开创了西汉王朝最鼎盛繁荣的时期，那一时期亦是我国封建王朝第一个发展高峰。他的雄才大略、文治武功，使汉朝成为当时世界上最强大的国家，他也因此成为我国历史上伟大的皇帝之一。

迎来了一位重要的人物。

这一年，唐玄宗李隆基效仿秦始皇和汉武帝去泰山封禅。从泰山返回路经开封的时候，他停下歇息，漫不经心地在附近闲游，没想到他一脚迈入了独居寺。

也许是对独居寺过于寒酸的状况比较同情，唐玄宗当即下诏重修该寺。为了纪念东巡泰山封禅的活动，唐玄宗又将独居寺赐名为“封禅寺”。从此，夷山独居寺的那份清静，就活生生地被皇家之气夺去了。

到了后周周世宗柴荣做皇帝时，他对佛教的态度截然不同。955年，他实行“限佛”政策，削减了后周境内的很多寺院，迫使6万多僧尼还俗。

但是，周世宗却容许开封城内的天清寺大兴土木。而天清寺又恰好在周世宗生日这天竣工，成了一个向皇帝讨好的“献礼工程”。

由于周世宗的“限佛”政策，致使他在佛教史上落了一个“恶人”的名声，他与另外三个“毁佛”的皇帝，北魏太武帝、北周武帝和唐武宗并称为“三武一宗”。

周世宗抑制佛教的主要目的是发展经济，增强国家实力。可以说，他是五代十国50余位帝王中最不糊涂的一位，他在位不过五六年，却留下了一个不错的家底。

宋朝初年，封禅寺又一次被皇家眷顾。宋太祖赵

封禅 封为“祭天”，禅为“祭地”，是指我国古代帝王在太平盛世或天降祥瑞之时，祭祀天地的大型典礼。上古暨夏商周三代，已有封禅的传说。古人认为群山中泰山最高，为“天下第一山”，因此，人间的帝王应到最高的泰山去祭过天帝，才算受命于天。

赵匡胤　是宋朝开国君主，涿州人。在位16年，庙号太祖。他在位期间，加强中央集权，提倡文人政治，开创了我国的“文治盛世”，是一位英明仁慈的皇帝，是推动历史发展的杰出人物。

匡胤与他的前朝恩主周世宗柴荣对待佛教的态度不同。

早在960年，赵匡胤一登上皇位就下诏说：“诸路州府寺院，经显德二年停废者勿复置，当废未毁者存之。”赵匡胤停止了前朝周世宗抑制佛教发展的做法。

也是在这一年，沧州僧人道圆由西域返回中土，宋太祖亲自接见道圆，还赠以紫色袈裟和金币。又过了2年，150多名僧人集体向宋太祖请求出游西域，宋太祖又是给以他们鼓励又是赠送盘缠。

也许是因为天清寺与周世宗关系密切，在开封城中的诸多寺院中，宋太祖唯独冷落了天清寺，但对封禅寺却特别关照。

970年，宋太祖下诏，改“封禅寺”为“开宝寺”，并拨巨款修缮扩建。新建成的开宝寺共设24院，280区，其规模宏大、僧侣众多、殿

现存的开宝寺龙纹古砖

堂巨丽、金碧辉煌。

宋太祖用自家年号给封禅寺命名，可见他对这座寺院的重视。

976年10月，宋太祖驾崩，他的弟弟赵炅继位。978年，吴越国王钱俶表示愿意把吴越国的土地献给大宋。宋太宗赵炅立即动用了上千艘船，把钱俶的亲属、官吏及吴越之地的财物悉数征入京城。

在这次行动中，一位名叫赵镕的供奉官受宋太宗指派，特意迎奉杭州罗汉寺的佛祖舍利回京城。佛祖舍利抵达开封后，宋太宗起初将其供奉在紫禁城内的滋福殿中。

这颗佛祖舍利是916年，吴越国王派人前往四明山阿育王寺，索要过来放到杭州罗汉寺供奉的。

982年，宋太宗决定在开宝寺福胜院内建一座开宝寺塔，用它来安放舍利。

阅读链接

"陈桥兵变"之后，原是后周检校太尉、殿前都检点的赵匡胤做了皇帝。由于他的母亲杜太后信佛并时常施舍他人，便引起他对佛教的兴趣，也很想探究一下佛教的魅力所在。

961年，杜太后死去了，赵匡胤首次以皇帝的身份临幸了相国寺。

到佛像前烧香时，他问："当拜，不拜？"

赞宁回答："不拜。"

他又问："何故？"

赞宁答："现在佛不拜过去佛。"

他轻轻颔首，微微一笑，算是认可。由此形成制度。从这件事上，他悟出了一个道理，原来佛教并不像韩愈所说的那么可怕，它完全可以为自己的统治服务。

名匠喻浩建造灵感塔

宋太宗赵炅不喜欢吴越王钱俶，却喜欢吴越国罗汉寺的佛祖舍利，他下令专门建开宝寺塔，以供奉佛祖舍利，最终选定吴越国木工喻浩来建造此塔。

开封铁塔局部雕刻

喻浩是杭州人，出身于木匠世家，自幼便酷爱木工手艺。

在吴越国时期，喻浩曾任杭州都料匠，也就是工匠的总管，史书称其“有巧思，超绝流辈”。

吴越王钱弘俶曾在凤凰山麓梵天寺营建一座木塔。塔建到两三层时，钱弘俶亲临施工现场并攀登木塔。站在塔上，钱弘俶觉得塔身微微晃动，便叱责工匠。

工匠们以为是因为塔身尚未布

开封铁塔公园大门

瓦，所以容易摇晃。谁知布瓦之后依然如故，工匠们只好去请教喻浩。

喻浩建议在每一层铺上木板，弄结实了，让上下成为一体，人登上去，压力均匀分布于四壁，整座塔便稳固了。大家依照喻浩的说法去做，果然有效。

据《后山丛谈》记载，喻浩自杭州到汴梁后，把京师街巷走了个遍。他每次走到相国寺门楼时，便仰脸凝望，站累了就坐下看，坐累了就躺下看。

有人问他是何原因，他说："这相国寺门楼其他的部位我都能仿效，只是对于卷檐架构不解其意。"

相国寺圣容殿前东西两旁有古井，后来，喻浩负责为古井建造了井亭，果然"极其工巧"，成为"相国寺十绝"之一。

吴越国亡国后，喻浩流落到了北方。为新主人造塔时，喻浩和在吴越时一样仍然是一丝不苟，开封人

中土 即中原，又称"中州"，古指中原地区，华夏民族和华夏文明的发源地，黄河中下游为中心的地域概念，意为国之中、天地之中。华夏民族的祖先根据天文、地理和风水学的概念，认为位于中岳嵩山山麓的中原河南登封，位居天下居中的位置。

说他信佛，对造塔有瘾。

塔本自印度来，是用来珍藏佛祖舍利的建筑物。自东汉时期传入中土后，塔把许多我国的阁楼建筑元素融入其中，逐渐成为佛家的一种标志性建筑。

东汉以后，战国至西汉时期一直盛行的高台建筑逐渐为木结构高楼所替代，无论宫廷、地主庄园还是城门楼，都以木结构为尊贵。

这次奉命督造木制开宝寺塔之前，喻浩为求缜密，曾先造了一个小样。

在施工时，塔体外用帷幕遮掩，外面只能听到斧凿锤击之声，不见其形。

遇有上下榫卯不合之处，喻浩环绕塔周，边看边切磋，毛病一旦找准，马上拿起巨棰撞击数十下，即可解决。

就这样，历时8年，直至989年，木塔终于落成。塔八角13层，上安菩萨，塔下做天宫，以安奉阿育王佛舍利小塔。

时隔多年之后，欧阳修在《归田录》中记述：

塔初成，望之不正而势倾西北，人怪而问之。浩曰："京师地平无山而多西北风，吹之百年，当正也。"

阁楼 指位于房屋坡屋顶下部的房间。我国的文化精神特别重视人与自然的融洽相亲，楼阁就很能体现这种特色。天无极，地无垠，在广漠无尽的大自然中，人们并不满足于自身的有限，而要求与天地交流，从中获得一种精神升华的体验。

柳枝掩映的铁塔景观

宋真宗 名赵恒，原名赵德昌，又曾名赵元休、赵元侃，宋朝第三位皇帝。宋真宗统治后期，信奉道教和佛教，称“受天书”，封泰山、祀汾阳，修建了许多寺庙。

因为开宝寺塔建于开宝寺福胜院内，所以木塔最初命名为“福胜塔”。

宋太宗赵炅在塔成之日，亲自手捧那座从吴越国“请”来的阿育王佛舍利小塔，安放在福胜塔上的天宫。

当时，开封人闻讯都来围观，都说看到一道白光从小塔一角发出后，大塔立即大放光彩。

自从阿育王佛舍利安放到福胜塔之后，宋太宗常常临幸观瞻。

到了1013年，福胜塔塔刹的铜瓶，突然闪闪发光。消息不胫而走，还惊动了皇帝。宋真宗亲自观瞻参拜，并赐名为“灵感塔”。由于此塔位于开宝寺中，所以又被称为“开宝寺塔”。

阅读链接

铁塔北侧新建了一座反映灵感木塔那段历史的灵感院。灵感院正殿内供奉的释迦牟尼“白玉佛像”，是一位旅居缅甸的女华侨1933年捐赠的。

女华侨家里世代经商，但是富不过三代，生意开始衰败，女华侨很郁闷，出来旅游散心，到开封灵感院时，遇到一位高僧。高僧伸出3根手指又拿出一根木棍和一块石子点化女华侨。

女华侨回去以后悟出这是高僧告诉她改行做玉石生意。改行以后，女华侨的生意蒸蒸日上，因此向寺庙捐献了这尊玉佛。佛像高约1米，由整块白玉精雕而成，秀丽端庄，晶莹剔透，堪称佳品。

仁宗一意孤行重建宝塔

可惜喻浩设计并监造的这座华美绝伦的灵感塔，在世上仅存了56年，就于1044年，遭雷击而焚毁了。

宋仁宗赵祯在位期间，京城连年发生火灾。1032年，大内失火，宫中的8座主要殿宇被烧毁。宋仁宗就把修缮大内的急务交给宰相吕夷简负责。这一项工程花费了很多钱，但事关皇家重地，也实在是不得不花，因此，大臣们也没什么话可说。

宋仁宗 北宋第四代皇帝，宋真宗的第六子。他是宋朝帝王中的明君圣主，在位时间最长，达42年之久。宋仁宗统治时期，国家安定太平，经济繁荣，科学技术和文化得到了很大的发展，还正式发行了世界上最早的纸币——“官交子”。

田锡 （940—1003），字表圣，四川眉山人，他在政治上以敢言直谏著称，同时他又是一位革陈推新，影响后世深远的文学家，他被称为宋代文学的开拓者和奠基人之一。田锡初名继冲，后更名为锡，曾祖父、祖父均为当时洪雅之名士，父田懿，因子锡贵，累赠尚书左司郎中。

当灵感塔被焚毁以后，宋仁宗就派人将被塔基掩埋的佛祖舍利挖出，迎入宫中供奉。当时，京城王公贵族竞相前往瞻仰舍利，并都以能够瞻仰到舍利为荣。传说佛祖舍利在宫中发光显灵，使得宋仁宗产生了重建灵感塔的想法。

当年，宋太宗重建灵感塔时，就因为耗费钱财百万，而遭遇到大臣们的抱怨，当时，侍御史田锡曾上书说："众以为金碧荧煌，臣以为涂膏衅血。"

当宋仁宗提出佛祖的舍利不能永远存放在皇宫内，必须要建塔供奉时，主持谏院的蔡襄，首先就上书反对，他对主张重建灵感塔的种种论点进行了逐条批驳。

他说："佛祖舍利在宫中发光，有人说这是佛祖

■ 现存的开封铁塔和凉亭

显灵。既然佛祖舍利有神通，那它怎么连自己的灵感塔都不能保护呢？天火袭来，一夜之间就把灵感塔烧掉了，这算什么有灵验呢？”

开封铁塔佛像浮雕

蔡襄当年不知道佛祖舍利发光乃是物理现象，所以他解释佛祖舍利发光时说：“枯久之物，灰烬之余，或有光怪，多亦妖僧之所谓也。”他最后表示，建塔可以，但最好“不费于官，不扰于民”。

为了重建灵感塔的事，谏官余靖还与宋仁宗大吵了一场。据《孔氏谈苑》记载，余靖是一个不修边幅、大大咧咧的谏官。时至盛夏，天气酷热，余靖一身臭汗就上朝了，他要面见宋仁宗进行劝谏。谁知二人话不投机，余靖便不顾君臣礼仪，凑到仁宗跟前吹胡子瞪眼睛。

宋仁宗后来抱怨说：“这厮一身臭汗差点儿把我熏死！”

为了阻止宋仁宗大兴土木，文人欧阳修还专门写了《上仁宗论京师土木劳费》一文。他在文章中说，开先殿仅仅是两根柱子损坏，已经花费了1.7万多钱。他还说，纵使肥沃的土地不生他物，唯产木材，也不能满足本朝土木建筑所需。既然开宝、兴国两寺塔和其他寺观、宫阙皆焚毁荡尽，足见上天厌恶过度奢华，所以希望陛下吝惜国财民力……

关于重建灵感塔一事，臣下投反对票的太多，宋

诏书 是皇帝布告天下臣民的文书。在周代，君臣上下都可以用诏字。秦王政统一六国，建立君主制的国家后，自以为“德兼三皇，功高五帝”，因此号称“皇帝”，自称曰“朕”。并改命为“制”，令为“诏”，从此诏书便成为皇帝布告臣民的专用文书。

仁宗也只好息事宁人，暂缓建塔，将重建灵感塔的计划搁置了4年。

伎乐 是指在露天演出的音乐舞蹈剧，即我国的乐舞，由于隋初设置国伎、清商伎、高丽伎、天竺伎、安国伎、龟兹伎、文康伎七部乐而得名，传入日本后或称“伎乐舞”。

供养人 是指因信仰某种宗教，通过提供资金、物品或劳力，制作圣像、开凿石窟、修建宗教场所等形式弘扬教义的虔诚信徒。也指那些出资对其他人提供抚养、赡养等时段性主要资助的个人或团体。

1049年，宋仁宗下诏书重建灵感塔，以安置佛祖舍利。这一次，也许是慑于天子的威严，没有多少人再对此发表反对意见了。灵感塔的重建，就这样随着皇帝诏书的颁布正式开始施工了。不知过了多少年，新塔终于建成了。

《汴京遗迹志》记载：

上方院，在城之东北隅安远门里夷山之上，即开宝寺之东院也。一名上方院。宋仁宗庆历中，开宝寺灵感塔毁，乃于上方院建铁色琉璃塔，八角十三层，高三百六十尺，俗称铁塔。

寺旧有漆胎菩萨五百尊并转轮藏黑风洞，洞前有白玉石佛。后殿内有铜铸文殊、普贤二菩萨骑狮像，莲座，前有海眼井，世谓七绝。元末毁于兵，海眼井亦久失其处。国朝洪武十六年，僧祖全募缘重建。

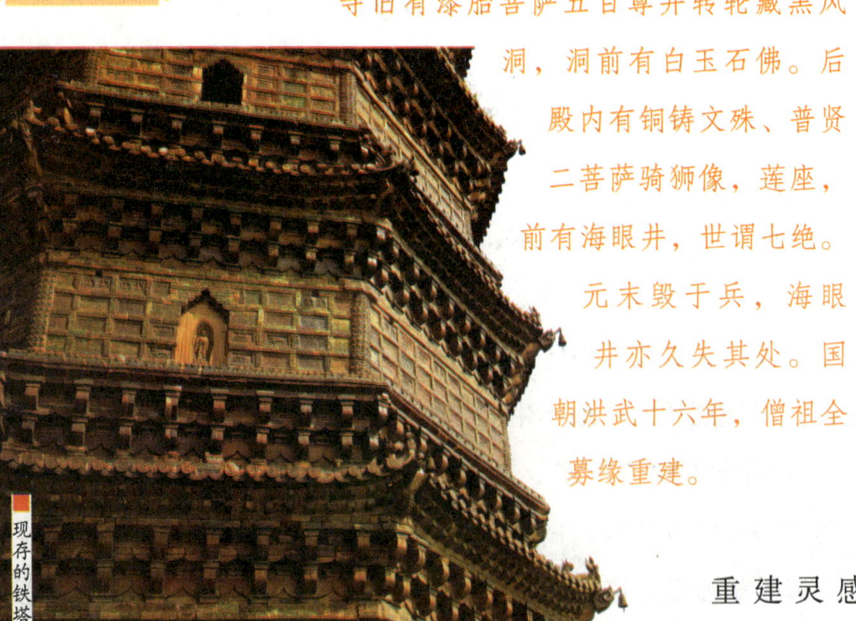
现存的铁塔塔身

重建灵感塔时，吸取了前身木塔

被焚的教训，改用了耐火绝缘、能抗雷击的琉璃砖瓦为材料，宋仁宗要把塔建成一座琉璃砖塔。这种瓷砖的另一个特点是耐压、坚固牢靠。

塔址也从开宝寺的福胜院移到夷山之上的上方院。上方院又称为“上方寺”，所以新塔又被称为“上方寺塔”。

重新修建的琉璃砖塔高55米多，八角13层。整座塔通身用28种不同形状的结构砖组合，在柱、枋、斗拱等咬合的接合处都是用特别烧制的有榫、卯的子母砖紧紧地扣合在一起，严丝合缝，浑然一体，如铁铸一般。

远望琉璃砖塔，铁色琉璃瓦遍饰全身，色调具有铁打铜铸的深厚气质，由此，民间将塔称为“铁塔”。而且整座塔身上下收分比例协调自然，视觉差比例匀称美观，气势惊人。

走近细看，琉璃砖塔遍身装饰都是琉璃浮雕艺术

■ 麒麟 亦作“骐麟”，简称“麟”，古代传说中的仁兽、瑞兽，是我国古代传说中的一种动物，与凤、龟、龙共称为“四灵”。据说麒麟原型实际上是当年郑和下西洋从南非带回来的长颈鹿。后经历代民间艺人加工，糅合了龙头、鱼鳞、牛蹄等深化形象与现实事物而成。

品，各种花纹砖有50余种：佛像砖，有菩萨、飞天、五僧、立僧、供养人和伎乐等；动物图案砖，有狮子、云龙、降龙、双龙和麒麟等；花卉砖，有宝相花、海石榴花、莲荷花、牡丹花和芍药花等：还有璎珞、流苏等装饰的花纹砖。

而在挑角、拔檐和转角等处采用各种艺术装饰砖，有麒麟、套兽、云龙探头和重檐滴水等，共20多种。可以说每块砖雕都是做工精细、栩栩如生，非常完美的琉璃艺术品。

琉璃砖塔在塔门的设计上也是独具匠心，不用半圆门，而采用上尖下方的圭形门，用5层云纹砖逐层收压，其外观像佛龛，而更为坚固。琉璃砖塔内有砖砌磴道168级，绕塔心柱盘旋而上，人可沿此道扶壁而上，直达塔顶。登上塔顶极目远望，可见大地如茵、黄河似带，顿觉飘然如在天外一般。

阅读链接

琉璃砖塔到底是由谁设计的、由谁负责建造的，史书并没有记载，甚至连此塔的落成时间，也没有明确记录。

河南大学教授魏千志先生先从史书入手。宋人王瓘撰于1071年的《北道刊误志》，是一部记载历史地理的书籍，其中记有关于北宋京都开封及河北大名府的史料。可惜的是，该书并没有开封铁塔的记载。唯一的解释是，当时铁塔并未落成。

后来魏先生登上铁塔，仔细观察，终于在塔身第三层发现刻有“治平四年”字样的砖块；在塔顶发现刻有“熙宁”字样的砖块。这充分证明，在治平四年，也就是1067年，铁塔仍在建造，而在熙宁年间，工程已近完工。魏先生判断，铁塔的落成时间，大概在熙宁年间的后期，即是1073年至1077年之间。

铁塔遭遇战火仍岿立荒野

铁塔建成后不久的1085年，在开宝寺举行了科举考试，当时的书法家蔡卞为主考官。2月18日这天晚上，刚刚开始考试，考场突然起火。当时，身为开封府知府的蔡京立即率领官兵们救火。

开封北宋皇宫遗址

铁塔公园内神道

冯子振 元代散曲名家、诗人、书法家，字海粟，自号瀛洲洲客、怪怪道人。他生性嗜酒，每于酒酣耳热之际，诗兴大发，伏案即作，不论桌上有纸张多少，他都要一气写完而止。

金哀宗 金国第九位皇帝，原名守礼，女真名宁甲速，金宣宗第三子，母亲是明惠皇后王氏。金哀宗在位10年，国破后自缢而死，终年37岁。

由于当时寺院建筑高大，火势迅猛，致使官兵们束手无策，只能眼睁睁地看着大火把房屋烧毁。后来，官兵们凿开墙壁，蔡卞等人才得以逃出。

1126年，金兵渡过黄河，攻陷了北宋的都城开封。第二年，北宋灭亡。南宋初建时，开封先是归伪楚张邦昌，继而又归伪齐刘豫。张邦昌的傀儡政权在维持了32天之后，不得不恭请北宋第七位皇帝宋哲宗的皇后元祐孟氏垂帘听政。

1130年7月，金人册立刘豫为皇帝，国号大齐。刘豫改山东东平为东京，改原来东京开封为汴京，从此，开封就被称为“汴京”。

1132年4月，刘豫将国都迁往汴京。5年后，金废掉伪齐刘豫，置行台尚书省，也就是一个地方行政机关，并设汴京路开封府。

1153年，金改汴京为南京，汴京路亦改称“南京路”。到1214年，因受到蒙古势力的侵扰，金被迫将都城迁至开封，并重新整修了被毁的北宋开封的皇宫。

13年后，金为了防御蒙古军的进犯，又重修了外城。金朝以开封为都19年后，蒙古军攻下南京，金朝灭亡。

从北宋灭亡到金朝灭亡，开封经过了100多年。其间铁塔的命运，有记载说，1225年，金国第九位皇帝金哀宗的母亲明惠皇后曾经为了祈求国运长久，重新修葺了上方寺，当时，铁塔尚在。

蒙古军占领开封后，设立了河南江北行中书省，并保留了南京路。自此，开封归于蒙古人统治。

1271年，元世祖忽必烈改定国号为元。8年后，灭了南宋。至1288年，元朝改南京路为汴梁路，从此，开封就被称为“汴梁”。元朝统治期间，曾两次修建开封城垣，修凿贾鲁河。

尚书 秦代及汉代初期与尚冠、尚衣、尚食、尚浴、尚席合称“六尚”。汉武帝时，选拔尚书、中书、侍中组成中朝或称“内朝”，成为实际上的朝廷决策机关，因系近臣，地位渐高。和御史、史书令史等都是由太史选拔。隋以后尚书为六部长官。

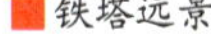
铁塔远景

在这段时间里，关于铁塔的记载几乎没有。不过，当时的著名文人、散曲大家冯子振却留下了一首描写“铁塔燃灯”盛况的诗：

擎天一柱碍云低，破暗功同日月齐。
半夜火龙翻地轴，八方星象下天梯。
光摇潋滟沿珠蚌，影塔沧溟照水犀。
文焰逼人高万丈，倒提铁笔向空题。

元朝末年，民族矛盾和阶级矛盾进一步尖锐化，全国各地纷纷爆发农民大起义。

在重重战火之中，铁塔所在上方寺的诸多殿宇已经化为灰烬，唯独铁塔岿然不动，岿立于荒野。

阅读链接

铁塔燃灯是开封人民自汉代沿袭下来的习俗，每年的元宵节和中秋节最盛行。唐代，睿宗景云二年（711年）正月十五夜燃灯千盏，重开宵夜。玄宗增至十四、十五、十六，3个晚上放灯。宋太祖赵匡胤时，又加十七、十八两天，共为5个晚上。

明清时期的中秋之夜，铁塔上遍点灯盏，一次就用油50斤，远望如同火龙，辉煌炫目如同白昼。

明代中期文学家李梦阳有一首《观灯行》的诗，在极力渲染开封元宵节燃灯盛况的同时，还对统治者骄奢淫侈的生活有所讥讽，他写道：“正月十四十五间，有涞大驾观鳌山。万金为一灯，万灯为一山。用尽工匠力，不破君王颜……”

历代名人吟诗作赋赞铁塔

铁塔刚刚建成的时候，高耸的铁塔虽然王气浓郁，但当时的文人墨客却普遍不买铁塔的账。

北宋的这些大文人认为，铁塔是一个劳民伤财的东西，对修建铁塔有意见。但铁塔是皇帝下令要建造的，文人再大，也不好说什么，于是，大家就选择了沉默。

元朝历经89年灭亡，明朝建立。明朝开国皇帝朱元璋原计划定都开封，后来又改变了主意，把他的第五个儿子朱橚封在开封，称为周王。

朱橚 是明朝开国皇帝明太祖朱元璋的第五个儿子，明成祖朱棣的胞弟。他少年时好学多才，有远大的抱负，常想着做一番轰轰烈烈的事业，以传名后世。他政治上比较开明，到开封以后，执行恢复农业生产的经济政策，兴修水利，减租减税，发放种子，做了一些有益于生产发展的事。

■铁塔公园牌坊

1383年，朱橚刚刚来到开封不久，就命僧人祖全化缘募捐重新修建上方寺塔。

朱橚还在铁塔内嵌置了48尊黄琉璃阿弥陀佛像。

1430年，时为河南巡抚的于谦曾写下一首《题汴城八景总图》的诗，其中就包括铁塔。诗云：

天风吹我来中州，光阴荏苒春复秋。
民安物阜公事简，目前景物随瞑搜。
梁园花月四时好，日落夷山映芳草。
大河滔滔涌地来，腾波起浪如奔雷。
隋堤烟柳翠如织，铁塔摩空数千尺。
阴晴晦明各异态，对此令人感今昔。
画图仿佛得真趣，醉墨淋漓写长句。
诗成掉笔向苍空，满袖天风却归去。

于谦 字廷益，号节庵，杭州人，世称于少保。他自幼聪颖过人，青年时就写下了《石灰吟》："千锤万凿出深山，烈火焚烧若等闲。粉身碎骨全不怕，要留清白在人间"的著名诗篇。他在30余年的为官生涯中，清正廉明，兴利除弊，刚正不阿。

随着时间的推移，铁塔渐显颓状。到1443年，明英宗朱祁镇下旨重修铁塔。

1457年，上方寺住持僧人广明，派徒弟赶往京城开封，恳请明英宗赐御笔，得“佑国寺”题名。从此，上方寺改名为佑国寺，铁塔也随之称为佑国寺塔。

从这以后，在1480年和1553年，又两次重修了佑国寺。

1557年，又重修了寺内山门、钟楼、殿宇等。经过多次整修，佑国寺恢复了往日的壮丽巍峨。

而在明武宗在位时期的1509年，李梦阳来到佑国寺，写了一首题目为《正德四年七夕上方寺作》的诗：

逸人厌嚣俗，达士乐闻胜。
乃兹城中林，而非车马径。
积雨豁新霁，云石掩秋映。
微阳下孤塔，潦水夹明镜。
已疑尘寰隔，况者莲方净。
岂惟慕真觉，如以叩诠登。
玄蝉共西夕，浮云本无定。

开封铁塔公园内接引殿

开封铁塔公园内灵感院

从这首诗可以看出当时的铁塔景象是多么幽静而荒凉啊！9年之后，李梦阳再次来到铁塔，又赋诗一首，题为《戊寅早春上方寺》：

逾年罔涉兹，过之门巷疑。
匪畏霜露辰，肯与春事期。
径兰芊故丛，苑松发新蕤。
陟丘念废居，升危眺回漪。
抱以幽旷豁，情缘凄怆移。
惊风递虚塔，振振空廊悲。
得遣复安较，劳生良尔嗤。

这个时候的李梦阳，已经是一名普通的老百姓了，在他心中更多的是幽怨和愤怒，他涉及铁塔的诗作还有：

送田生读书上方寺

寺压孤城断，堂开积水围。

一僧当茗灶，群鹭狎荷衣。
被酒时登塔，持书晚坐矶。
鹤腾知客至，嗟汝咏而归。

九日上方寺

赏时争上塔，乘月复登台。
地尽中原人，开空秋色来。
望乡翻恨雁，有菊且衔杯。
却忆龙山帽，徒增醉者哀。

铁　塔

铁塔峙城隅，川平愈觉孤。
登天盘内蹬，落日影东湖。
风袅垂檐铎，云栖覆顶珠。
何年藏舍利？光彩射虚无。

李梦阳（1472—1530），字献吉，号空同，汉族，甘肃庆城人，迁居开封，工书法，得颜真卿笔法，精于古文词，提倡“文必秦汉，诗必盛唐”，强调复古，《自书诗》师法颜真卿，结体方整严谨，不拘泥于规矩法度，学卷气浓厚。他是明代中期文学家，复古派前七子的领袖人物。

开封铁塔公园内玉佛殿

■铁开封铁塔公园接引殿

雪后上方寺集

雪罢园林出碧梧，上方楼殿净虚无。
日临旷地冰先落，云破中天塔自孤。
烂漫此堂人醉散，一双何处鹤来呼。
邀留更待松门月，今夜同君坐玉壶。

铁塔在明代时期也引来了诸多文人雅士的吟咏，除了李梦阳外还有李源、刘醇。下面是李源的《登上方寺塔二首》：

宝塔凭虚起，登游但几重。
中天近牛斗，平地涌芙蓉。
牖入黄河气，管低少室峰。
妙高无上境，卧听下方钟。

塔影午氤氲，名香八面闻。
盘梯失白昼，绝顶俯层云。
外见莲花色，中藏贝叶文。
暑游今不倦，为喜出尘氛。

李濂 明代官员、学者，字川父，开封人。他年少即身负俊才，时常跟从豪侠少年奔骑出城，搏兽射雉，酒酣悲歌。罢官后更努力于学，居里中40余年，著有《医史》10卷。

这是一首刘醇的《游上方寺》：

童寻兜率路非遥，柳外鸣珂散早朝。
鸟送好音风乍息，池添新水雪初消。
断碑剥落生苍藓，古塔峥嵘倚绛霄。
珍重老僧相送远，笑谈不觉度危桥。

"天下第一塔"碑刻

1526年，一个在山西为官的开封人，罢官回到开封后，他杜门谢客，以著书自娱。此人就是《汴京遗迹志》的作者李濂。

李濂"少负俊才"，他仰慕魏公子无忌与侯嬴的侠义风骨，常与同伴骑马出城打猎，效仿古人慷慨悲歌。他在外做官11年，最后"以才致谤"，依然性格不变。

丢官之后，李濂有了闲暇时间，便在开封辑录旧闻、寻访古迹，他记述了当

开封铁塔全景

时开宝寺的状况：

漆胎菩萨五百尊并转轮藏黑风洞，洞前有白玉佛。后殿内有铜铸文殊、普贤二菩萨骑狮象，莲座，前有海眼井，世谓七绝。

1642年，明末农民起义领袖李自成率军围攻开封城。明朝守军和义军竟然扒开黄河大堤，企图引黄河水淹没李自成的起义军，结果把开封城淹成一片废墟。包括铁塔的基座，也没入了黄河水冲来的泥沙之中，所幸的是，铁塔虽然被水淹，但却并未坍塌。

1644年，清军入关。1646年，原山东道监察御史宁承勋赴河南巡按任，乘船自黄河直下，抵达城外。他看到的是，城垣半在淤沙水浸之中。

1662年，河南巡抚张自德、布政使徐化成倡导属官捐俸，在明代城址上重建开封城，使城上的矮墙焕然一新。

1668年，铁塔得到过一次维修。

这时，有两位寄居在上方院的天台僧人看到，寺院虽好，罗汉却无，便想通过募缘，达成此事。

经过数年努力，他们铸造了七尊罗汉，最后因为经费不足不得不中途放弃。

1707年，有人在几间破屋里发现了这几尊罗汉。

消息传开以后，当时的一些有德之士，决定组织财力和人力，铸造其余11尊罗汉，没想到一年后便大功告成。

于是，他们遂将这十八罗汉送归上方禅院供奉，并竖碑为记。

直到1751年，乾隆帝又为佑国寺赐名为大延寿甘露寺。因寺名太长，铁塔仍保持原名为佑国寺塔。不过，所有皇家给予铁塔的正名都被老百姓淡忘了，大家只记得“铁塔”这个俗名了。

佑国寺被赐名为甘露寺后，铁塔周围又成了游览胜地。文人雅士，诗作频出。

以写长篇小说《歧路灯》而著称的李绿园有一首《登大梁上方寺铁塔绝顶》：

浮屠百尺矗秋光，螺道盘空俯大荒。
九曲洪波来碧落，两行高柳入苍茫。
宋宫艮岳埋于土，周府雕垣照夕阳。
唯有城南岑蔚处，吹台犹自说梁王。

阅读链接

战国时期，魏国都城开封的东门不叫东门，称为夷门，夷门就是因夷山得名的。魏国隐士侯嬴使得夷门名气大增。

侯嬴是开封城看门小官，却是一个了不起的隐士。魏国公子信陵君是一位喜欢结交天下贤士的人物，他与侯嬴终成忘年交。

公元前257年，信陵君采用侯嬴的办法，盗得魏王的兵符，北上抗秦救赵。侯嬴老人践约自刎，以死激励信陵君北上救赵。

这就是老开封人的秉性，新开封人“白纸黑字”一路讴歌传颂这种秉性，现今关于开封铁塔的书，无不把铁塔的历史追溯到公元前257年的“窃符救赵”。

接引佛铜像永伴孤塔旁

仰望开封铁塔

在数百年的岁月中，铁塔饱受凄凉。自从独居寺改为封禅寺以后，寺院建了毁，毁了又建，最后只有接引佛铜像和寂寞的铁塔相依为命了。铜铸的接引佛重达12吨、高5米多，为北宋时期所铸，明朝安放在佑国寺的大殿里。

明朝末年，一次大水冲来，佑国寺大殿的顶被掀翻了，墙被冲倒了，铜像从此饱受日晒雨淋。直至1751年，再次整修寺院时，接引佛才重入殿堂之中。

1841年，开封被洪水围困长达8个多月。当时，为了阻挡洪水，开

开封铁塔公园接引殿内接引佛

封的5个城门全都用土给封死了，开封城也就成了洪波浩渺之中的孤岛，随时都面临着洪水灌城的灾难。

没办法，开封在城的东、西、北三门都设立了临时应急机构，用来每日收购民间的砖、木和石头用以防洪。在这危急时刻，有人拆了铁塔旁的佛殿，把砖木运到城墙上抗洪去了。

那次水灾过后，只有铁塔和接引佛兀立在开封夷山不毛之地，寂寞无主。到了1930年，开封城改造街道，将街面拆下的木料和砖瓦收集起来，在铁塔的南面修筑了一座八角亭以供奉接引佛铜像。有了八角亭的庇护，接引佛总算不再露宿野外了。

1938年，铁塔塔身又中弹七八十发，塔身北侧遍体鳞伤，第八层和第九层被打穿了外壁，留下了两个两米大的深洞，而铁塔渗透着开封人的心血汗水，像一位威武不屈的战士一样巍然屹立在古城大地。值得

北宋 是我国历史上一个强盛的、繁荣的王朝。它于960年由宋太祖赵匡胤建立，到1127年政权南迁的这段时间，被称为北宋，都开封。北宋王朝的建立，结束了自唐末而形成的四分五裂的局面，使中国又归于统一，但由于与宋同时代的辽、金、西夏等国的强大，使北宋政权一直处于外族的威胁之中。

庆幸的是，八角亭竟毫发无损、安然无恙。

对此，民间老人们解释说，铁塔作为一座佛塔，经历了如此多的灾难而不倒塌，是因为受佛祖保佑的结果。佛教相信三世轮回，所以当地信佛的老人常告诉人们，如果你围绕铁塔左绕三圈，右绕三圈，佛祖将保佑你一生平安。

1953年7月，河南省文物局把维修铁塔列为名胜古迹重点修缮工程。1954年，组织工程技术人员和考古人员对铁塔进行全面勘察和设计。1956年，成立了铁塔修复委员会，本着“修旧如旧”的原则，制订了维修方案。

1957年6月开始动工，到10月底全部修复竣工。同时还安装了104个铁铸风铃，增装了洞门铁栏和避雷针。千年宝塔以崭新的面貌展现在世人面前。

阅读链接

北伐战争时，冯玉祥将军率军进驻开封。当时的开封已经是遍体鳞伤。当冯玉祥看到铁塔时，便想该怎么去维修它呢？突然，他的计谋来了。

在开封城内有一个叫“龙凤祥”的店铺，是当时的大户，但他们的老板莫掌柜却异常吝啬。

有一天，冯将军到了“龙凤祥”，称自己收养了一个13岁的黑丫头，想托付莫掌柜代养。

莫掌柜一听，满口应承了下来。冯玉祥将军说这个黑丫头，你要好生照料，可不能委屈了她。要给她买新衣服，要保护好她。

二人立下字据，冯将军以10万现大洋的价格卖给了莫掌柜，然后领着莫掌柜去看黑丫头。他们来到了铁塔公园。冯将军指着铁塔说：“这就是我的黑丫头！”莫掌柜自知上当却又不敢不从。

释迦塔

释迦塔，全称佛宫寺释迦塔，位于我国山西省应县城佛宫寺内。因释迦塔全部为木构，所以通称为应县木塔，是我国现存唯一的纯木构大塔。

此塔于1056年建造，后来在1191—1195年，进行了加固性补修，但原状未变，是世界上现存最古老最高大的全木结构高层塔式建筑。与意大利比萨斜塔，法国巴黎埃菲尔铁塔并称世界三大奇塔。

鲁班兄妹打赌一夜建塔

传说很久以前的一天，工匠鲁班和妹妹从南方来到了北方的应州地带。首先映入他们眼帘的是荒凉的战场，他们看到遍地都是白骨。

鲁班把这一切都看在眼里，于是他决定修建一座木塔，压一压这里的煞气。谁知鲁班把他的这个想法和妹妹说了以后，妹妹有些不愿意，她说：“建一座大塔得需要多长时间哪？我可不愿意在这荒凉的地方多待。”

想要修建木塔的鲁班

鲁班说：“用不了多长时间，我一夜就可以建成。”

妹妹不信，说：“你可别说大话，你要建一座几层的塔啊？你到哪里去找材料呢？”

鲁班说：“我要建一座12层玲

珑木塔，就用应州西北黄花梁的那片松树林的木材。”

妹妹仍然不信，说：“哥哥你吹牛，要是用纸叠还差不多，用木头做，往来运木头啊，砍啊，刨啊，卯啊，钉啊，不行，不行，你肯定不行！”

鲁班说：“我不用一根铁钉，上下左右，梁枋拱柱，全用木料勾连。”

现存的释迦塔共六层

妹妹说：“既然你这么有信心，那好，你要是一夜能造出一座12层的木塔，我一夜就能做出12双绣花鞋。咱兄妹俩打个赌，看谁完工快。”

鲁班说：“行啊，我的小妹也是个能耐人，咱们一言为定。”

于是兄妹二人便分头忙了起来。

晚上，鲁班运用神通，将恒山石运来，砌石为基，将黄花梁的巨木伐来，架梁为拱，到了三更的时候，建造木塔的工程已经完了一半。

谁知鲁班妹妹只顾偷看哥哥建塔，自己的绣花鞋还没动工呢！这时眼看到了三更，便慌了起来，她想了想，灵机一动便躲在一旁，“喔！喔”地学鸡打鸣叫了几声，然后就掐诀念咒，请来了天上的七仙女，有七仙女帮她绣鞋，这样12双鞋很快就绣完了，这时天已快亮了。

黄花梁 在大同南百里怀仁、应县、山阴之间，东西南北皆20多里。战国称黄华，北魏、北齐名黄瓜堆，隋唐以后称黄花堆、黄花岭，今称黄花梁。

三更 古代的时间名词。古代把晚上戌时作为一更，亥时作为二更，子时作为三更，丑时为四更，寅时为五更。后来一般用三更来指深夜。

■ 土地爷 又称土地、土地神、土地公公，是《西游记》和《宝莲灯》中的重要人物。传说中他是掌管一方土地的神仙，住在地下，是所有神仙中级别最低的。

再说鲁班呢，三更时他听到鸡叫，以为天快亮了。而那时木塔只建了6层，黄花梁的森林也伐完了，到远处运木材吧！时间来不及了，于是，他就请来了天上的瓦仙和他一块干，这下塔变成了砖瓦木混合结构了。

天亮时，12层雄伟的宝塔已经建成，只见玲珑宏敞，蔚然壮观。鲁班妹妹和七仙女一见也是惊叹不已！

妹妹赶快找哥哥，这时哥哥却不见了。原来，鲁班是到天宫借宝去了。他为了使宝塔防水和防火，他特地向玉皇大帝借来了避水珠和避火珠。鲁班想，安上了这两颗宝珠，木塔就再也不怕火烧水淹了。

正当鲁班借了宝珠往回赶的时候，应州的城隍和土地爷都起来了，原来鲁班建的这12层宝塔把他们压得喘不上气来了，他们乘鲁班不在，弄来一股风，将宝塔上3层一直吹到了关外大草原。

等鲁班回来一看，木塔就只剩下9层了。他气得一屁股坐在了桑干河畔，谁知用力过猛，压了个大坑，这就是后来被人们称为薛家营水库的地方。

鲁班劳累了一夜，想先歇歇，将鞋里的土倒倒，于是就倒了两个大土丘，后来这里的村名就叫疙瘩。

城隍 有的地方又称城隍爷。他是冥界的地方官。因此城隍跟城市相关并随城市的发展而发展。城隍产生于古代祭祀而经道教演衍的地方守护神。

鲁班一看鞋也烂了，随手一扔，占了一大片地方，后来这个村庄就叫鞋庄。

鲁班休息了一会儿，把他借来的宝珠安到了这剩下的九层塔里，找到妹妹后，便一起离开了应州。

后来人们就称这座木塔为“释迦塔”，又因为塔全为木质建筑，故人们又把塔称为“应县木塔”。自从应县木塔安上了避水珠、避火珠后，再也不怕水、火、风等灾害了。

释迦塔建于辽代清宁二年（1056年），后金明昌二至六年（1191—1195年）曾予加固性补修，但原状未变，是世界上现存最古老最高大的全木结构高层塔式建筑。它全靠斗拱、柱梁镶嵌穿插吻合，不用钉不用铆，以50多种斗拱的垫托接连砌建而成。

古人解决建筑问题的技术非常高明，如塔底层回廊外檐由24根木柱支撑，在静止时下层每根柱负荷

桑干河 为永定河的上游，是海河的重要支流，位于河北省西北部和山西省北部朔州朔城区南河湾一带。相传每年桑葚成熟的时候河水干涸，故得名。

薛家营水库 位于山西省应县臧寨乡曹娘和薛家营村之间，左沙公路横过主坝的北段。它是桑干河畔的一个旁引水库，1971年动工兴建，1973年竣工。

应县木塔佛像

木塔前的寺庙

120吨，可是柱下石础根本没有窠臼，木柱断面直接平立于石础之上。据说有好奇者，曾经用两手执一根细绳，把它从石础和木柱间横过。所以，民间就有24根木柱轮流间歇的传说。

壁画 墙壁上的艺术，人们直接画在墙面上的画。作为建筑物的附属部分，它的装饰和美化功能使它成为环境艺术的一个重要方面。壁画为人类历史上最早的绘画形式之一。如原始社会人类在洞壁上刻画各种图形，以记事表情，这便是流传最早的壁画。至今埃及、印度、巴比伦、中国等文明古国保存了不少古代壁画。

释迦塔建造在4米高的台基上，塔高67.31米，底层直径30.27米，呈平面八角形。

第一层立面重檐，以上各层均为单檐，共五层六檐，各层间夹设暗层，实为九层。因底层为重檐并有回廊，故塔的外观为六层屋檐。各层均用内、外两圈木柱支撑，每层外有24根柱子，内有8根，木柱之间使用了许多斜撑、梁、枋和短柱，组成不同方向的复梁式木架。整个木塔共用红松木料3000立方米，2600多吨重，整体比例适当，建筑宏伟，艺术精巧，外形稳重庄严。

该塔身底层南北各开一门，二层以上周设平座栏杆，每层装有木质楼梯，游人逐级攀登，可达顶端。二至五层每层有4门，均设木隔扇，光线充足，出门凭栏远眺，恒岳如屏，桑干似带，尽收眼底，令人心旷神怡。

塔内各层均塑佛像。一层为释迦牟尼佛，高11米，面目端庄，神态怡然，顶部有精美华丽的藻井，内槽墙壁上画有6幅如来佛像，门洞两侧壁上也绘有金刚、天王、弟子等，壁画色泽鲜艳，人物栩栩如生。

木塔二层坛座方形，上塑一佛二菩萨和二胁侍。三层坛座八角形，上塑四方佛。四层塑佛和阿傩、迦叶、文殊、普贤像。五层塑毗卢舍那如来佛和八大菩萨。各佛像雕塑精细，各具情态，有较高的艺术价值。

塔顶作八角攒尖式，上立铁刹，制作精美，与塔协调，更使木塔宏伟壮观。塔每层檐下装有风铃，微风吹动，叮咚作响，十分悦耳。

塔刹高11.77米，由两大部分组成。下部为砖砌二层仰莲，高2米，直径约3.65米。上部由覆钵、相轮、仰月、宝珠，四个部分的铁质部件组成。应县人把塔刹铁质部分称之为铁锅、铁笼、铁笊篱。令人称奇的是，这些铁质部件经千年风雨而不锈，在阳光的照耀下熠熠生辉，给宝塔增添了无穷的魅力。

阅读链接

相传，佛宫寺院内应县木塔是辽代兴宗皇帝为了他心爱的妃子观赏美景而修建的。也有人说是兴宗皇帝为让他的王公大臣观战而修建的，木塔建于辽清宁二年，也就是1056年。

然而，对于应县木塔的始建年代还有另外两种说法：一是建于北魏太和十五年，也就是491年，有《魏书》和《资治通鉴》记载。

另一种是建于后晋天福年间，也就是936—943年，见《山西通志》《应州续志》。因此，关于应县木塔建造的确切年代还是一个谜。

莲花台下的八大力士

据应县民间传说云，应县木塔建成后就吸引了天下游人，同时也惊动了玉皇大帝。玉皇大帝为了保护鲁班辛勤的劳动成果，使木塔与岁月并存，派火神爷送来了一颗避火珠，派龙王爷送来了一颗避水珠。而不是鲁班自己去借的。

释迦塔内神像

送宝珠的神仙看见善男信女、和尚尼姑每天清扫木塔很辛苦，便报告了玉皇大帝，于是玉皇大帝又指派一位须眉皆白的道人送来了避尘珠。这3颗宝珠分别安放在塔内一层释迦牟尼塑像最高贵的部位，从此，塔内一片佛光宝气。巍巍木塔可以自行防火、防水、防尘。

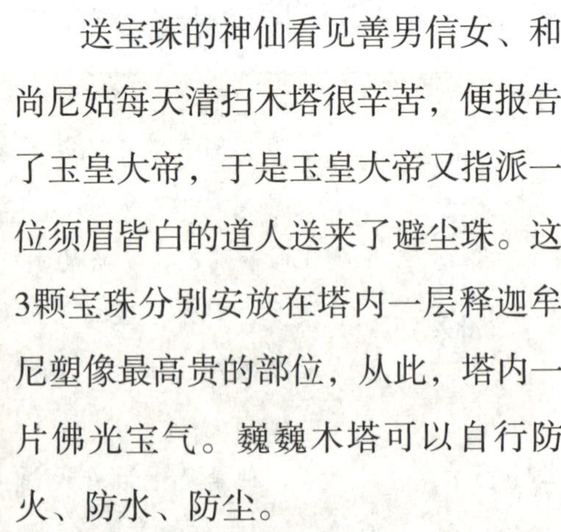

木塔本来坐落在城内最低洼的地方，地基下沉，四周常有积水。由于

水的常年浸泡，周围民房不断倒塌，就连木塔台阶有的也难幸免，可唯独高大雄伟的木塔岿然不动。

有一年七月，应县南山的小石峪、大石峪等五大峪口的洪水都向木塔四周急流汇集，汹涌的波涛，滚滚的浪花，一直向木塔冲击而来。可是到了木塔跟前，骤然波平浪静，水面逐渐形成锅底状，积聚的洪水绕过木塔，缓缓向四面八方流去，人们说：“避水珠可真灵啊！”

塔里端坐的佛像

木塔的顶尖直插入半天云内，一眼望去，可真够高，可是一直没有被雷击的现象。因而人们又说：“避火珠真灵啊！”

木塔建筑高耸，结构精巧，有好多处是人们难以到达的地方，但是不论棚顶，还是窗棂子，都极少灰尘。所以，人们还说：“避尘珠真灵啊！”

应县木塔底层大门的对面有一尊高大的如来像，坐在一个巨大的莲花台上。这个莲花台被8个力士扛着，力士个个力举千钧，形象生动逼真。

传说，这8个大力士本来是驻守8个方向的护法天神，他们乘如来古佛外出讲经说法的时候，偷偷汇聚此处，私下凡尘。

本来天下三山五岳、五湖四海像棋子一样排列得整整齐齐。可是，八力士下凡以后，随便把山搬来搬去，弄得不成样子。天下百姓被他们搅得流离失所，

秀才 别称为茂才，原指才之秀者，始见于《管子·小匡》。秀才是我国古代选拔官吏的科目。也曾作为学校生员的专称。“秀才”在隋朝科举开始以前就已经有了。

应县木塔一层佛像

怨声载道。

俗话说："天上一昼夜，人间一百年"，当如来返回西天时，这8个大力士已经把人间搞得乱七八糟了。如来为了降服这8个乱世魔王，摇身一变成为一个秀才下了凡，来寻找这8个大力士。

这天，如来终于找到了他们，此时，这8个大力士正在一起玩弄几座大山呢！

如来迎面上去施礼道："八位将军难道就是天下闻名的大力士吗？可是，我不相信哪！如果你们真是天下闻名的大力士，那我现在坐在这个莲花台上，看看你们能不能把我给抬起来？"

8个大力士说："哪里用得了8个，两个就行。"

说着就上去了两个大力士，不想莲台丝毫未动。接着，他们又上去了4个大力士，6个人一起抬，结果莲台才刚刚被他们抬过双腿。

最后8个大力士都上去了才把莲台抬过了头顶，可是，抬过头顶后，他们只听一声"定"，8个大力士就变成了现在这个样子，永远抬着莲台。据说这8个大力士谁也离不开谁，其中走一个，另外7个就要被压死。所以，他们互相瞅着谁都怕谁走了。

还听说，应县木塔第六层的莲花顶周围长着一圈灵芝草，而且一年四季葱郁旺盛。这灵芝草还有一段美丽的传说故事呢。

传说，很早以前，宝宫禅寺里有一位慧能大师，他在夜里梦见释迦牟尼坐在他的身旁说：“峨眉山上有一株灵芝草，你若能把它采回来，栽在一块宝地上，这地方一定会年年风调雨顺，国泰民安。”

梦醒之后，慧能大师为了应州百姓的兴旺和安康，就向峨眉山的方向徒步启程了。

在这次行程中，慧能大师日夜兼程，一天只吃一顿饭，喝一次水。

终于在第十五天清晨，他来到了峨眉山脚下。他站在山谷中，举目望去，好一派世外桃源之景啊！可是，这么大的山，这灵芝草长在哪一道山谷中呢?

慧能大师心里一片茫然，于是他在这山凹中随便漫行起来，不知不觉两天两夜过去了。这天，他攀上了一个山巅。这时，飞来一块彩云，立时狂风大作，把他的草帽“嗖”地一下吹向了天空。

慧能大师便伸手去抓，谁知草帽像被一根无形的绳索拽着一样沿山坡沟壑飘飞，慧能大师也只好跟着草帽飞崖跳沟。

最后草帽挂在一道山沟向阳处的石壁上。慧能大师走近石壁一看，草帽带儿正挂在一株伸手

灵芝草 自古以来就被认为是吉祥、富贵、美好、长寿的象征，有“仙草”“瑞草”之称，中华传统医学长期以来一直视其为滋补强壮、固本扶正的珍贵中草药。在民间传说中灵芝有起死回生、长生不老之功效。

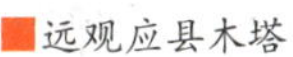

远观应县木塔

可摘的花草上。他细细一瞧，这花草长在岩石隙缝中，枝叶老绿而又翡翠，花儿红中透紫，而又红得放光。

慧能大师愣住了，这是一株什么草呢？正在他茫然不解时，忽然从幽谷中传来一个悠长的声音：“灵——芝——草！”接着，回音四起，漫山遍野全是“灵——芝——草”的声音，慧能大师顿悟，这花草一定就是灵芝草！

慧能大师把灵芝草采回宝宫禅寺，栽在木塔第六层顶的莲花座上。从此，这灵芝草年年旺盛，四季常青。从此，应州大地年年风调雨顺，五谷丰登。

人们为了纪念慧能大师的这一功德，有一位画家给他画了一张画。画面上是一个蓄发、绣头、短须，满脸忠厚的人正身披蓑衣、挽着裤子、背着柳篓，一手拄着拐杖，拐杖上还挂着草帽，另一只手捧着一株花草，光着脚在山崖之中行走呢！这图叫“采药图”，原来藏在第四层佛像腹内。后来被保存在应县文物管理所。

阅读链接

每到秋季，应县木塔周围飞舞着成千上万只麻燕，景致十分壮观，关于麻燕还有一段传奇的故事：

相传，玉皇大帝最喜欢麻燕，麻燕也因此变得趾高气扬。一次，麻燕把宴席上的酒菜仙桃弄得乱七八糟，触犯了天规，被天神砍去了它的爪子，一巴掌打出了南天门。

麻燕被打出南天门，晕晕乎乎飞在空中，但它发誓要找一个比天庭还要好的地方。忽然它发现一座离天最近的宝塔好像天宫一样，飞到塔前一看，实在是比天庭还好，这塔便是应县木塔，于是把家安到了塔上。

因为麻燕被斩了爪，起飞时必须向前一跌才能飞起来，因此，只得住在高大的建筑物上。以后麻燕子子孙孙多了，窝里住不下，也只能分别住到其他高大的建筑物上。

石狮子旁的夜半唉声

应县木塔下面有一对石狮子，这对石狮子雕刻得神形皆备，栩栩如生。这对石狮子虽说是两块巨石所雕，但在民间传说中，有一只石狮子却是宝物。

相传，应县木塔下面原来住着不少人家。其中有一家是一个老母亲和两个儿子生活在一起。后来大儿子娶了媳妇，没几天，老大两口子就提出来要分家。

应县木塔局部

这家老母亲因为男人去世了，她本想二儿子现在还小，让大儿子帮弟弟一把，等给二儿子娶了媳妇再分家另过。

但大儿子两口子鬼精，他们想，和母亲弟弟在一起太吃亏了。母亲有病，常得请医买药，弟弟还不能挣

石狮 用石头雕刻出来的狮子，是在我国传统建筑中经常使用的一种装饰物。在我国的宫殿、寺庙、佛塔、桥梁、府邸、园林、陵墓以及印纽上都会看到。但更多时候，石狮专门指放在大门左右两侧的一对狮子。其造型并非我们现在所看见的狮子，可能是因为中土人士大多没有见过在非洲草原上的真正的狮子。但也有的说法是西域狮与非洲狮体态不同的缘故。

钱，整个负担都是自己的。等给弟弟娶了媳妇，老父留下的一点家业就全折腾光了，两口子再被分出去就成了穷光蛋，那样，啥时候才能过上好光景？

哥哥要分家，弟弟怎好意思反对。做母亲的有病，见大儿子和大媳妇没有要孝敬她的意思，知道不分也不行，只好默不作声。

弟弟问哥嫂：“分就分，母亲怎么办？”

哥哥说：“母亲想和谁一起过就和谁一起过，分东西时把母亲那份分出来。”

弟兄俩征求母亲的意见。母亲说：“我和老二在一起吧！”她知道，老二忠厚孝顺，老大夫妻奸猾。

分开后，老大做起了小买卖，每天收入还算不错。老二很不幸，母亲有病，他每天在家侍候，不能出去干活，自然挣不来钱，而母亲治病每天还要花

塔下的石狮子

木塔全景

钱。不到一年，老二连同母亲分得的家产，就变卖光了，眼看着别说替母亲请医买药，就连三顿饭也没办法解决了。

老二没了主意，就和哥嫂商量，想暂借钱为母亲治病，等自己挣了钱再还给他们。老大没等老二把话说完就气了，说："当初分家是你同意的，你要和母亲在一起，是利是害都是你的，和我不相干。"

老大媳妇说："我们也是吃了上顿没下顿，你还是到别处想想办法吧！"

老二听了哥嫂的话很后悔，早知道是这样，还不如找外人商量哩！他只好靠给人干些零活或乞讨养活母亲，为母亲买药治病，下决心再不登哥哥的家门。

老二天天出外干活或乞讨，讨到好的就给母亲留着，讨到一些零钱就攒起来，等给母亲买药。

有一天，老二讨到一块熟猪肉，他特别高兴，心里说："母亲多日没吃肉了，老人家见到这块肉，一定很高兴。"

他一路哼着小曲儿往家里走，走到木塔下，忽听得有人叫他："老二老二你站住！"

老二站住了，回头看看，见周围没有人，正要继续往前走，猛地看见塔寺院门前的石狮子嘴在动，有声音从石狮子嘴里传出来：“老二，请你把肉放进我的嘴里，我会给你吐出金子。”

老二又惊又喜又怀疑，慢慢走过去，把肉放进了狮子嘴里。只见狮子脖子一动，把肉咽下去了。过了一会儿，脖子又一伸，果然吐出一块金子来。

老二给狮子磕了一个头，说了声谢谢，欢天喜地地跑回了家。老二拿金子给母亲请名医买好药，母亲的病一天天好起来，母子俩从此舒展开了愁眉。

老二知道塔下的石狮子不是一般的石狮子，就每天割二两肉煮熟给石狮子送去，石狮子每次总是咽下熟肉给老二吐一块金子出来。老二的光景很快超过了老大。

老大挺纳闷，心想，老二一不居官，二不种地，光景咋就越来越好，比我都好了。这里头肯定有缘故。于是，老大开始注意老二的行动。老二的秘密终于被老大发现了。

应县木塔远景

于是，老大也偷偷地学老二的样子，每天割二两肉煮熟喂进石狮子的嘴里，然后从石狮子嘴里取走一块金子。过了些日子，老大觉得这样干太不过瘾了，他心想：放二两肉能得到一小块金子，那放上二斤肉，一定能够得到一大块金子。这天，老大果然割了二斤肉，煮熟后，塞进了石狮子嘴里。他等啊等，就是不见有金子吐出来。

这时老二来了。老二问老大：“你站在这儿干啥？”老大把事情的经过全向老二说了。

老二说：“你太贪心了，这下，石狮子再也不会吐金子了。”

释迦塔仰视图

老大回到家里一看，连以前取回的金子也不见了，两口子气得痛哭了一场。老大从此病得起不来了，整天唉声叹气。没多久，全部家产典当光了，也没把病治好。老二再也得不到金子，就开始做买卖，越做越大，后来成了大商人。娶了媳妇，生了孩子，一家人过得和和美美，人人羡慕。

阅读链接

关于应县木塔下的石狮子还有另外一种说法：相传，一个南方人来到了应县，他每天半夜走到石狮子跟前，在石狮子嘴里放二两肉，然后又从石狮子嘴里取几块银圆。

此事被他住店的店掌柜发现后，也和他一样，每天半夜后给石狮子放二两肉，又从嘴里取出几块银圆。不几天，店掌柜家里的小缸缸就放满了银圆。

这一天店掌柜想，要是给石狮子嘴里放二斤肉，就能取出以往的10倍银圆。于是他把二斤肉放在了石狮子嘴里，石狮子把肉吃了，可是左等右等也不见往外吐银圆，原来石狮子撑死了！

名人登塔题匾永留后世

木塔全景

古往今来，观瞻应县木塔是一大乐事，历史上不少帝王将相、达官贵人、文人墨客以及佛门弟子，在尽兴游览之余纷纷为木塔挥毫泼墨，留下了不少赞美绝句。

现存塔上几个大寺门牌楼共有53面牌匾和6副楹联，有的叙事绘景，有的写意抒情，文字精彩，寓意深长，而且书法遒劲多姿，各有千秋，是中华文学、书法艺术之魂魄，同时也是历次修缮木塔的历史见证。

木塔从上到下每一层都悬

朱棣题“峻极神工”匾额

挂有牌匾，书写着崇敬者的肺腑感言，看得见的有“万古观瞻”“天柱地轴”“正直”“天宫高耸”“天下奇观”“峻极神工”“峻极于天”等匾额。

最上面的一层塔檐下悬挂的“峻极神工”牌匾，是明成祖朱棣的御题。明成祖在位期间共5次率兵征伐鞑靼人，最后一次征伐，是1423年，明成祖率兵胜利班师途中路过应州，暂住在应州城里。

朱棣欣然登塔，禁不住文思泉涌，挥笔写下“峻极神工”4个字，既是对木塔宏伟高大、巧夺天工的赞颂，也是对自己文韬武略、天下无敌的豪迈表白。

第四层塔檐下是“天下奇观”的4字匾，为明武宗朱厚照御题。

1518年，明朝另一位皇帝明武宗朱厚照路过应州。同是皇帝亲自统兵，同是征伐鞑靼人，同是胜利班师回京途中，在木塔庆祝“应州之捷”。

朱厚照亲临木塔，即兴写下“天下奇观”4个字，既赞美木塔的胜景，又抒发自己的豪情。

书法 文中特指中国书法。中国书法是一门古老的汉字的书写艺术，是一种很独特的视觉艺术。书法是我国特有的艺术，从甲骨文开始，便形成了书法艺术，所以书法也代表了我国文化博大精深和民族文化的永恒魅力。

王献题“释迦塔”匾额

第三层塔檐下是竖排的“释迦塔”匾，这是整个木塔年代最古老的牌匾，是1194年制成的。

“释迦塔”3字由金代七品官员西京王献所书，3个双钩黑字，颜体楷书，间架严整，很有骨劲。

颇有意思的是，释迦塔3字的两边，还有236个字题记，记述了历次修塔的历史。据说在木塔大修时，人们发现这些题刻的字体、字迹和刻痕深浅不同，是分六次做成的，因此证实了牌匾确是历史久远、价值连城的真古董，而非后世一次性仿制的。

第二层塔檐下是“天宫高耸”的匾额，语意深刻，笔法强劲峻拔。“天宫”指佛与菩萨所居的天上宫殿。“高耸”形容其巍峨，寓意木塔像高大的天宫一样，里面住着佛和菩萨在诵经，是人间绝无仅有的神圣建筑。此为清代光绪年间应州知州李恕所书。

知州 古代官名。宋以朝臣充任各州长官，称“权知某军州事”，简称知州。“权知”意为暂时主管，“军”指该地厢军，“州”指民政。明、清以知州为正式官名，是各州行政长官，直隶州知州地位与知府平行，散州知州地位相当于知县。

第二层平座外“正直”二字匾，出自清代雍正年间怀仁知县李佳士之手。“正直”二字一语双关，一指木塔笔直，二指为官做人要正直无私、心地坦荡，颇有教益。

元好问 字裕之，号遗山，山西人。他在诗、词、文、曲、小说和文学批评方面均有造诣。他的诗风格沉郁，存诗1361首。其词艺当为金代词坛第一人。散曲，用俗为雅，变故作新，今仅存9首。

第一层塔檐下“天柱地轴”一匾，出自《淮南子·天文训》：

> 昔日共工与颛顼争帝位，怒而触不周山，天柱折，地维绝。

此匾形容木塔像天柱一样高大，像地轴一样稳固，是《应州志》编者之一应州人田惠的作品。

其他牌匾的题写者，既有当朝官宦，也有佛门弟子，更多的是一些文人雅士，还有一些题写者没有留下姓名。

这么多人，不论学问大小，不论地位尊卑，不论从文习武，都不惜使用最美好的语言来赞颂木塔，表

朱厚照题“天下奇观”匾额

■塔上“天柱地轴”的匾额

达他们对佛的虔诚敬畏之意。

如金代元好问的《应州宝宫寺大殿》诗云：

> 缥渺层檐凤翼张，南山相望郁苍苍。
> 七重宝树围金界，十色雯华拥画梁。
> 竭国想从辽盛日，阅人真是鲁灵光。
> 请看孔释谁消长，林庙而今草又荒。

顾炎武 原名绛，字忠清，明亡后改名炎武。江苏昆山人。因他的故居旁有亭林湖，学者尊为亭林先生。他一生辗转，行万里路，读万卷书，创立了一种新的治学方法，成为清初继往开来的一代宗师，被誉为清学“开山始祖”。

清末顾炎武的《应州》诗：

> 漯南宫阙尽，一塔挂青天。
> 法象三千界，华戌五百年。
> 空幡摇夜月，孤罄落秋烟。
> 顿觉诸缘减，临风独洒然。

现代赵朴初的《题应县木塔并志辽藏残经》：

塔开多宝现神通，木德参天未有终。

辽藏千年哀灭尽，不期鳞爪示全龙。

或许正是因为对佛的敬畏，应县木塔虽历经沧桑，遭受过无数次自然和人为的破坏，但始终没有遭到致命的人为祸害，没有被整个毁掉。

据史书记载，1305年，大同路发生6.5级强烈地震，有声如雷，波及木塔。元顺帝时，应州大地震7日，塔旁舍宇皆倒塌，唯木塔屹然如故。

无情的雷击、陈年累月的塞外狂风，都曾给木塔施加淫威，在兵荒马乱、战火硝烟的年代，也曾使木塔伤筋动骨。

木塔之所以寿命绵延，除其本身结构坚不可摧外，历代的不断维修也是一个重要原因。中华人民共和国成立后，党和国家非常重视这一“国宝”，进行

元顺帝 也就是元惠宗，元朝第十一位皇帝，也是元朝的最后一位皇帝。他之所以又叫元顺帝，是因为明太祖攻打大都时，元惠宗不进行抵抗，仅带部分家眷逃往上都，后又逃至应昌，因为没有进行大规模的抵抗，明朝史官认为他顺应天意，故在明朝史书中都以元顺帝称呼他。

山西应县木塔

了较为系统的修缮和保护管理。

1953成立了文物保管所，1974—1981年，国家先后多次拨款，调拨优质木材，补修更换了楼板、楼梯和围栏，加固了二、三层的大梁，归整加固了塔基，并油饰了外部所有的构件。

1993年，应县木塔的维修抢救工作已引起国家有关部门的高度重视，后来中央电视台曾向全世界征集维修方案。

后来，又在塔前牌坊处向南开通一条宽60米、长400米，具有辽代建筑风格的古建大街。在塔后兴建一座占地24000平方米的塔影公园，园内假山碧水，亭台楼阁，鸟语花香。

这些建筑落成后，与雄伟高大的木塔浑然一体，构成一幅美妙绝伦的图画，更能显示出它悠久的文化底蕴。

每年的端午节，当地的百姓都要身着新装，全家老少一起结伴到木塔前烧香拜佛，并登上木塔的最高层，表示节节高升。如今，木塔受到文物保护，人们虽然不能集体登临塔上，却还是要到塔前烧香祈祷的，场面十分隆重。

阅读链接

传说，应县木塔在修葺之后有夜间放光现象。据说，明代和清代时塔内放光，就是木塔大修之后的现象。清代中期，还为塔内放光挂了匾，匾名："慈光远照"，清代晚期，也为塔内放光挂了匾，匾名："奎光普照。"

木塔夜间放光，到底是怎么回事？据说，清代晚期，宝宫禅寺慧能大师在塔内深夜放光通明之后，他整天在佛前念经。

3天后的夜间，释迦牟尼托梦给他，说应州人信佛虔诚，经常上布施，修葺佛殿，应该给人们好的报应，同时在报应之前要让人们有所觉察，便在塔内放颗夜明珠。所以每当木塔修葺完毕，宝塔就会放光。

四大古塔

一百零八塔是我国现存大型古塔群之一，位于银川市青铜峡水库西岸的崖壁下。

居庸关过街塔位于北京市昌平区，名“云台”，有“远望如在云端”之意，建于1342—1345年，是元代大型过街塔的基座。

山西飞虹塔矗立在山西洪洞县东北的霍山之巅。它与河南开封铁塔齐名，被誉为“中国第二塔”。

金刚宝座塔位于海淀区西直门外，因其形式是在一个高台上建有5座小型石塔，又称五塔寺塔。

穆桂英点将台化为一百零八塔

相传在北宋年间，杨门女将穆桂英大战幽州后，急于西征赶路，在一夜之间竟行军3000余里路，来到了当时西夏国的三关口地界，而穆桂英的公公杨六郎正被困此地，于是，穆桂英急忙率军前去相救。

当穆桂英杀入敌营救出六郎后，忽听得敌营中有人大喊："刮东风，刮东风，哪有媳妇刁公公？"

穆桂英听得此言，异常气愤，又杀了回去，杀敌无数，才肯罢休。

第二天，穆桂英又一次与敌军对阵，直至将敌军追到了青铜峡峡口山的山下，便选定了黄河西岸的小庙安

■穆桂英 原为穆柯寨穆羽之女，武艺超群、机智勇敢，传说有神女传授神箭飞刀之术。因她在阵前与杨宗保交战，穆桂英生擒宗保并招他成亲，归于杨家将之列，为杨门女将中的杰出人物。

西夏国遗址

营扎寨。从那日开始，她就经常在这座小庙前点兵派将。

这天，穆桂英一算，从幽州开始到此地，在短短3个月的时间里，就已经损失了108位虎将，心中十分悲伤，于是，她便令士兵挖黄河泥，烧制白灰，在小庙前修筑了108座坟，以表示对死去的108位虎将的纪念。这便是后来人们看到的一百零八塔。

后来，人们就把这里叫作穆桂英点将台。话说有一年，辽兵进犯中原。穆桂英挂帅大战辽兵，杀得辽兵节节败退。正当她率领大军乘胜追击时，突然她分娩了。

败退到居庸关北的辽兵得知此讯，以为有机可乘，立即掉转马头，准备卷土重来。

刚刚分娩不到3天的穆桂英，接到紧急战报，心中很是恼火，立即披挂上阵，要前去击退敌兵。

幽州 又称燕州，是我国历史上的古地名，北京、天津与朝阳市一带，范围包括河北省东北部和辽宁省西部的一些地域。幽州的中心是蓟县。上古称为“蓟”，蓟国的国都；春秋中期，燕国灭蓟国，迁都于此，改名“燕京”。

■青铜峡的一百零八塔

众将官急了，忙上前劝道："元帅，辽兵前来反攻，自有我们抵挡，您身体要紧，还是留在帐内休息，不要出去的好。"

穆桂英说："辽兵反攻，战情紧急，我身为元帅，怎能坐帐不出呢！"说着她就把婴儿交给了丫鬟侍女看管，并马上传令大小三军将领，带领人马速到点将台听令。

众将领见元帅不顾身体虚弱，还要出征抗敌，都深受感动。不多时，就都带领兵马到一百零八塔前的点将台前听令了。

且说辽邦兵将，正准备拨马回头、反攻宋营时，前方打探军情的探子回来报告说，此时，穆桂英正披挂整齐，威武地站在点将台上点将呢！

辽邦众将一听都怔住了，看来说穆桂英分娩是谣传，不能上当。于是辽邦将领命令众军赶忙又往北退去，一直退到了八达岭外。

据说，后来那个点将台上一直留着穆桂英的脚印和28个帐篷杆眼呢！

关于一百零八塔来历的说法还有很多。有的说一百零八塔是古人设在此处，为了给黄河测水的标

元帅 这个地位显赫的头衔，在历史上曾经有过两种含义：一是官职名称，二是军衔称号。元帅一词源自上古德意志文"马"和"仆人"，在最早的时候，元帅是宫廷里管理国王马厩的官。在我国，该词最早出现在公元前633年的春秋时期。

尺；有的说是为了佛教密宗中毗卢遮那佛的一百零八尊法身契印所建的佛塔，是对佛的虔诚。

关于一百零八塔的来历，还有一种传说：在古代，青铜峡这段黄河经常有凶龙出现，淹没农田，毁坏房屋，殃及百姓。于是人们不惜重金集资建此一百零八塔，以镇龙压凶。

此外，关于它的建造还有一种说法是，明初，戍守军队在保卫长城的一次战斗中，有108位将士在黄河岸边阻击敌人，全部壮烈牺牲。

老百姓为了纪念这些将士，就建了这个排成众志成城阵势的一百零八塔，以寓英灵长存。还有人说，抗敌而死的并非戍守长城的将士，而是一百零八个和尚，一百零八塔是为了纪念这些和尚而建的。

一百零八塔群位于青铜峡西岸，坐西朝东，背山面河，皆为实心藏传佛教塔，依山势凿石分阶而建，

毗卢遮那佛 也就是大日如来佛，是佛教密宗至高无上的本尊，是密宗最高阶层的佛，为佛教密宗所尊奉为最高的神明。密宗所有佛和菩萨皆自大日如来所出，在金刚界和胎藏界的两部曼荼罗中，大日如来都是居于中央位置，他统率着全部佛和菩萨，他是佛教密宗世界的根本佛。

青铜峡一百零八塔远景

■呈“金字塔”阵的一百零八塔

自高而低有阶梯式护坡平台12级，逐级加宽，按奇数排列，精整有序，总共108座，全部都是用砖砌成，并抹以白灰。

塔群中最上面一座塔高4米，其余各塔高均在2.5—3米之间，构成一个金字塔阵，蔚为壮观。

塔体形制大致上可以分为4种类型：第一行一座为覆钵形，面东开有龛门；第二行至第四行，为八角鼓腹尖锥形；第五行至第六行，为葫芦形；第七行至第十二行，为宝瓶形。

这一百零八塔每个塔的结构看起来都大致相同，塔的底座都是砖砌的八角形须弥座，塔心的正中还立着一根竖木，里面填的是土坯，外面砌着青砖，塔体外表涂着白灰，整个塔的形状就像一把盖着宝珠的伞。

有人认为，这些塔跟北京妙应寺元代白塔的造型很相似，都具有灵塔的特点。这些塔大小有别，顶端的那

金字塔 在建筑学上是指锥体的建筑物，一般来说基座为正三角形或正方形等的正多边形，也可能是其他的多边形，侧面由多个三角形或接近三角形的面相接而成，顶部面积非常小，甚至呈尖顶状。

座大塔，它的底部是个八角形的束腰须弥座，塔身像覆钵，塔顶如宝珠，东面还有个供人烧香的小门，一百零八塔中数这座塔最大。它下面的塔按比例缩小，它们的塔身形状也逐层有变化。西夏国灭亡后，一百零八塔就一直被冷落在这山野之中。1958年，在这佛塔以东的滔滔黄河上兴建了青铜峡拦水坝时，人们才意外地发现了这被遗忘了数百年的一百零八塔。

西夏 又称邦泥定国或白高大夏国，是我国历史上，在公元1028年，由党项族建立的一个王朝，主要以党项族为主体，包括汉族、回鹘族与吐蕃族等民族在内的国家。因其位于我国地区的西北部，史称西夏，并形成了独特的西夏文化。

当时，人们发现这些塔的塔心正中就立着一根竖木，而且这些塔也的确是用土坯砌的，最外一层的塔面上还有彩绘遗迹。后代的人重修时，又在土坯塔体外面另外包了一层砖，还给砖上抹了一层泥。从建筑学的角度来看，这些塔上下协调，隐含着佛家“人生在世，有大造化，也有小造化；有大功德，也有小功德。只要用心修行，虔诚向佛，他的功劳便不磨灭”的意味。

排成12行的古塔

■大禹 姓姒，名文命，字高密，号禹，后世尊称大禹。他是我国传说时代与尧、舜齐名的贤圣帝王，他最卓著的功绩，就是历来被传颂的治理滔天洪水，又划定我国国土为九州。后人称他为大禹，也就是伟大的禹的意思。

贺兰山 位于宁夏回族自治区与内蒙古自治区交界处，贺兰山脉海拔2000~3000米，北起巴彦敖包，南至毛土坑敖包及青铜峡。山势雄伟，若群马奔腾。它是我国西北地区的重要地理界线。

那么，为什么这一百零八塔非要建在青铜峡呢？主要是这里风水好。

首先，这一百零八塔的后面有青铜色的山作屏障，前面又有黄河润泽塔四周的草木。同时，在这塔群附近的黄河库区，还有个被人誉为“候鸟天堂”的青铜峡鸟岛。每年春季，数万只候鸟从南方赶来，在这里生儿育女。绿草青山，飞鸟成群，也给这古老寂寞的塔群增添了无限生机。

不过，考古专家却认为，党项族人在此修造佛塔，与佛教有关。西夏王国崇尚佛教，就把佛教定为国教。因此宁夏境内的寺、塔很多。

再说这青铜峡，当然离不开黄河，黄河这条中华民族的母亲河，自青藏高原奔流而下，从甘肃省的黑山峡进入宁夏境内，蜿蜒地穿过了牛首山，便形成了8千米长，高出水面数十米的陡壁，这就是青铜峡。

峡谷两岸的高山峻岭上，奇岩怪石，姿态万千，古木森森，映蔽江面。据说青铜峡峡谷的形成离不开大禹的功劳。

相传在远古的时候，这里是由黄河水形成的大湖，由于贺兰山的阻挡而水流不畅。大禹来到此地，看到上游因湖水受阻而形成了水涝，下游没水又是旱情肆虐。为了解救百姓远离这种苦难，这位治水英雄举起他的神斧，奋力地向贺兰山一劈，只听得一声巨响，只见山中间豁然出现一道峡谷，黄河之水得以疏通，下游旱情得到了解决，上游也不再有涝灾了，农田滋润肥沃。

就在大禹劈开贺兰山的时候，满天的夕阳把山上青色的岩石染成了迷人的古铜色，大禹见此情景，兴致勃勃地提笔在山岩上写下了“青铜峡”3个大字，从此这段峡谷便有了青铜峡这个名字了。

《一统志》 原名《大明一统志》，李贤、彭时等奉敕修撰，明代官修地理总志。李贤，字原德，河南邓县人，官至吏部尚书、华盖殿大学士。彭时，字纯道，江西安福人，官至吏部尚书、文渊阁大学士。该书条次井然，富而不臃，强调大一统的政治理念，在体例上对后世方志多有影响。

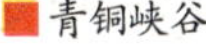
青铜峡谷

古塔的来历成为不解之谜

人们为了纪念大禹的功绩，就在他住过的山洞旁，修建了一座禹王庙，并写诗赞道：

河流九曲汇青铜，
峭壁凝晖夕阳红。
疏凿传闻留禹迹，
安澜名载庆朝宗。

关于一百零八塔的身世，虽然明代李贤的《一统志》一书中有对“古塔一百零八座”的明确记载，但塔的来龙去脉，至今仍是个不解之谜。

20世纪50年代末，青铜峡要修建水利枢纽，在建造水库大坝不得不迁移一百零八塔时，人们从打开的塔座里发现了不少带有西夏文字的千佛图帛画和佛经残页以及其他一些文物。

有专家认为，一百零八塔应修建在元代，理由是当年元灭西夏，不可能留下任何建筑，而且一百零八塔的形制属于元代时新出现于内地的藏传佛教式塔，因此可以推测塔群应当是始建于元代的。

但也有学者根据对一百零八塔出土的西夏文物研究后断定，一百零八塔应建于西夏时期。西夏时期，无论是统治阶级还是平民百姓，都对佛教崇拜至极。

因此，西夏时期的宁夏不仅佛塔林立，而且是中

宁夏 居黄河上游，北倚贺兰山，南凭六盘山，黄河纵贯北部全境，历史文化悠久，古今素有“塞上江南”之美誉，宁夏是中华文明的发祥地之一。早在3万年前，宁夏就已有了人类生息的痕迹，自古以来就是内接中原，西通西域，北连大漠，各民族南来北往频繁的地区。

原佛教文化与西部佛教文化以及佛教各种教派文化的交汇点，在西夏王朝统治的河西走廊一带修建有大量的佛寺、佛塔等。

青铜峡一百零八塔是我国佛塔建筑中唯一总体布局为三角形的大型塔群。一百零八塔在我国佛教中有着非常特殊的意义。

佛学认为，人生有烦恼和苦难108种，为消除这些烦恼与苦难，规定惯珠要108颗，念佛要108遍，敲钟要108声，所以一百零八塔应该是为消除人生烦恼和灾难而特意建造的。

那么，为何要排成12行呢？佛教又认为，人生最基本的迷惑和痛苦有十二因缘。此外，12还是古代天文学和历法中有关时间与空间最基本的数字，如一年12个月，昼夜各12小时，太阳穿过黄道12星象的运行，等等，成为精神与世俗世界统一的象征。一百零八塔排列成12行，是有其深邃的内涵的。

阅读链接

在宁夏民间流传着这样一段故事，说北宋年间，杨门女将穆桂英挂帅出征，率兵来到宁夏青铜峡的黄河岸边，与对岸的敌军相峙。

面对汹涌澎湃的滔滔黄河，穆桂英威风凛凛地站在山顶，手持令旗，开始点将。穆桂英点了一百单八将，组成了一个变化无穷的“天门阵”。

敌军隔岸观望，见穆桂英飒爽英姿，布阵有方，吓得失魂丧胆，不战而逃。后人为了纪念穆桂英，就在穆桂英点将的地方修建了一座代表一百单八将的“穆桂英点将台”。一百零八塔由此而来。

鲁班建造居庸关云台过街塔

居庸关过街塔，位于北京市昌平区南口镇北八达岭长城的居庸关关城内，建于1342—1345年，是3座建立在高台上的白色覆钵式塔，称为“过街三塔”，元末明初毁于地震。

明代时，由于三塔已毁，便在塔座上建了一座佛祠，塔座则被称为“云台”，意思是望之如云端。

居庸关过街塔基座

居庸关云台

1439年，佛祠又被毁了，于是又建一座寺院泰安寺。1702年，泰安寺又不幸失火烧毁，只留下了后来人们见到的塔基“云台”。云台石刻堪称一绝。券门内两侧右壁及顶部刻有佛像。进入券门，两壁刻着4幅天王像。每幅均高3米，宽4米。分别雕刻东方持国天王提多罗吒；南方增长天王毗琉璃；西方广目天王毗琉博叉；北方多闻天王毗沙门。

这四大天王像均为坐姿，体态高大威严，怒目圆睁，头戴法冠，身披铠甲，足踏战靴，手执法器，左右有厉鬼神将胁侍，脚下镇压着妖魔，是护持佛法、镇守国家四方的尊神。

据说明朝正德年间，明武宗皇帝朱厚照微服出游，夜间骑马偷偷混出居庸关时，他的坐骑见到四大天王像，吓得不敢前行。无奈之下朱厚照下令用烟火把像熏黑了，才得以出关。

券门两壁四天王的空间处，有用梵、藏、八思巴、畏兀儿、西夏、汉6种文字镌刻的《如来心经》经文、咒语、造塔功德记等。

铠甲 指我国古代将士穿在身上的防护装具。甲又名铠，起源于原始社会时以藤、木、皮革等原料制造的简陋护体装具。商与周时期，人们已将原始的整片皮甲改制成可以部分活动的皮甲，即按照护体部位的不同，将皮革裁制成大小不同、形状各异的皮革片，并把两层或多层的皮革片合在一起，表面涂漆，制成牢固、美观、耐用的甲片，然后在片上穿孔，用绳编连成甲。

居庸关过街塔壁画

券门顶部刻有5个曼荼罗，即5组圆形图案式佛像，佛界称其为坛场。坛场的设立有保护众佛修炼，防止魔众侵犯的意思。5组曼荼罗连同其他佛像，共197尊。

五曼荼罗的主尊佛像，由北往南依次为：释迦牟尼佛、阿弥陀佛、阿佛、金刚手菩萨和普明菩萨。

券顶两侧的斜面上，刻有十方佛，在每方佛的周围还分别刻有小佛102座，共计小佛1020座，取共千佛之意。这些小佛，是1443—1449年，修建泰安寺时，由延庆县境的太监谷春住持补刻的。

券门的南北券面上，雕刻着造型独特、别具一格的一组造像，其中有大鹏、鲸鱼、龙子、童男、兽王、象王等，佛界称其为“六拿具”。

大鹏寓意慈悲，鲸鱼为保护之相，龙子表示救护之意，童男骑在兽王上自然是寓意福资在天，而象王则有温驯善师的含意。

券面最下端的石刻纹饰为交杵，又称羯魔杵、金刚杵，原本为古印度的一种兵器，在此为断烦恼、伏恶魔、护持佛法的法器。

关于居庸关云台过街塔还有一个传说。传说鲁班有个妹妹，爱跟他开玩笑。有一回，兄妹俩路过延庆，登上了南面的一个山头，鲁班往北一指，对妹妹说："你瞧，北头那边又窄又长的平地，多像一条大道，连着平地的山谷，多像一条条小道。咱们脚下的这座山该叫八达岭才是。"

妹妹问："为啥？"

鲁班笑着说："出了这座山不就四通八达啦？所以叫八达岭！"

妹妹点点头。

鲁班说："我笑这居庸关虽好，可惜缺两样东西。"

妹妹问："缺什么东西？"

鲁班说："第一样是缺把锁子，要是在我们站的这儿再修道关口，不光锁住居庸关开不了，就连往南的大道也锁得牢牢实实的。"

后来，人们真的把鲁班兄妹登上的山叫八达岭了，八达岭修了关城以后，外头城门上还真的写上了4个大字："北方锁钥。"

居庸关云台和箭楼

居庸关过街塔侧景

妹妹又点点头，问："那第二样呢？"

鲁班说："居庸关云台上缺高塔。四周的山那么高，关城就显得太低了。"

妹妹说："你给建一座呀！"

鲁班说："我想连关带塔一块修，你要乐意，在这儿住一宿，我先造塔也行。"

妹妹故意说："哥哥，你也太能干啦！一夜咋能修座塔呢？"

鲁班说："我可不是牛皮匠。赶明儿个鸡叫，我要修不好，我就没脸再到这地方来了。"

鲁班想让妹妹高兴，夜里，他琢磨妹妹睡着了才动手，开头还没在居庸关上干。他先到延庆西北的佛峪口沟修了塔尖，又到河北易县修了塔腰儿，最后，来到居庸关，在云台上修好塔座儿。

妹妹呢，没睡觉，而是偷偷跑到山尖上，看着哥哥干活。她见鲁班手底下麻利快当，活儿干得好，心里挺佩服。

这时候，只要把塔腰、塔尖儿搬来，往塔座儿上一放，就齐了。那塔比周围顶高的山还高半寸哩！可鸡叫还早哩，妹妹决定和鲁班开个玩笑，吓唬吓唬他。

于是，她站在山顶上学了一声公鸡打鸣。这下可坏了，一声鸡叫，叫醒了无数只公鸡，一眨眼，居庸关附近的公鸡全都叫开了。

鲁班呢，这会儿站在云台上愣住了。妹妹连忙跑来和哥哥说："快呀，快点儿把塔尖儿、塔腰搬来呀！刚才是我学的公鸡叫，跟你闹着玩的。"

鲁班摇摇头说："不赖你，赖哥的手艺没学好。咱们走吧！"

鲁班和妹妹走了，留下了佛峪口、易县和居庸关三座塔。听说后来还有人量过，要是把三座塔放在一起，真是严丝合缝的。鲁班走了就没再来。

阅读链接

在北京延庆区海坨山脚下佛峪口沟门的西山坡上，矗立着一座30余米高的五层八角楼阁式白塔，这里还有一个传说呢！

很早以前，海陀山下是大海，佛峪口沟到处是水眼，沟里的水势很大，冲毁了山外山村和良田，山民们灾难深重。

后来天上降下一兄一妹两位神仙，他俩打赌，哥哥要在五更前修一座几十层的塔，压在佛峪口沟门的水头上，妹妹要在五更前绣出100双花鞋给山民女娃穿。

哥哥在村南，妹妹在村北，限定五更天鸡叫时完成任务。更深夜静时，妹妹拿出一块布，一会儿100双绣花鞋完成了。

妹妹想，哥哥造塔不知完成没有？她怕天亮赶不回去于是就学着鸡叫。谁知哥哥把塔分三处建的，塔座建在山西的五台山，塔腰建在关沟居庸关，佛峪口沟只建了座塔尖，哥哥还没来得及聚在一起，鸡就叫了，后来人们把这座塔尖称为白塔。

工匠受仙人点化建成飞虹塔

山西飞虹塔

相传，古天竺国孔雀王朝的第三代国王叫阿育王，他是个虔诚的佛教信徒，并勤奋好学，熟读三藏，他决心普救天下生灵。

于是，阿育王取出了以前国王所埋的七处舍利，在全世界建舍利塔8.4万座，我国建了19座，广胜寺就是其中之一，因为建在山西洪洞县霍山上，因此在当时叫霍山南塔，人们也称这个地方为阿育王塔院。

霍山上的阿育王塔院，一建起来就很红火。香火旺盛，寺僧众多。

俱卢舍寺又名广胜寺

大约在东汉年间，一位从洛阳白马寺出游的老僧来到了塔院，看到僧人们在参佛活动时，全都拥挤在佛塔之下，感到伤心而又好笑。

于是，他以一位来自大寺院“大法师”的身份，向众佛教徒传述了《俱舍论》。

阿育王塔院的大小僧人，非常尊重这位远来的和尚，请他久留塔院。这位洛阳僧人也更加自信，他凭着自己对佛的虔诚和超人的记忆，很快将外地一些寺庙的三身佛和三世佛的塑像在塔院北头堆塑而成。

并为3尊巨佛盖一大殿，殿内外粉饰一新，金碧辉煌。塔院僧人无不喜上眉梢，笑逐颜开。从此寺内香火闻名遐迩。

这座殿就是上寺后大殿的前身。后来，塔院僧人为了不忘记那位来自洛阳的僧人传播《俱舍论》的功德，寺僧根据殿内报身佛“卢舍那”和法身佛“毗卢

《俱舍论》 全称《阿毗达摩俱舍论》，是印度世亲菩萨所著。世亲菩萨一生著作颇丰，其中小乘论500部、大乘论500部，人称千部论主。本论是其代表作之一，它是佛法知识的宝库，是学习佛法的必读之书。

霍山 古时侯叫霍太山，又名太岳山，为我国古代十大名山“五岳五镇”之中镇，位于山西临汾地区霍州市、洪洞县和古县三市县的交界位置，处于整个太岳山脉的南端。五镇分别是东镇山东临朐沂山、南镇浙江绍兴会稽山、西镇陕西宝鸡吴山、北镇辽宁北镇医巫闾山和中镇山西霍州霍山。

遮那的名字，连同《俱舍论》的经书名字，改阿育王塔院为“俱卢舍寺”。

不知又过了多少时间，俱卢舍寺年久失修，就坍塌了，寺院香客也逐渐稀少。后来到了南北朝时期，佛教又盛行起来。

563年，有位名叫正觉的和尚路过此地，他见霍山南端金光闪闪，紫气环绕，想这里虽非仙山琼阁，但已见异端，肯定不是一般的地方。于是他就径直朝霍山走来，经过他细细打听，才知道这里早有过一座舍利宝塔。

这地方依山傍水，风景秀丽，果真是个出家人的幽静之所。当天晚上正觉和尚就邀请当地的和尚，一起做功德场，虔诚拜祷。

就这样，到了第四十九天子夜时分，只听见半空一声巨响，就降下了40多粒色彩变幻的东西来，正觉

■广胜寺飞虹塔

说这是天帝所赐的舍利子，要他在这里行善积德，修塔建寺。第二天，正觉和尚就和当地和尚破土动工，重建舍利宝塔，直到唐代皇帝唐肃宗在位时，才将这座舍利宝塔建成。

广胜寺的飞虹塔

到了769年，汾阳王郭子仪发现宝塔出现了严重的裂痕，于是奏请皇帝重修塔院，重修后改名为“广胜寺”。

“广胜寺有个琉璃塔，离天只有丈七八。”据说这座塔过去高得很，塔身金碧辉煌，巍峨壮丽，是全世界第一座完美的琉璃塔。也有一段美妙的传说呢！

据说早在1515年，这座塔便开始修建了。所用的砖、瓦、灰、石和木料等，都要从山下运到海拔730米的霍山山顶。

那时候只有几条崎岖的羊肠小道，运输极端困难。虽然有几百人的运输队伍，但停工待料的事情还是经常发生。

后来，山上来了一位白发老人，每天早晨在山梁上大声一呼：“上……工……了！”

附近各村的老百姓加上牲畜、鸡、猪和羊就一齐出动，轮番往山上运送原料，就是在远离广胜寺几十里外的村庄，那里的牛马虽然都拴在自己的槽头上，

郭子仪 唐代著名军事家，武举出身，祖籍山西汾阳。他在父亲的教育和影响下，从小爱读兵书，练武功，无论读书还是习武都刻苦认真。他身材魁梧，体魄健壮，相貌秀杰，不仅武艺高强、阵法娴熟，而且公正无私，不畏权贵。

但也都汗水淋淋，就像实际参加过驮运一样。

当时有一首歌谣：

广胜寺有个白发仙，
能叫六畜上了山，
鸡背瓦，羊驮砖，
牛马在圈也出汗。

由于运输队伍逐渐扩大，不久便把全部材料备齐了。当塔建到第三层以后，脚手架越搭越高，施工速度越来越慢，匠人们都很着急，停工吧，不好向寺院住持交代，再干吧，又不会腾云驾雾。

正在匠人们进退两难之际，那位白发老人又来到工地，仰天长叹欲言而又不语。

匠人们知道他是神仙，神通广大，便纷纷围拢上去，向他求主意，老人说道：“我这么大年纪，已

琉璃 亦作“瑠璃”，是指用各种颜色的人造水晶为原料，采用古代的青铜脱蜡铸造法高温脱蜡而成的水晶作品。其色彩流云漓彩、精美绝伦；其品质晶莹剔透、光彩夺目。琉璃是佛教“七宝”之一、“中国五大名器”之首。我国琉璃生产历史悠久，最早的文字记载可以追溯到唐代。

山西洪洞广胜寺

山西广胜寺飞虹塔

半截入土，半截入土啊！你们自己想办法去吧！”说罢，就飘然而去。

有些人尾随在老人的后面，见老人站在悬崖的石洞口，朝着塔点头微笑，转身入洞，再也不出来了。

老人走了以后，一个匠人将老人的话细细琢磨了一番，渐渐明白了“半截入土”的含意。于是招呼大家向塔的四周堆土，建一层便堆一层土，这样，施工便方便多了。

随着塔高一丈，土就增高10尺，终于将塔全部修成，最后匠人们把土刨去，一座宏伟壮观的宝塔，便屹立于大地之上。由于它全身用红、黄、橙、绿、青、蓝、紫七色琉璃砌成，在阳光的照射下，散发出彩虹般的光晕，于是人们给它起了个优美名字“飞虹塔”。

塔截面正八边形，是有十三檐的楼阁式佛塔，全高47.6米。除底层为木回廊外，其他均用青砖砌成，

斗拱 亦作“斗栱”，我国建筑特有的一种结构。在立柱和横梁交接处，从柱顶上的一层层探出呈弓形的承重结构叫拱，拱与拱之间垫的方形木块叫斗。两者合称斗拱。也作枓拱、枓栱。由斗、栱、翘、昂、升组成。斗拱是我国建筑学会的会徽。

塔基上的佛像雕刻

各层皆有出檐。塔身用黄、绿、蓝、紫琉璃装饰，一、二、三层最为精致，有飞檐凌空下的斗拱，制作精巧的莲花椅柱，上刻各种图案，佛像凝重肃穆，菩萨慈祥和蔼，和尚憨态可掬，力士威风抖擞，童子天真活泼，造型生动逼真，色泽艳丽夺目，各种构件和图案塑制精细，彩绘鲜明。

塔内中空，有踏道翻转，可攀登而上。从底层围廊顶上的琉璃瓦，到二层以上8个主面的琉璃浮雕悬塑的千百个构件，技艺超凡，国内罕见，叹为观止。整座佛塔轮廓清晰，形象生动，制工精致，气势雄伟。

在塔的13层八角上，有龙头琉璃套兽，兽嘴中挂有风铃，共114个。其第二层外部琉璃构建最多，布局最为华丽，8个柱脚由头顶莲子盘的力士担当，每个檐面斗拱下部都有琉璃金刚坐像，无一重复。

藻井 是我国古代殿堂室内顶棚的一种独特做法，一般做成向上隆起的井状，有方形、多边形或圆形凹面，周围饰以各种花藻井纹、雕刻和彩绘。多用在宫殿、寺庙中的宝座、佛坛上方最重要部位。

飞虹塔顶部还有绚烂多姿的藻井，整个布局宛若西天胜境一样，曲曲折折的云梯可以一直攀缘到宝塔的10层。

清康熙三十四年（1695年），平阳盆地发生八级大地震，此塔却安然无恙，显示了这座古塔设计施工的高水平。塔顶有当年地震的题记，为研究当年平阳地震情况提供了宝贵资料。

塔底部的围廊建于明天启二年（1622年），虽然比飞虹塔晚建近百年，但衔接自然，风格一致。飞虹塔经受了400余年的风雪侵蚀，坚如磐石，完好无损。古往今来，赞美广胜寺和飞虹塔的名诗真是数不胜数。

鹤 在我国文化中有崇高的地位，特别是丹顶鹤，是长寿、吉祥和高雅的象征，常被与神仙联系起来，又称为“仙鹤”。在我国、朝鲜和日本，人们常把仙鹤和挺拔苍劲的古松画在一起，作为益年长寿的象征。

唐太宗李世民曾经率兵在广胜寺附近打过一次大胜仗，因此，在他存世不多的作品中，就有一首赞美广胜塔院的杰作：

鹤立蛇行势未休，
五天文字鬼神愁。
龙蟠梵质层峰峭，
凤展翎仪已卷收。
正觉应同真圣道，
邪魔交闭绝踪由。
儒门弟子应难识，
穿耳胡僧笑点头。

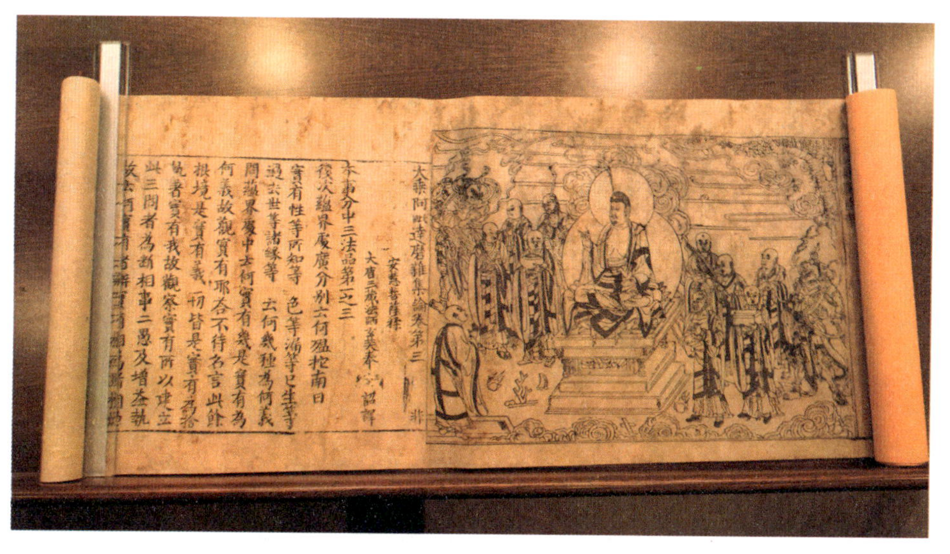

■《赵城金藏》是我国金代民间募资雕版的佛教大藏经。因其于1932年，在山西省赵城县广胜寺被发现，故名“赵城金藏”。现藏于我国国家图书馆。

从这首诗能够感受到唐代初年广胜寺的香火极为鼎盛，而且里面还住有戴着耳环的胡僧，笑容可掬地站在门口频频点头。明代诗人林中猷，嘉靖年间曾经做过当时赵城县的典史，在他的笔下，可以看到刚刚修葺一新的琉璃宝塔的踪影：

寺古前朝建，山灵历代传。
插天千尺塔，涌地万寻泉。
松老栖云鹤，僧闲种水田。
簿书忙里度，暂得祈谭元。

从这两首诗可以感觉到，广胜寺和飞虹塔，从来都是帝王才子眼中的人间圣境和建筑精品。山是灵山，水是秀水，身处其间的广胜寺飞虹塔更多了几分魅力。作为五座佛祖舍利塔之一的飞虹塔和曾在这里珍藏的《赵城金藏》及元代壁画并称为“广胜三绝”。

飞虹塔是全国现存最大最完整的琉璃塔，在阳光的照射下，五彩斑斓的琉璃塔反射出耀眼的光芒，绚丽的色彩使得历经数百年风雨的琉璃构件依然历历如新。

阅读链接

飞虹塔，塔身是由琉璃镶嵌，俗称琉璃塔。该塔始建于汉代，后来屡经重修。1516年始建，到1527年完工，历时12年建成。

1621年，京师大慧和尚在飞虹塔的底层加建了一圈回廊，就成了后来的规模。

1962年，有人又在飞虹塔第九层的莲瓣上发现了“匠人尚延禄、张连文、王述章造”的字样，这是迄今为止我国发现的古代琉璃塔中唯一留有工匠题款的建筑精品。

朱棣下令仿照图样建宝塔

明朝明成祖朱棣在位时，有一位印度僧人班迪达自西域来到北京，向明成祖呈献了5尊金佛和印度式“佛陀伽耶塔”，也就是金刚宝座塔的图样。

明成祖与他谈经论法十分投机，便封他为大国师，并授予他金印，并在西直门高梁河北岸，为他建了一座寺，寺名为“真觉寺”。

真觉寺大门

真觉寺金刚宝座塔

后来，明成祖又下旨根据这位高僧提供的图样，在真觉寺内建造金刚宝座塔，并对真觉寺重新修复。

1473年，金刚宝座塔终于建成了。这时的真觉寺前临长河背依西山，成为当时京城人重阳登高、清明踏青的好去处。

1751年，乾隆皇帝为了给其母做寿，第一次重修真觉寺，后来为了避雍正皇帝“胤禛”的名讳，乾隆皇帝把真觉寺改名为“大正觉寺”。

1761年，是当朝皇太后的七十岁大寿，真觉寺作为祝寿的主要场所之一，又进行了全面修葺，并请来1000名僧人念经，各国使臣都进贡了寿礼，朝中大臣们奔波于殿前塔后。

当时热闹繁华的情景被绘制在一幅彩图中。图画再现了真觉寺当年的全貌：南临长河，南北向中轴线上依次排列着牌楼、山门、天王殿、大雄宝殿、金刚

鎏金 是将金和水银合成金汞，涂在铜器表面，然后加热使水银蒸发，金就附着在器面不脱。关于金汞齐的记载，最初见于东汉炼丹家魏伯阳的《周易参同契》。而关于鎏金技术的记载，最早见于梁代。

宝座、毗卢殿、后大殿，东西分别列钟鼓楼、廊庑配殿等大小200余间旁屋。寺内主要建筑屋顶全部换上黄色琉璃瓦，在阳光照耀下闪闪发光，金碧辉煌，显示出皇家寺院的威严与气势。

自清朝后期开始，真觉寺便逐渐衰落了，到了1925年左右，真觉寺内仅剩下一塔兀立于一片瓦砾之中。由于无人看管，宝塔的铜质镏金塔刹多次被盗。

迫于无奈，在1937—1938年，对真觉寺进行了一些简单的修缮，增添了院墙、门楼及门楼两侧6间南房，院内圈地30亩。所庆幸的是，寺内两棵与塔同龄的白果树竟幸免于难。

金刚宝座塔使用的建筑材料是砖和青石，内部砖砌，外表以砖瓦砌成。其建筑外形可分为下层宝座和上层五塔两部分。

宝座高7米多，建于高约50厘米的台基之上。宝

白果树 学名银杏树，生长较慢，寿命极长，自然条件下从栽种到结银杏果要20多年，40年后才能大量结果，因此别名“公孙树”，有“公种而孙得食”的含义，是树中的老寿星，古称“白果”。银杏树具有欣赏、经济、药用价值。银杏树是第四纪冰川运动后遗留下来的最古老的裸子植物，是世界上十分珍贵的树种之一，因此被当作植物界中的“活化石”。

金刚宝座塔前门

金刚宝座塔后门

座最下层是高近2米的须弥座。

须弥座至宝座顶分作5层，每层均有挑出的石制短檐，檐头刻出筒瓦、勾头、滴水及椽子，短檐之下周匝全是佛龛，每龛内雕坐佛一尊，佛龛之间用雕有花瓶纹饰的石柱相隔，柱头并雕出斗拱以承托短檐。

宝座的南北两面正中各开券门一座，通入塔室。拱门券面上刻有金翅鸟、狮、象、孔雀、飞羊等图饰。南面券门之上嵌有“敕建金刚宝座、大明成化九年十一月初二日造”铭刻的石匾额。

南面券门入塔室，中心有一方形塔柱，柱四面各有佛龛一座，龛内原有佛像已不存在。在过室的东西两侧，各有石阶梯44级，盘旋而上，通向宝座顶上的罩亭内。罩亭为琉璃砖仿木结构，亭之南北也各开一座券门，通向宝座顶部的台面，台面四周都有石护栏围绕。

宝座外形的装饰材料均为青白石。宝座平面为长方形，南北长18米多，东西宽15米多，南北立面各有

金刚杵 又叫宝杵、降魔杵等。原为古代印度之武器。由于质地坚固，能击破各种物质，故称金刚杵。在佛教密宗中，金刚杵象征着所向无敌、无坚不摧的智慧和真如佛性，它可以断除各种烦恼、摧毁形形色色障碍修道的恶魔，为密教诸尊之持物或瑜伽士修道之法器。

一方形塔柱，塔柱东南西北四面各有一小佛龛。

宝座顶部的台面四周绕以石护栏，东西各有一罩亭。罩亭为琉璃砖仿木结构，亭之南北各开一券门通台面。五塔就建在这宝座顶部的台面上，中央为一大塔，四角各置一小塔。

五塔均为密檐式，全部采用青石砌成。中央大塔高约8米，下层为须弥座，其上有13层密檐，每层密檐下周匝刻有小佛龛及佛像。塔刹为铜制。塔座南面正中刻有佛足迹一对，是佛的象征，有“佛迹遍天下”之意。传说佛祖圆寂之前留足迹于摩揭陀国一块石头上，后人刻佛足以示敬仰。

四角小塔形同大塔，只是高度约低大塔1米，塔檐11层，塔刹为石制。

在宝座和五塔的须弥座上密布着佛足迹、佛像、

摩揭陀 印度古国。又作摩羯陀国、摩伽陀国、摩竭陀国、摩竭提国、默竭陀国、默竭提国、摩诃陀国。意译无害国、不恶处国、致甘露处国、善胜国。其为佛陀住世时印度十六大国之一。

金刚宝座塔石刻

五佛宝座、八宝金刚杵、菩提树、法轮、花瓶、天王、罗汉、梵文和卷草等。

金刚宝座塔虽然是以印度的“佛陀迦耶塔”为蓝本，但还是融合了我国传统的建筑和雕刻艺术，是中外文化交流的实证。

我国现存的金刚宝座塔共有6座，在北京就有4座。其他两座在内蒙古呼市的慈灯寺里有一座，寺庙建于清雍正五年（1727年），1732年建成，建成后朝廷命名该寺庙为慈灯寺。后寺庙败落，仅存五塔。

还有一座在云南昆明官渡的妙湛寺里，建于明天顺二年（1458年），应该是“金刚宝座塔”图纸传到中国后，修建的第一座塔。它是我国现存年代最久的唯一用砂石构筑的佛塔。

阅读链接

金刚宝座塔位于北京市海淀区西直门外白石桥以东的长河北岸，高梁河是长河的一部分，关于高梁河还有一个传说呢！

相传，明朝初期，燕王和刘伯温把北京选作都城，当时的北京是一片苦海，刘伯温便命令掌管北京水源的龙王把水搬到别处，否则就修座门把他压在底下。

龙王无奈，只好照办。北京城建好后，龙王忌恨刘伯温，便偷着把城中水井的水抽干，放在水袋里和龙母一起推着小车逃出了西直门。

刘伯温知道后，派大将高亮骑快马去追。高亮赶上了龙王，向车上的水袋猛戳一枪，立刻山崩地裂一声响，高亮调马便跑，快到城门时，他回首一瞧，见洪水滚滚，一个浪头把他连人带马冲进了长河。

之后，水势慢慢缓和下来，流入了长河。高亮为北京城保住了水源，人们为了纪念他，便在他被淹的地方修起一座白色的小石桥，取名“高亮桥”，这河也被称为了“高亮河”，后音转为“高梁河”。

天下祭坛

北京祭坛的绝妙密码

第一祭坛

北京天坛

北京天坛是我国古代明清两朝历代皇帝祭天和祈谷的地方。

北京天坛始建于1420年，总面积为243万平方米。它的主要建筑集中在内坛中轴线的南北两端，由南至北依次为圜丘坛、皇穹宇、祈年殿和皇乾殿等。它们设计巧妙，色彩调和，技艺高超，不仅是我国古建筑中的明珠，也是世界建筑史上的奇迹。

北京天坛是我国现存最大的古代皇帝祭天建筑，享有“天下第一祭坛”的美誉。

永乐帝为求雨而建天坛

据说明朝永乐皇帝朱棣进北京时，治了山也治了水，就是没和老天爷搞好关系。在他定都北京后，年景是一年不如一年，老天爷总是不肯下雨。

大地干得裂开了口子，种子撒在地里，全都被烤熟了，哪里出得

北京天坛

天坛大佛

了芽啊！天旱无雨，庄稼颗粒不收，老百姓急得直跺脚。朱棣看到各地报来闹饥荒的奏折，心里别提多焦急了。

说来也巧，这天朱棣做了个梦，梦见他在地上跑着，他边跑边看，这大地怎么是白茫茫的一片啊？他再仔细一看，简直吓了一跳，原来这大地干得都泛白毛了。

顿时，朱棣觉得浑身发烫，口角发干，便想找点水喝，可是干涸的大地哪里有水啊！于是，他双手向上，仰望苍天，大声喊着："老天爷呀！赶快下场大雨吧！"

朱棣话音刚落，随着"轰隆隆"一个霹雳，从闪电中蹦出一位大汉，这位大汉浑身通红通红的。他张开大嘴说道："娘娘求雨，方可降雨！"说完，大汉就没了踪影。

朱棣醒来后，他才知这原来是一场梦。他就想，

永乐皇帝（1360—1424），就是朱棣，明太祖朱元璋第四子。明太祖去世后，继位的建文帝朱允炆实行削藩制度，朱棣于1399年发动靖难之役，于1403年攻入南京，夺取了皇位，改元永乐。他在位22年，期间功绩卓著，并迁都北京城，影响深远。

天坛方胜亭

这或许就是天赐良言吧！于是他就传下圣旨："娘娘求雨三日，天不降雨，不准回宫。"

可是到哪里去求雨呢？群臣议论开了。有的说："就在宫里找个清静的地方，搭个台子，烧几炷香不就行了。"

有的说："那可不行，求雨要有诚意，这大明江山的兴衰，就在娘娘身上了。"

这时，一位白发苍苍的老臣，捋了一下白胡子说："《左传》上记载：天子当阳，左为阳道；右为阴道，依老臣之见，这台子必搭在国门外的南面，南为阳；正阳门外右道的左边，左为上。"

听了老臣的话，朱棣觉得有理，便说："依卿之言，娘娘求雨就应在南郊城门之左了。"

这下可忙坏了风水先生，他们东看看西瞧瞧，最后选中了一个有圆圆土丘的地方。在当时，那个圆圆

《左传》 原名《左氏春秋传》，又称《春秋左氏传》或《左氏春秋》，是我国第一部叙事详细的编年体史书，与《春秋公羊传》《春秋穀梁传》合称"春秋三传"。它的作者据传是春秋时史学家左丘明。

的黄土丘远远看去就像块金疙瘩，硬邦邦的。风水先生说，全城就数这块地方最吉祥。

地址确定后，朱棣就下令在那圆圆小土丘上搭了一个台子，接着，他又派凤辇把娘娘接来了。

再说这娘娘终年被锁在宫中，哪有机会外出啊！求雨这事虽说是个苦差事，倒也可以外出看看新鲜事物。开始求雨了，娘娘拜在台上，可心却不在台上，她东瞧西看，总想开开眼界。

就这样，一天很快就过去了，天黑了下来，娘娘的玩兴已过，肚子也“咕咕”叫了。娘娘想回宫，可就是不下雨，她想起皇上的话，“天不降雨，不准回宫”，圣旨不能违呀！娘娘只好忍住了。

到了第三天，娘娘再也熬不住了，她的玩心也早就没了，只是想：老天爷，行行好，下场雨救救我吧！我快累死、饿死了啊！

圣旨 我国封建社会，皇帝下的命令或发表的言论。圣旨是我国古代帝王权力的展示和象征，其轴柄质地按官员品级不同而有严格的区别。其材料十分考究，均为上好的绫锦织品，图案多为祥云瑞鹤，富丽堂皇，两端则有银色巨龙作为标志。圣旨颜色越丰富，说明受赠官员官衔越高。

天坛皇穹宇

可是，尽管娘娘说了一遍又一遍，这老天爷就是不下雨。到了晚上，朱棣也急了，这样下去，也不是事儿啊！无奈之下，他便亲自来到了祭台。

娘娘看见皇上从远处而来，那委屈的眼泪便“唰唰”地流了下来。只听“轰隆”一声，天上裂开了一条大缝，一场大雨降了下来。一场困扰大明王朝的大旱，就这样过去了。

后来，朱棣心想，看来这求雨还真管事，以后每年天旱的时候就来这儿求雨吧！但是，他又一想，总不能年年让娘娘这样辛苦吧！

于是，朱棣就降下圣旨，在娘娘求雨的地方建了一座祭坛，因为他认为这块“金疙瘩”接天气、最吉祥。今后皇家年年就来这儿祭天、祈谷，以求上天保佑大明王朝天下太平、五谷丰登。

这个祭坛，就是后来的北京天坛。

阅读链接

据说在天坛建成以前，那里曾经是一片黄土地，住着好多农民。其中有一家张姓的农户，男主人不幸死了，家里只剩下女主人和一个十六七岁的闺女。

后来，女主人因生活劳累，一病不起。姑娘请了好多医生给她妈妈治病，病就是不好。后来，姑娘听说北山山谷里有一种灵药可治她妈妈的病，于是，她就孤身一人去北山采药了。

姑娘历经七天七夜，最后在一位白胡子老头帮助下，终于采到了灵药。不久，她妈妈的病真的好了。她按白胡子老头的嘱托，把灵药种子撒在自己家周围的土地上，不久就长出了许多药草。事情传开后，人们就给这些草药起名为“益母草”。

后来，北京成了都城。皇上要祭天，当他听了益母草的故事后，为了宣扬孝道，取信天下百姓，就在生长益母草的地方修建了祭天和祈谷的地方，这就是后来的天坛。

祖师爷暗助修建祈年殿

传说在修建天坛祈年殿的时候，朝廷召集了上千民工，不分昼夜地干活。有一天，有个年近70岁的老人说他会木工，要求做几天工挣口饭吃，别无他求。

工头见这个老人很可怜，就让他跟一个姓刘的木匠一起干活。刘

雄伟壮观的祈年殿

木匠就把老人带到自己的工地，他认为老人就是混饭吃的，他没有跟老人交代做什么活，自己只管闷头干了起来。

老头儿闲着没事，他就问刘木匠："师傅，你想让我做点儿什么活呢？"

刘木匠踢过一块半尺长的圆木头，看看老人说："给你，就弄这个吧！"

说完刘木匠又干起自己的活来，也不告诉老人做什么或怎么做。

老头儿也不问，扛起木头就到一边收拾起来。他用了整整一天时间，把这个木头的几面画了许多密密麻麻的数不清的黑线条。

第二天开工的时间过了，还不见老头儿人影。刘木匠生气地说："简直是胡闹，一天也没干出什么活儿来！"

刘木匠边说着，边走到老头儿做活的地方，踢了那块木头一脚，嘴里还不停地唠叨："这叫什么活儿呀！"

这一踢不要紧，话音未落，只听那木头"哗啦"一声全散了，变成了无数块木楔子，上面还有号码。

天坛祈年门

祈年殿精美彩绘

刘木匠一愣，知道其中必有缘故，他心想，莫不是遇上高人了吧！说不定这是祖师爷鲁班的指点呢！他马上就把这些木楔子细心地藏了起来，以备后用。

没过多久，祈年殿就快完工了。就在安装房梁的时候，大家发现每个梁柱的接口处都不牢固。这时候，刘木匠才想起自己保存的那些木楔子。

他赶快拿来木楔子安在梁柱接口处，发现这些木楔子不大不小，正好将“飞头”与“老檐”牢牢地固定住了。房梁安装好了，这些木楔子也都用完了，一个不多，一个不少！

有人觉得奇怪，就问：“刘木匠，你怎么知道事先备好这些木楔子呢？”

刘木匠就把那老头儿的事告诉了大家，大家都相信，就是祖师爷鲁班帮助了刘木匠。而鲁班生活的年代，是我国的春秋战国时期，这比天坛的建造年代要

鲁班（约前507—约前444），鲁国人，春秋末期著名工匠，被后世尊为我国工匠师祖。鲁班并非本名，其真实姓名众说纷纭，古籍记载有公输班、公输盘、公输般等。鲁班的发明有很多，鲁班的名字已经成为古代人民勤劳智慧的象征。

早将近2000年，鲁班自然不可能帮助修建祈年殿的。

那么，人们为什么会想到鲁班呢？因为他是我国工匠的开山鼻祖，他在机械、土木、手工工艺等方面都有所发明，并且代表了当时的最高技术水平。

鲁班帮助修建祈年殿的传说，正是后人看到祈年殿那华美的建筑、精湛的技艺、流美的线条，便想只有祖师爷鲁班才能建造出那么美的建筑，于是才演绎出这个神奇故事。

那么，北京天坛的祈年殿到底是一个什么样的建筑呢？

祈年殿建于1420年，当时取名大祀殿，是一座宽十二间、深三十六间的黄瓦玉陛重檐垂脊的方形大殿。

大祀殿与其说是祭坛，不如说是一座宫殿，后来的嘉靖帝旨意拆除，并于1545年在大祀殿原址上建成了三重顶的圆殿，取名为大享殿。殿顶覆盖上青、中

楹柱 我国古代大型建筑门前的两根柱子。大殿门前左右各一根立柱，威武而有气势。楹在我国古代是用以计算房屋的单位，一说一列为一楹，一说一间为一楹。把对联贴到楹柱上则称为“楹联”。

嘉靖皇帝（1507—1566），朱厚熜，1521—1566年在位。明宪宗庶孙，兴献王朱佑杬嫡子。1521年即位，改年号为嘉靖。世称明世宗，曾重建祈年殿。

祈年殿外的石刻

黄、下绿三色琉璃，寓意天、地、万物。

1751年，大享殿修缮后，改三色瓦为统一的蓝瓦金顶，定名“祈年殿”，是每年正月祈谷的专用场所。

当时祈年殿内有28根金丝楠木大柱，里圈的4根寓意春夏秋冬四季，中间一圈12根寓意12个月，最外一圈12根寓意12时辰以及周天星宿。

1889年，祈年殿不幸被雷电击中而焚烧了。因楹柱为檀香木，故燃烧时香飘数里。

天坛祈年殿牌匾

据传，当时北京古建筑材料中有著名的“四宝”，即祈年殿的沉香木楹柱，太庙前殿正中三间的沉香木梁柱，颐和园佛香阁内铁梨木通天柱，谐趣园中涵远堂内沉香木装修格扇。

后来所看到的祈年殿，是雷击之后重修的，其形状和结构都与原来的一样。

第二年，皇帝召集群臣商量重建祈年殿。因找不到图样，掌管国家建筑事务的工部便把曾经参加过祈年殿修缮事务的工匠们召集来，让他们根据记忆、口述制成图样，再施工建造。因此，后来的祈年殿是清代光绪年间的建筑，但是，基本建筑形式、结构，还保留着明代的样子。

谐趣园 在颐和园的东北角，它小巧玲珑，自成一局，故有“园中之园”之称。谐趣园这座小园是清朝乾隆时仿照无锡惠山脚下的寄畅园建造的，原名惠山园。建成后，乾隆曾在诗序中说：“一亭一径足谐奇趣。”嘉庆时重修改名“谐趣园”。

祈年殿内景

重建的祈年殿是一座直径为32.72米的圆形建筑，鎏金宝顶蓝瓦三重檐攒尖顶，层层收进，总高38米。

祈年殿采用的是上殿下屋的构造形式。大殿建于高6米的白石雕栏环绕的三层汉白玉圆台上，即为祈谷坛，颇有拔地擎天之势，壮观恢宏。

祈年殿为砖木结构，三层重檐向上逐层收缩呈伞状。建筑独特，无大梁长檩及铁钉，28根楠木巨柱环绕排列，支撑着殿顶的重量。

蟠龙 是指我国民间传说中蛰伏在地而未升天之龙，龙的形状作盘曲环绕。在我国古代建筑中，一般把盘绕在柱上的龙和装饰庄梁上、天花板上的龙均习惯地称为蟠龙。传说中，蟠龙是东海龙王的第十五个儿子，他时常偷跑到人间游玩，当他看见人间遭遇干旱，他便用法术帮助人们，从而得到人们的敬仰。

祈年殿是按照“敬天礼神”的思想设计的，殿为圆形，象征天圆；瓦为蓝色，象征蓝天。殿内柱子的数目，据说也是按照天象建立起来的。

宝顶下的雷公柱则象征皇帝的“一统天下”。祈年殿的藻井是由两层斗栱及一层天花组成的，中间为金色龙凤浮雕，结构精巧，富丽华贵。

祈年殿的内部结构比较独特，不用大梁和长檩，仅用楠木柱和枋桷相互衔接支撑屋顶。殿内有楠木柱28根，数目排列切合天象：中央4根龙柱高19.2米、直径1.2米，象征四季，中圈12根金柱象征一年12个月，外层12根巨柱象征一天12个时辰，中层和外层相加象征二十四节气，三层柱总共28根象征二十八宿。

殿内地板的正中是一块圆形大理石，带有天然的龙凤花纹，与殿顶的蟠龙藻井和四周彩绘金描的龙凤和玺图案相互呼应，使整座殿堂显得十分富丽堂皇。

祈年殿这座大殿坐落在面积达5900多平方米的圆形汉白玉台基上，这就是祈谷坛。台基分3层，高6米，每层都有雕花的汉白玉栏杆，气势巍峨。这个台基与大殿是不可分的艺术整体。

从祈年殿的大门往南望去，只见那条笔直的甬道，往南伸去，一路上门廊重重，越远越小，极目无尽，有一种从天上下来的感觉。

祈年殿内，天花板处是精致的“九龙藻井”，龙井柱则是描金彩绘。

敬天礼神 我国古代流行的自然崇拜，以后发展为对最高神“天”的崇拜，敬天成为我国古老的自然崇拜仪式之一。我国古代有一整套敬天的宗教礼仪，这些礼仪为道教所吸取，并融会进其神仙体系和教理教义中，形成对元始天尊的崇拜以及三十六天的天界说。

天坛祈年殿藻井

殿内中央有一块平面圆形大理石，石面上的花纹，是自然形成的龙凤花纹，一条行龙抱着一只凤凰，这便是“龙凤石”，即“龙凤呈祥”。

相传，这块石头上原来只有凤纹，而殿顶藻井内只有雕龙，天长日久，龙、凤有了灵感，金龙常常飞下来找凤石上的凤凰寻欢。

不料有一天正遇见嘉靖皇帝来祭天，在石上跪拜行礼，金龙来不及飞回去，和石上的凤凰一起被嘉靖皇帝压进圆石里面，再也无法出来，从此变成一深一浅的龙凤石。

祈年殿原来在1889年被焚烧时，这块龙凤石被烈火熏烧了近一个昼夜，石块虽未被烧碎，但龙纹被烧成了浅黑色，凤纹已经被烧得模糊不清了。

祈年殿前有东、西配殿各九间，称东庑和西庑，是收藏配神牌位的库房。在原来明代祭天的时候，除祭祷皇天上帝之外，还要配祭皇族朱氏祖先，以及日、月五星，东、西、南、北、中的五大岳，五小岳的五镇，四海五湖、风云雷雨、山川、太岁、道教等各神祇和历代帝王等。

祈谷坛东南角设燔柴炉、瘗坎、燎炉和具服台。坛北有皇干殿，原先放置祖先神牌，后来牌位移至太庙。坛边还有祈年门、神库、神厨、宰牲亭、走牲路和长廊等附属建筑。长廊南面的广场上有七星石，是

牌位 又称灵牌、灵位、神主、神位等，是指书写逝者姓名、称谓或书写神仙、佛道、祖师、帝王的名号、封号、庙号等内容，以供人们祭奠的木牌。牌位大小形制无定例，一般用木板制作，呈长方形，下设底座，便于立于桌案之上。古往今来，民间广泛使用牌位，用于祭奠已故亲人和神祇、佛道、祖师等活动。

祈年殿内景

祈年门和祈年殿

嘉靖年间放置的镇石。

尽管祈年殿已有300多年的历史，其间历经沧桑，但它依然殿宇不斜，木架不朽，巍然屹立在华夏大地上，真可谓中华民族的骄傲，世界建筑史上的奇迹！

阅读链接

据说明朝嘉靖帝要在南城天坛重建祈年殿，就下旨招能工巧匠设计方案。最后，这些工匠们都认为自己的方案好，督办大臣也没有了主意，就亲自到天坛实地考察。

督办大臣围着旧殿转了几圈，也没看出什么。眼看就要到晌午了，就想吃饭去。刚一出门，他就看见一个卖蝈蝈的和一个醉汉在争吵，可能是醉汉压死了几只蝈蝈。

督办大臣觉得有趣就掏出两个大钱，说是替醉汉赔钱。卖蝈蝈的说："大人，我也不让您吃亏，我给您编一个蝈蝈笼子吧！这是我家祖传手艺。"

当督办大臣拿到编好的蝈蝈笼子时，简直惊得目瞪口呆。原来这笼子结构精巧，玲珑剔透，很有气势。据说，后来工匠们就是参照蝈蝈笼子才建成了宏伟的祈年殿。

丹陛桥和鬼门关的故事

在北京天坛里，从圜丘坛到祈谷坛，有一条长360米的南北大道，它叫丹陛桥。它名字虽然叫桥，可是没有桥，更没有桥“翅”儿，这是为什么呢？

据说，祭坛修好了，永乐帝前来参观。只见坛的北面墙是圆的，

天坛丹陛桥

天坛亭榭

南面墙是方的。北墙象征着“天圆”，南墙象征“地方”。这正合他的心意。

再看看坛内的大祀殿又高又大，直上云天，仿佛天上的宫阙一般，皇帝的心中也很满意。但皇帝转念一想，又觉得光有“北圆”“南方”的天地墙，高耸入云的大祀殿，而没有一条通天的大路，还是不够气派啊！

于是，皇帝又吩咐工部大臣要在大祀殿以南，修一条天道，使皇上能够步步升入天庭。并且说：“限你两个月修成，到时要是修不好啊，要治你的罪呀!”

工部大臣领了皇上的口谕，诚惶诚恐。他想不出修这种大路的法子，但皇上是金口玉言，不能不听呀。

于是，工部大臣就把北京的建筑工匠都抓到天坛来了。他先把皇上的旨意说了一遍，叫他们在一个月

宫阙 古时帝王所居住的宫殿。因宫门外有双阙，故称宫阙。我国宫殿是古代帝王所居的大型建筑组群，是古代最重要的建筑类型。在我国长期的封建社会中，以皇权为中心的中央集权制得到充分发展，宫殿是封建思想意识最集中的体现，在很多方面代表了我国传统建筑艺术的最高水平。

■天坛宫门

内将路修好，否则一律杀头。这可把工匠们难住了，这样的路谁都没见过，更别说从何修起了。

就在这个时候，从人堆里面冒出来一个瘦老头儿，他不慌不忙地走到工部大臣面前，从容不迫地说："这路我可以按期修好，但我有一个条件：凡是跟我干活的，都得给双倍的工钱。"

这位大臣当然满口答应了。他想，这个活有人干就不错了，我还怕找不到人来做呢，钱还是问题吗？国库里有的是银子。

这瘦老头儿就是当时最有名的瓦匠师傅，他受过名师指点，不光瓦匠活样样精通，还是一个天才的设计师，经他手盖起的宫殿楼阁，那是不计其数。北京城的工匠师傅们没有一个不敬重他的。

御道 专供皇帝走的路，多指我国古代大型建筑物前面或举行某种活动时专供皇帝走的路。《故宫博物院》记载，每逢大典，殿外的白石台基上下跪满文武百官，中间御道两边排列着仪仗，皇帝端坐在宝座上。

他刚一到这儿，就把周围的地形看在眼里，记在心中，很快就形成了一个修路的方案。工匠们见是老瓦匠师傅领了头，心里也就踏实下来了。于是，从第二天开始，大伙就在老瓦匠的指导下，动手修这通天路了。

俗话说，人多力量大。人们凿石的凿石，砌砖的砌砖，不到一个月的工夫，路就修成了。这条大路路面宽阔，中为“神道”，左为“御道”，右为“王道”，玉帝走“神道”，皇帝走“御道”，王公大臣走“王道”。整个大路由南向北逐渐升高。这样设计，不就象征着皇帝步步升高，直达天庭了吗？

就这样，老师傅用自己的智慧修好了这条通天大路，救了大臣和工人们的性命。

通天路是有了，可它为什么又叫“桥”呢？这里还有一个“鬼门关”的传说呢！

当年天坛里面饲养祭祀牲畜的地方叫牺牲所，屠宰祭祀牲畜的地方叫宰牲亭，这两组建筑，一个在天坛的西南角，一个在东北角。要把牺牲所的牲畜赶到宰牲亭去宰杀，就必须横穿通天路。

但当时皇帝有一个规定，除了天上的飞鸟，任何地下的走兽，都不准从大路上通过，怕的是弄脏了神路，玉帝降下罪来。

为此，人们就在大路下面开了一条东西隧洞，它

鬼门关 我国神话传说中阴曹地府的一个关隘。我国民间相传农历七月是“鬼月”、七月十五是“鬼节”。其实在现实中鬼门关是存在的，它位于现在的广西北流县西，介于北流、玉林两县之间。这里双峰对峙，中成关门，其间不过30步，瘴气滋生，蚊虫鼠蚁繁多，鸦雀悲鸣，甚是可怕，故称“鬼门关”。

天坛内的神厨

券洞 简称拱或券，又称拱券或法券，我国古代的一种建筑结构。它除了竖向荷重时具有良好的承重特性外，还起着装饰美化的作用。其外形为圆弧状，由于各种建筑类型的不同，拱券的形式略有变化。早在西汉时期，我国就应用了券洞技术。

与上面的大路形成交叉，故称“桥”。因为这个隧洞是专门赶运牲畜的过道，所以又叫“进牲门”。从进牲门过去的牲畜，不出半天时间，就会全部死于血泊之中，没有一个能够生还的。因此，人们又把它叫作“鬼门关”。

其实，丹陛桥又叫海墁大道，是一条贯通南北、串联中轴线上建筑的宽广甬路，它由白石筑成。丹陛桥北连祈谷坛，南接圜丘坛，长360米，宽29米，南低北高。

大道下有一东西走向的券洞，叫进牲门，每次祭祀，都用黄绒线将“牲”捆好，用木盆盛活鱼，击鼓奏乐穿门而过，因此这个洞也叫鬼门关。

阅读链接

据说鬼门关里面黑乎乎的，没人敢从这里穿过。人们纷纷传言天坛鬼门关里闹妖精，经常有牛妖羊鬼出来作祟。

那么，谁来降妖除怪呢？这还有一个故事呢。据说在王母娘娘生日的这一天，四面八方的神仙都赶到天宫瑶池来祝寿。王母娘娘在瑶池摆下了蟠桃盛会，还有许多仙女跳舞助兴。

这天江西龙虎山的张天师也来祝寿，他和神仙们一起喝着美酒，吃着鲜桃，欣赏着仙女们的翩翩舞姿。一时兴起，不小心将手中的玉杯掉在地上，打了个粉碎，大煞风景。

玉帝大怒，要将张天师推到法场剐骨斩头，幸亏太上老君求情他才躲过一劫。

玉帝便说：“我把你再次贬到下界，让你到天坛鬼门关做个镇守，你要安心在那里降妖除魔，将功补罪。”

张天师谢过恩之后，便带上降妖宝剑，下界到天坛除妖来了。他在鬼门关前尽职尽责，守护着一方平安。

天坛天心石的神奇传说

天坛圜丘的中央，有一块天心石，它就像一个大圆盘。如果有人站在上面跺一下脚，四面都有回声呢！这是为什么呢？

传说从前有一个皇帝，好摆威风，文武百官整天围着他转，他还

圜丘天心石

天坛古树

嫌不满意。有一天，他对军师说："我是奉天承运的天子，走到哪里，都应该是一呼百应和天下震动，你看怎么才能找到这种感觉呢？"

军师说："这得顺应'天心'才行。臣以为，找一块天心石，搭上丘台，陛下站在上面，就能'一呼百应'和天下震动了。"

皇帝说："好，这个办法不错。"说完，他立刻传旨，派人到各地去寻找天心石。

领旨的官员跑遍了全国各地，也没听说过什么天心石，实在没有办法了，就只好返回京城。

有一天，他经过五台山，遇见了一个正在雕石龟的老石匠，他走上前去，一看这个石龟青里带蓝，还有云层飞绕，就躬身问道："老师傅，这究竟是什么石头啊？"

陛下 陛下原为宫殿台阶，后指下臣对君主的尊称，秦朝以后只用以称呼皇帝。我国古代，当臣子与帝王谈话时，不敢直呼天子，必须先呼台阶下的侍者而告之。因而称"陛下"，意思是通过在你台阶下的臣属向你传达卑者的话，表示卑者向尊者进言。

老石匠说："是天星石。"

官员一听，以为是天心石，赶忙问道："它的产地在哪里呀？"

老石匠说："在五台山。"

官员想，只要有地方就好办了。他又问道："你在雕什么呀？"

"我在雕石龟。"

"给谁雕呀？"

"皇差！"

官员听到这"皇差"这两个字，满心欢喜，他对老石匠说："你不用雕石龟了，现在皇上要的是天心石，你跟我走吧！"

老石匠看了看他，说："那……石龟呢？"

"这你就不用管了，一起带上，跟我进京吧！"说完，他硬拉着老石匠就走了。

五台山 位于山西省东北部，我国佛教四大名山之一，由东西南北中五大高峰组成，据说代表着文殊菩萨的5种智慧。五台山是我国唯一的汉传佛教和藏传佛教交相辉映的佛教道场，汉、蒙、藏等民族在此和谐共处。在佛教文化等宗教文化的影响下，寺庙林立，景点遍布整个景区。

天坛建筑

天坛圜丘坛

刚到北京，官员就禀报军师，说：“天心石找到了。”军师一看，非常高兴，可抬头一看，竟是个石龟，脸色立即沉了下来，大声斥道：“亏你还是个禀报官员！这是天心石吗？我要找的是天心石，而不是石龟。”

官员说：“这就是天心石，一个老石匠说的。”

军师说：“老石匠在哪儿？”

老石匠来了，军师问道：“这到底是什么东西？”

老石匠回答说：“回禀军师，这是我们五台山的天星石，石龟也是我雕的。”

军师也以为这就是天心石，马上就派人去五台山采石了。

为了尽快完成皇帝交给的任务，官员们就让工人们动手修建圜丘了。圜丘的图样很特别，它是个圆圆的大丘台，是用9圈石头砌成的一个圆坛。

第一圈9块石头，第二圈18块石头，第三圈是27块……一直至第九圈81块。为什么要用“九”这个数呢？这个九就象征着天下的九州，有天下九州尽揽怀中的意思。

圜丘的中心就是一块天心石，它位于“九州”的

九州 我国古代的别称之一。我国古代的人们将全国划分为9个区域，即所谓的“九州”。根据《尚书》记载，九州分别是徐州、冀州、兖州、青州、扬州、荆州、梁州、雍州和豫州。相传大禹治水时，把天下分为九州，于是九州就成了古代中国的代名词。

中心。换句话来说，这里既是天心，又是地心，象征着皇家的威风。

圜丘修好了，军师来验收了。他站在天心石上，举目一望，果真有居天下之中心的感觉，心想，这可算是顺应天心了。可是这地方是否能“一呼百应”呢？他想试试，于是使足了力气，高喊一声，可是等了好久，却没有回声。

这下他可急了：“这天心石怎么会没有回声呢？这让我怎么向皇上交代呀？”

老石匠说：“要回声不难，在圜丘四周修上几层矮墙，回声就出来了。”

于是，军师就下令修建矮墙。圜丘分三级，矮墙也分三级。在这之外，还有一个“南圆北方”的围墙，取“天南地北、天圆地方”的意思。

修完以后，军师再一试，果然回声四起。就这样，圜丘天心石就成了“一呼百应，天下震动”的一个奇迹了。

那么，天星石怎么就成了天心石了呢？其实，天下本没有天心石，只是老石匠懂得其中的奥秘罢了。直至后来，人们在游览天心石时，还要跺一下脚，听听那震荡的回声哩！

阅读链接

天坛圜丘中心的一块圆形石板就是天心石。关于天心石名称的来历还有这么一个说法。说是当人们站在圜丘中心的石板上喊话时，就会听到仿佛从地层深处传来的响亮而又深沉的回响，这声音仿佛来自地心，又仿佛来自天空，人们就为它取了一个充满神秘色彩的名字，那就是天心石。

另一说法是，天石是古代人对于陨石的一种称呼。古人见陨石由天而降，便称呼为天石。天石的种类很多，经常被用来作雕刻，其中最名贵的一种叫天心石。

历史悠久的祭祀文化

我国从远古时期，就开始讲究礼仪，儒家成为正统思想后，礼仪更是无所不在。与人们日常生活中的礼仪不同，天坛的祭天就显得更为神圣，就连贵为天子的皇上也要跪拜。

天坛祭祀场景

天坛祭祀场景

我国古代祭祀天地的历史非常悠久，日积月累就逐渐形成了一套程序复杂、规模宏大的仪式。在举行仪式时，不仅对物品、衣着、器皿有许多讲究，还要有专门的音乐演奏。这些仪式的存在，使天坛的祭祀活动逐渐演变成了天坛文化的一部分，不断为后人所称道。

我国古代的祭祀到了明清时期，都城的大型祭祀活动每年有3次，都是当时的皇帝亲自主持，并且在天坛举行。

天坛并非仅仅用来祭天，它还兼有祈谷和祈雨的功能。每年春节这一天，皇帝都要在天坛的祈年殿举行祈谷礼，祷求上天保佑天下太平、五谷丰登。

每年的农历四月初四，在天坛的圜丘坛都要举行雩礼，为百谷祈求降雨。

雩礼 古人求雨时举行的祭祀。如果天气大旱，就行大雩之礼。“清代时，每年孟夏择日行雩礼于圜丘。如行雩礼后不下雨，皇帝要遣官分祷于天神、地祇及太岁。如越七日仍无雨，祭告社稷坛。如七日后仍不下雨，乃复告天神、地祇及太岁。三复不雨，乃行大雩礼。”

■天坛具服台

每年冬至这一天，皇帝要来圜丘坛举行告祀礼，禀告上天五谷业已丰登了。此次主要是祭祀皇天，并配祭皇帝列祖列宗及日、月、星辰、云、雨、风、雷等，这就是祭天大礼。

祭天是随着先民对天的不断认识而逐渐发展和完善的，而我国古代对天的信仰从周朝时就已经固定了下来。

历代皇帝都认为自己是天之子，是受命于天，天能主宰世间一切，天是人间帝王的君父，帝王顺理成章成为天子。古代人认为：

天子者，与天地参，故德配天地，兼利万物，与日月并明，明照四海而不遗微小。

祭天理所当然地就成了天子的一项主要活动。

祭天的种类也有多种，古代主要有3种情况：一

天子 顾名思义，天之嫡长子。在我国古代时期，封建君主认为王权为神所授，其命源天对封建社会最高统治者的称呼。自称其权力出于神授，是秉承天意治理天下，故称帝王为天子，也自称为朕。朕代表皇帝的说法，出自于秦国丞相李斯。他对秦始皇说："臣等昧死上尊号，王为泰皇。命为制，令为诏，天子自称曰朕。"

是季节性常祀，分为孟春祈谷，孟夏大雩，季秋大享明堂；二是皇帝于冬至在圜丘举行的南郊大礼；三是最隆重的祭天礼，即在泰山举行的封禅大典。

祭天被列为当时朝廷的重大典礼之一，周朝时已成为制度，并有了一套颇为复杂的仪式。祭天大礼在每一朝都城的南郊圜丘举行，这一仪式始于汉代。

到了西汉成帝时，在长安南郊设立了圜丘，并按古代礼仪进行了隆重祭典。这套仪礼制度曾有反复，直至西汉末年才最终确定了下来，并明确了天的至上地位。而曾经受人尊崇的五帝，即苍帝、赤帝、黄帝、白帝、黑帝，则变成了天的属神。

从此以后，历代统治者沿袭此制，均在南郊建立圜丘祭天，直至清末。历代帝王在南郊设立的圜丘都称作天坛，它渐渐成了一个王朝政权合法的标志。

我国历史上的每一代帝王都极为重视天坛的兴建，祭天成了当时国家政治生活中必备的仪式大典，

汉成帝（前51—前7），刘骜，汉元帝长子，西汉的第十二位皇帝。由于是嫡皇孙，刘骜深得祖父汉宣帝的喜爱，常常陪伴于宣帝左右。青年时的刘骜爱读经书，喜欢文辞，宽博谨慎，后来却变得终日沉湎于玩乐，竟成了一代昏君。汉成帝在位时期，外戚把政，政治腐败，民不聊生，汉朝从此衰落。

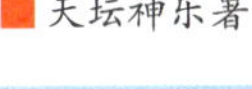
天坛神乐署

成了王朝政治生活中的一个重大程式。

天坛祭天这一程式，不但被汉族帝王所传承，就是少数民族建立的政权，也都沿袭不改。金人在重五、中元、重九这几天，也要举行颇具草原民族豪情的“拜天射柳”仪式，而一旦掌握朝政，便立即放弃旧俗，改为建坛拜天。

重五 就是端午节，为每年农历五月初五，又称端阳节、午日节、五月节等。端午节是我国古代人民纪念爱国诗人屈原的传统节日，在端午节，人们有吃粽子，赛龙舟，挂菖蒲、蒿草、艾叶，薰苍术、白芷，喝雄黄酒的习俗。时至今日，端午节仍是我国一个十分重要的传统节日。

祭天通常在露天举行，人们供奉的祭品只有上天才能接受。圜丘坛建立于旷野，直面蓝天，正体现了古人的这一思想。

祭品在仪式中必不可少，因为它代表了人们的虔敬，而牺牲主要有牛、羊、猪等，是供奉上天的实物，当然要经过严格的挑选。

就牛而言，在祭祀仪式之前要进行挑选，首先要是公牛，皮毛纯净，选好后要精心喂养。祭祀用的牛不能有丝毫损伤，倘若有一点纰漏，都要随时更换，

天坛燎炉

天坛祭天殿

因为祭品必须是完美无缺的。

历代帝王祭天都遵循周朝礼制，虽然时有增减，但大体变化不大。明代在天坛祭天可见一斑，天子在祭天之前要斋戒沐浴，以示对天的虔敬，此为祭礼的前奏。

斋戒分为散斋四天，致斋三天。在此期间，皇帝不能吃荤，不能喝酒，不食葱蒜，不听音乐，不吊丧，不理刑事，等等，并且要在天坛的斋宫内进行。

历代皇帝都很重视祭天之礼，乾隆帝在位60年中，亲自到圜丘行礼59次，亲自到祈谷坛行礼58次。他中年时常从紫禁城步行至天坛举行祭典，60岁以后精力减退，曾命大学士、礼部酌减礼仪，但告诫臣子“敬天报本，不可疏略”。

重视归重视，但对于过惯了舒适生活的皇帝来说，祭祀时的斋戒实在是苦行僧的日子，因此他们想

重九 就是重阳节，为每年的农历九月初九。《周易》中把九定为阳数，九月初九，两九相重，故而叫重阳，也叫重九。重阳节早在我国战国时期就已经形成，到了唐代，重阳被正式定为民间的节日，沿袭至今。重阳节这天所有亲人朋友都要一起登高“避灾”，插茱萸、赏菊花。

天坛祭天仪仗

尽办法简化。清代雍正帝就在仪式举行之前才到天坛的斋宫致外斋，这只不过是做做样子，走走过场而已，斋宫也形同虚设。

虽然在《周礼》《诗经》等古代典籍中已有对祭天活动的记载，但纵观我国历朝历代，清朝在祭服、流程上的条文规章，多过之前的历朝历代。也可以说，清朝是我国历代王朝中祭天礼仪最复杂和最完备的时期。

明清时祭祀的礼节日益繁复，到了清代乾隆时期，各种礼仪制度日臻完善，祭祀的大典礼仪与程序规模越来越宏大，场面也更加隆重。祈谷典礼的主要目的是祈祷农业丰收，每年的典礼都在天坛的祈年殿举行。

祭祀前一天，皇帝要到皇乾殿上香行礼，用龙亭将“皇天上帝”牌位及皇帝祖先牌位，恭请到祈年

《周礼》 我国古代关于政治经济制度的一部著作，儒家经典之一，为西周政治家、思想家周公旦所著。它包括天官、地官、春官、夏官、秋官、冬官6篇，故本名《周官》。《周礼》所涉内容极为丰富，大至天下九州，天文历象，小至沟洫道路，草木虫鱼，凡邦国建制，政法文教，无所不包，堪称“上古文化史之宝库”。

殿内。然后，再到神厨、神库视察祭祀物品的准备情况，巡视完毕后，返回斋宫戒斋。

祭典当天的日出前七刻，天坛的斋宫鸣钟，皇帝出斋宫至具服台更换祭服，经祈年门进祈年殿，立于龙凤石南侧拜位。而王公大臣的陪祭拜位设于殿门外，文武百官的拜位设在坛台之下。

此时，皇帝向“皇天上帝”牌位，行三跪九拜礼，百官随之叩拜。

祈谷典礼的祭祀有9项仪程。

第一项仪程为燔柴迎帝神，赞引官唱赞《燔柴迎帝神》。燎工将一整只牛犊置于燔柴炉口，将敬献上帝的牺牲毛血掩埋在瘗坎里。

此时，乐官高唱《乐奏始平之章》，由73人组成的中和韶乐乐队开始奏乐，钟鼓齐鸣，气势非凡。皇

皇乾殿 皇乾殿又叫祈谷坛寝宫，位于北京天坛祈谷坛下、祈年殿北，为一座五间殿宇。这是一座庑殿式大殿，覆盖蓝色的琉璃瓦，下面有汉白玉石栏杆的台基座。它是专为平时供奉“皇天上帝”和皇帝列祖列宗神位的殿宇。神位均供奉在形状像屋宇的神龛里，每逢农历初一、十五，管理祀祭的衙署定时派官员扫尘、上香。

天坛祭祀牌位

帝到上帝位前，一上描金龙沉炷香，二上捧瓣香，然后依次到列祖列宗神位前行礼。

读祝官 我国古代官职之一，在清朝，该官职品等为正七品。该官职配置于掌坛庙祭祀的太常寺，主要为礼部官员专任或兼任，主要为祝文宣读。

第二项仪程为奠献玉帛。皇帝将圆形苍璧敬献给皇天上帝，这是祭祀礼仪的重要标志之一。然后，将祭祀用的玉帛敬献给皇天上帝，再依次将祭祀先人用的玉帛敬献给列祖列宗。

帛 我国古时对丝织品的总称，如布帛、帛书、帛画等。它包括锦、绣、绫、罗、绢、绝、绮、缣、䌷等，曾在我国古代长期作为实物货币使用。

第三项仪程为进俎。由执事人员将犊牛放入俎内陈放在神位前，由浇汤官将滚烫的汤水浇到犊牛身上，一时间淑气四溢，以馨亨皇天上帝、祖宗。

第四项仪程为初献敬酒。司爵官将醴酒奉给皇帝，皇帝将酒献于皇天上帝，第一献放置于神位前中间的位置上。与此同时，舞生起舞，先舞武功舞。皇帝献给上帝的酒陈放在供案后，乐舞停止。接着，读祝官朗读祝文，祈谷祝文大致内容是：

北京天坛棂星门

天坛成贞门

某年月日嗣天子某谨告皇天上帝，我承上帝之命统有万方，人民希望生活安定。

现已到奏，春耕开始，我诚恳地准备迎接上帝降给的幸福。

谨率领百官用玉帛、犊牛、粟、枣、米谷、俎肉、蔬菜等物恭祭。

请祈风调雨顺，谷物丰收，三农仰赖。并请我祖先来奉陪。

请神接受敬意。

读祝官朗读祝文后，乐奏舞起，皇帝依次为列祖列宗敬酒。

第五项仪程为平静献。皇帝将第二爵醴酒献给皇天上帝，然后依次献给祖先。献酒时，64名文舞生手执羽籥，跳起文德舞。

第六项仪程为终献敬酒。

第七项仪程为撤馔。执事人员将馔盘内供品从坛上撤下，依次送往燔柴炉及燎炉准备焚烧。

第八项仪程为望燎。皇帝到望燎位观看焚烧过程。所有献给上帝及列祖列宗的供品，分别送入燔柴炉及燎炉内焚烧，以示虔诚。

天坛祭祀大典

圭 我国古代在祭祀、宴飨、丧葬以及征伐等活动中使用的器具，其使用的规格有严格的等级限制，用以表明使用者的地位、身份、权力。

赞礼 我国古代官名，指赞礼郎。明清太常寺都设有赞礼郎，掌管祀典赞导之事。清代孔尚任在《桃花扇·先声》中说："老夫原是南京太常寺一个赞礼。"

祭天典礼经过了一个演变过程，从明时到清初，演变为圜丘祭天、孟春祈谷，皇帝均从天坛西外坛门进入，至清乾隆十六年（1751年），又新开了一处外坛门。从此，这两门有了分工，即皇帝祈谷仍走原来北边的门，而冬至祭天则要走新开的南门。

祭天时，在天坛圜丘上层北面设圆形蓝缎幄帐，只供皇天上帝神位。两侧设长方形幄帐，供皇帝列祖列宗牌位，其余日、月、星辰、雷、雨、云各从位设帐于中层两侧供奉。每年冬至那天的日出前，皇帝都来此致祭。

皇帝到圜丘祭天，需先在坛东南的幕次内更换祭服，还要脱去鞋子，然后才能登坛行礼。其他如导驾、赞礼、读祝、陪祀、分献等官员，也都一律脱鞋后，方可登坛供事。

至于坛下的协律郎、乐舞生们，虽不能登坛，但也都是要脱鞋后就位执事。祭祀终了，再重新把鞋穿好。这一制度，从洪武八年（1375年）起实行至嘉靖十七年（1538年），即明代重又恢复“天地分祀”之后，才取消。

明代皇帝到圜丘祭天，要手执一种上尖下方的称为圭的玉质礼器。

天子在祭祀前两天，要去查看祭祀所用的牺牲和器皿。祭祀前一天，有关部门把祭祀用的一切物品都要陈设停当。

神位正中为皇天上帝，两侧配享祖先以及日、月、星辰、风、雨、雷、电诸神，神位前摆放登、笾、豆、簠、尊、爵等礼器，分别盛有各种祭食。

祭天仪式从冬至日拂晓开始，因为冬至这天夜里阳气开始逐渐增强，而阳气能促使万物滋生繁衍。由

洪武 我国明代第一个年号，时间为1368—1398年，当时在位皇帝为明朝开国皇帝朱元璋。明朝洪武年间，实行了较开明的经济政策，鼓励生产发展，在一定程度上提高了底层民众的地位。但政治较为严苛，除设立特务机构锦衣卫外，还强化了科举制和对官员的控制。

天坛一角

于仪式在拂晓举行，所以天坛圜丘坛内墙外面西南方向有灯杆，上面悬挂有大灯笼，当时叫作天灯，照得坛内通明。

皇帝从斋宫坐车来到事先搭好的大帷幕内更换衮冕，然后就位。整个仪式在赞礼官的指挥下进行。祭天大典分为迎神、奠玉帛、进俎、行初献礼、行亚献礼、行终献礼、撤豆、送神、望燎9项程序，直至祭品焚完才算结束。

祭祀过程中，皇帝要率领文武百官不断跪拜行礼。赞礼官高声唱和，人们随之做相应的动作。在赞礼官的唱和下，《中和之曲》奏响，然后郊社令把燎坛上的柴草点燃，焚烧牺牲，随着烟雾飘飘而起，祭品也就意味着送到了上天那里。

皇帝行完拜礼后，走到盥洗位把手里的圭插在腰间，先净手，拿出圭，走上祭坛。《肃和之曲》随之奏响，皇帝跪在皇天上帝的神位前，再搢圭，三上香，奠太帛，出圭，行再拜礼，回到原位。开始奏《凝和之曲》，皇帝到神位前搢圭，奠俎，出圭，回到原位。

接着行初献礼，皇帝走到爵先位，搢圭，洗爵，擦爵，交给执事

天坛围栏

者，出圭。又走到酒奠所，搢圭，执爵承酒，交给执事者，出圭。

当《寿和之曲》响起，随之跳武功之舞，皇帝在神位前下跪，搢圭，上香，祭酒，奠爵，出圭。读祝官读完祝文后，皇帝俯身下拜，起身，再拜，然后回到原位。

亚献礼在《豫和之曲》与文德之舞中进行，行终献礼时奏《熙和之曲》。亚献礼和终献礼与初献礼仪式相同，但不读祝文。

天坛内的雕刻

在赞礼官“饮福受胙”的唱和声中，皇帝再次走上祭坛，在饮福位行再拜礼，下跪，搢圭，接过爵，祭酒，饮福酒，把爵放在坫上。然后从奉胙官手中接过胙，交给执事者，出圭，下拜，起身，再拜，回到原位。

随之《雍和之曲》响起，掌祭官把豆撤下，在《安和之曲》中送神，皇帝行再拜礼走到望燎位，在《时和之曲》声中看着焚燎祝版丝帛。

至此礼毕，皇帝回到大帷幕中，脱去衮冕，全部祭天仪式才宣告结束。

天坛祭天的音乐主要是中和韶乐，它是一种集礼、乐、歌、舞为一体的皇家祭祀音乐；中和来自儒

衮冕 即衮衣和冕，是我国古代皇帝及上公的礼服和礼冠，是皇帝等王公贵族在祭祀天地、宗庙时穿的正式服装。《周礼》中就有关于衮冕的记载，至明洪武十六年（1383年）始定衮冕制度。明代衮冕是历代以来唯一在文献、图样、绘画和出土实物几个方面都有详细资料的皇帝大礼服。

道教 我国的一种宗教，东汉时期张道陵张天师创立。它是我国土生土长的宗教，距今已有1800余年的历史。道教与中华本土文化紧密相连，深深扎根于华夏沃土之中，具有鲜明的民族特色，并对我国文化的各个层面都产生了广泛而深远的影响。

家伦理道德观念，儒家认为，人的修养能达到中和境界，就会产生“万物位焉、万物育焉”的神秘效果。

韶乐即美好的音乐。相传舜制的音乐为韶。中和韶乐即最美好的音乐，用于祭祀和大朝会、大宴飨。

顺治元年（1644年）议定，祭天地、太庙、社稷，都要用中和韶乐，亦称宫廷雅乐，它包括祭祀乐、朝会乐和宴会乐。朝会乐、宴会乐只有奏乐而无演唱和舞蹈。祭祀乐就包括了演奏、演唱和舞蹈。

根据《钦定大清通礼》和《钦定大清会典》记载，《中和韶乐》包括祭祀乐曲7段：《肇平之章》《兴平之章》《崇平之章》《恬平之章》《淳平之章》《臣平之章》和《和佑之章》。

天坛祭祀时用的中和韶乐，还包括文德舞和武功舞。用文德舞时，舞生执雉羽和古管乐器籥，动作文质彬彬，雍容有仪，却又活泼矫健，富有激情。

天坛燔柴炉

祭天乐舞

舞武功舞时，舞生手执干、戚。传说炎帝时，刑天为表现两军厮杀时激烈的场景，高扬本部将士浴血奋战的斗志，做干戚舞。后人们把刑天舞干戚看作是一种不屈不挠的斗争精神的象征。

文舞和武舞相互陪衬、相互制约，进而取得武而不野、文而不弱的中和效果。在天坛祭天时，初献用武舞，亚献、终献用文舞，以体现祭祀礼仪的庄重。

在历史上，天坛的祭天乐舞也曾经发生了不少次变化。在明朝时，当时的嘉靖等多位皇帝普遍崇信道教，祭天乐舞生也由道士担任。

到了清朝，由道士担任舞生的习惯开始发生了变化。乾隆七年（1742年），皇帝明确下诏严禁神乐观乐官习道教，不愿从业的人削籍为民。诏书下达后，神乐观中的道士尽遭驱逐。

从此，神乐观没有了道士，旋即被更名为神乐

八旗子弟 清代满族的军队组织和户口编制制度，以旗为号，分正黄、正白、正红、正蓝、镶黄、镶白、镶红、镶蓝八旗。后又增建蒙古八旗和汉军八旗。八旗人的后代称八旗子弟，后多借指倚仗祖上有功于国而自己游手好闲的纨绔子弟。

紫禁城 我国明清两代共24个皇帝的皇宫。明朝第三位皇帝朱棣在登上帝位后，决定迁都北京，因此他就开始营造紫禁城宫殿，到1420年始落成。依照我国古代星象学说，紫微垣即北极星位于中天，乃天帝所居，天人对应，因此皇帝的居所又称紫禁城。

所，相应的职官即由知观改为知所，祭祀乐舞生也改而选用年少俊秀的八旗子弟充任，由朝廷派协律郎对祭天乐舞生进行培训。

乾隆十九年（1754年），神乐所又改神乐署。鼎盛时期，署内有乐舞生3000多人。

祭天大典非常神圣，非常隆重，可谓朝野关注，这就要求祭祀过程不能出一点差错。因此，祭祀活动的每一个细节都有明确的规定。

每当祭日来临之前，必须进行大量的准备工作，不管耗费多少人力物力，亦在所不惜。常规的准备包括对天坛内各种建筑及其设施，进行全面的大修葺，修整从紫禁城至天坛皇帝祭天经过的各条街道等。

大典的前5日，要派亲王专门到牺牲所，察看为

专门用于祭天的圜丘坛

祭天时屠宰而准备的牲畜。大典前3日，皇帝开始斋戒。前两日，书写好祝版上的祝文。

大典前一日宰好牲畜，制作好祭品，整理神库祭器；皇帝阅祝版，到皇穹宇上香，到圜丘坛看神位，去神库视笾豆，到神厨视牲，然后回到斋宫斋戒。

大典前夜，由太常寺卿率部下，安排好神牌位、供器、祭品，乐部就绪乐队陈设，最后由礼部侍郎进行全面检查。

天坛的圜丘坛专门用于祭天，台上不建房屋，对空而祭，称为露祭。祭天陈设讲究，祭品丰富，规矩严明。

天坛古香炉

在圜丘坛共设7组神位，每组神位都用天青缎子搭成临时的神幄。上层圆心石北侧正面设主位皇天上帝神牌位，其神幄呈多边圆锥形。

圜丘坛的第二层坛面的东西两侧为从位日月星辰和云雨风雷牌位，神幄为长方形；神位前摆列着玉、帛以及整牛、整羊、整猪和酒、果、菜肴等大量供品。单是盛放祭品的器皿和所用的各种礼器，就达700多件。

上层圆心石南侧设祝案，皇帝的拜位设于上、中两层平台的正南方。圜丘坛正南台阶下东西两侧，陈设着编磬、编钟、镈钟等16种，60多件乐器组成的中

祭品 即祭祀时用的物品。根据不同种族和不同地域，祭品的形式十分丰富，有动物如猪、牛、羊、鸡，也有植物，还可以是衣物等物品。在远古时代和愚昧时代，甚至有拿活生生的人作为祭品；暴政时期也曾出现过用活人陪葬与祭祀的情况，十分残忍。

和韶乐，排列整齐，肃穆壮观。

时辰一到，斋宫鸣太和钟，皇帝起驾至圜丘坛，钟声止，鼓乐声起，大典正式开始。

此时，圜丘坛东南燔牛犊，西南悬天灯，烟云缥缈，烛影摇红，给人一种非常神秘的感觉。

祭天大典，是封建皇帝展现“君权神授”思想，显示“天子”神圣权威所玩弄的一种把戏。为了达到其宣扬神权以维护皇权的目的，举行大典时要求所有从事人员不得有任何差错，否则要予以严惩。

在《大清律》中明文规定：每逢祭祀，于陈祭器之后，即令御史会同太常寺官遍行巡查，凡陪祀执事各官，如有在坛庙内涕唾、咳嗽、谈笑、喧哗者，无论宗室、觉罗、大臣、官员，即指名题参。因此，凡随祭人员无一不是诚惶诚恐，胆战心惊的。

阅读链接

据说，历史上曾经发生过多次官员因祭天被罚的事。乾隆四十七年（1782年）四月初六，乾隆到天坛圜丘坛，举行常雩礼求甘雨。

在此次仪式上，乾隆对雩坛祝版上的文字写得不够工整而不满，对具服台更衣幄次所设的坐褥不够整齐而不满，对按规定应悬挂三盏天灯而少悬了一盏而不满。对此三件小事，乾隆大发雷霆，下令查办。

结果，当时的工部尚书罗源汉、右侍郎诺穆亲、礼部尚书德保、侍郎德明等人，均被革职。尤其工部侍郎徐绩受处分最重，革职后被发配新疆。同时，许多有关官员也被“查明革职，发往伊犁效力赎罪”。

一次祭祀大典，就有多位高级官员获罪，几十名相关人员被革职，可见当时祭祀大典的戒律是何等的严厉。

正德皇帝与望儿台的传说

在天坛的南边，靠西南的地方曾经有一座望台，名叫望儿台。说起这个台子的由来，还有一个有趣的传说呢！

相传明朝的正德皇帝原来有个儿子，他和娘娘都很宠爱他，真是“用手捧着怕摔了，含在嘴里怕化了”。可是，俗话说“黄鼠狼专咬病鸭子”，这小儿子3岁时，偏偏得了一场怪病，夭折了。

天坛七星石

皇穹宇背面照

这下宫里可乱套了，皇帝的宝座由谁来继承啊！按规矩，皇帝的位子该传给太子，可是现在……皇帝着急，娘娘更是着急啊！儿子没了等于皇太后的位子也就没了。娘娘悲痛万分，饭也吃不去，茶也不想饮，终日眼睛直勾勾地想着儿子。

这天早上，娘娘是头也不梳，脸也不洗，站在宫门外，东看看，西望望。众人都以为她中了魔啦，没人敢上前劝阻。

突然，娘娘大笑，笑得是前仰后合，忽然，又转喜为悲，泪流满面，双手伸向天空，喃喃自语道：“孩子，你在哪儿？你在哪儿啊？你是天上的神童啊！你不会是回到天上去了吧？找你那玉皇爷爷去了？回来吧……孩子！娘想你呀……”

皇太后 我国古代皇帝母亲的尊号，又称太后、太皇太后。自西汉起，历代沿称。《汉书》记载：“汉兴，因秦之称号，帝母称皇太后，祖母称太皇太后。”

就这样哭一阵笑一阵，众人都说：“娘娘疯了。”这一消息，传到正德皇帝那里，皇帝立即退朝来到后宫。正德皇帝见娘娘这般模样，很是生气，心想，如此这般皇家的颜面何在？于是就命人扶她回宫。

可是这会儿，就是九头骡子也别想拉动娘娘，她说儿子没有死，是到天上拜见玉皇爷爷去了。

这时，有个大臣出来献殷勤，说：“娘娘说的有理，太子乃是天子，若是在南郊的天坛设一望台，让娘娘站在望台上，准会看见太子。”众大臣也随声附和，纷纷求情，皇帝这才只好答应了。

到了晚上等七颗北斗星出齐的时候，众人护驾，前呼后拥着把娘娘送到了天坛。就在天坛的南边，靠西南的地方设了一座望台。

娘娘登上望台，瞪大了眼睛向西望去，她没有

后宫 我国古代社会的一个词语，原意为帝王的妃嫔居住的地方，通常指代生活在后宫的女性。古人常用“后宫佳丽三千”来形容古代皇帝嫔妃之众。后宫一般禁止君主以外的男性进入，职务多由宫女担任。

太子 我国古代已确定继承帝位或王位的帝王的儿子称为太子。太子一向为嫡长子，但例外甚多。秦以后因君主称皇帝，又称皇太子。

天坛公园斋宫

> **微服** 改变常服以避人耳目。通常指帝王或高官为隐蔽身份而改穿的平民便服。如“微服私访”，我国帝王自古就有“微服私访”的传统。《韩非子》中就有记载说，齐桓公微服以巡民家。《孟子》也有记载说，孔子不悦于鲁卫，遭宋桓司马将要而杀之，微服而过宋。

哭，也没有笑，在那儿静静地望着，望着，好像有什么东西把娘娘的眼珠儿吸住了似的。她一动不动，向西望了好久好久。最后，她晕倒在望儿台上。

回到宫里，娘娘不哭了，也不闹了，也吃饭了，也饮茶了。正德皇帝就问她在望台上看见了什么？

娘娘说：“我看见儿子了，就在西边，他又白又胖，还和我说话了呢！”

皇帝问：“他说了些什么？”

娘娘不紧不慢地告诉皇帝：“儿子说他想家了，让父皇和娘接他去……”

正德皇帝挺纳闷儿，要是相信娘娘的话吧，没听说过有这样的事儿，不信吧，这事儿又像是真的，最起码娘娘的病都好了！

过了些日子，皇帝自己也想儿子了，便微服出

天坛皇乾殿

天坛内的长廊

宫，一直往西走，到西边寻访儿子去了。

据说后来的嘉靖皇帝，就是寻访来的。从此以后，人们就把娘娘望儿子的土堆叫望儿台了。

阅读链接

据说，我国其他地方也有望儿台的传说。河北省东光县砥桥村南的漳卫新河大堤上，就有一座高12米的土台子，上面长满野花杂草，远看像座烽火台，人们叫它望儿台。

传说战国时期砥桥是一座繁华的城镇，有72条街巷，82眼水井，当时叫铁脚镇。镇前有一条鬲津河，是齐国与赵国的界河。河的南面是齐国，河的北面是赵国。

有一年两国在此交战，结果赵国战败，老将廉颇的儿子廉罡被擒。小将廉罡一向为赵国军民所器重，赵国军民万分焦急，但一时又无计可施。

一天齐国要在鬲津河南岸大堤上处决廉罡，廉颇和将士们悲愤至极，却又无法营救，众将士纷纷摘下帽子，盛土筑台，老将军登上土台和儿子廉罡作最后的告别。后人为了纪念廉颇父子，就把那座土台叫作望儿台。

百龙神助保天坛的故事

天坛祈年殿有3层汉白玉栏板环抱，据说最高一层栏板下的喷水兽是100只小龙变的。那么这些小龙是怎么到天坛来的呢？

相传刘伯温修北京时，得罪了龙王，几次搏斗，龙王被锁在城北的

天坛喷水兽

喷水兽

大井里。这龙王拱来拱去拱到了天坛这个地方，躲在龙凤石下面的那口大井里。

有一天，龙王突然听见外面有动静，心想，这里是皇上祭天的地方，平日没有人烟，怎么有破土动工的声音？打探的回来说，嘉靖皇上要重修祈年殿。龙王一听，肺都气炸了，心想这次可不能便宜了你们！

修祈年殿的工程动工了，开始还算顺利，可眼看就要完工的时候，突然出了件怪事情：监工检查工程，突然发现沿着大殿的周围“咕嘟、咕嘟”地直冒水泡，监工弄不清是怎么回事，干看着，直发愣。这水泡冒着冒着就不冒了，到晚上冒出的水就干了。

可第二天早上一看，又和前一天一样，水还是冒个没完。监工可急坏了，总这么冒下去，工程完不了且不说，说不定哪天来个水注长堤，把祈年殿陷到地里去，这可怎么向皇帝交代呀！

监工吃不下，睡不着，这水呢，还是冒，整整冒

刘伯温（1311—1375），名刘基，字伯温，谥称文成，浙江青田即今文成县人。元末明初军事家、政治家及诗人，通经史、晓天文、精兵法。他以辅佐朱元璋完成帝业、开创明朝并全力保持国家的安定，因而被后人比作诸葛武侯。

天坛内的亭榭

了七七四十九天，越冒越凶了。眼看着工程期限就要到了，监工能不着急吗？

这天完工了，唯有监工坐在坛上的石头上抽闷烟，天很快黑下来了，就听得坛下“哗哗”作响，他打起精神壮着胆子循声而去，发现了一个井眼。

井台上还有根大铁链子，他摸摸铁链试着提起，只听见铁链“哗啦哗啦”地响，这夜深人静，人迹全无的坛上能不害怕吗？

这监工还真行，他抓住铁链使劲往上拉，这铁链子被他拉了很长，可就是拉不完，他把耳朵贴近井口，冷气迎面扑来，只听里面“嗡嗡”作响，好像是大水“哗哗”涌了过来，一下子就能把坛冲平似的。

监工再也绷不住劲了，他“啊”地大叫一声，手一松，铁链“哗哗啦啦”地掉进井里，他拔腿就跑，只听后面传来说话的声音：“喂！你跑什么？我是龙王，我有100个儿孙，都想做官，你告诉皇上，如不

臣子 我国古代的人称用语，有多种含义：一指我国君主时代的官吏，有时亦包括百姓：臣僚、臣子、臣服、君臣等；二指官吏对君主的自称：“王必无人，臣愿奉璧往使”；三指古人谦称自己；四指我国古代男性奴隶，如臣仆、臣虏等。在现代汉语中，已不再使用。

给官做，你们休想修建天坛！”

话音刚落，鸡叫头遍，天就亮了。监工毛骨悚然。这天早上，又到上工时间了，只见祈年殿最高一层的栏板上趴着许多条小龙，密密麻麻的，胆大的人数了数，整整100条。

眼看着祈年殿修不成了，管工的明白，这是老龙王给儿孙们闹官做呢！于是写了个奏折，火速禀报给了皇上。

皇上看了奏折想：我还从来没见过真龙显像要做官的事呢，我倒要会一会它。于是，他吩咐道：“就让龙王的儿孙都做我的臣子吧！”

一言既出，驷马难追。老龙王的心愿就要实现了。可是这老龙王吃亏吃怕了，倒来了拗劲。本来龙是离不开水的，可这老龙非让他的儿孙趴在太阳底下等皇上的圣旨，圣旨不来就一直等下去。

这些龙子们说：“父亲啊，我们不要做官了，晒

龙王 我国神话传说中在水里统领水族的王，他掌管着兴云降雨。龙是我国古代神话的四灵之一。龙在我国的历史传统与文化中扮演了十分重要的角色。龙的起源来自伏羲氏，距神话传说伏羲与女娲都是人首蛇身，而蛇就是龙的原型。但是实际上龙只是一种图腾，是虚构的生物，是我们华夏民族所信奉崇拜的标志。

雪后的祈年殿

造型奇特的兽头

得太难受了，我们回去吧，还是龙宫里舒服！”

龙孙们说：“爷爷啊，谢谢您的好意，我们连肠子都晒透了，官也做不成了，我们回去吧！”

儿孙们恳求着。老龙王也心疼啊！可是他想，这次再也不能轻信他们，非斗出个高低不可！太阳高照，烈日炎炎，晒得地面都裂口子了，这龙子龙孙们都快晒蔫了，东倒西歪地直哼哼。

就在这时，一个太监飞马而来，拿着皇上手谕，高呼：“圣旨到！”

这一喊，小龙们都精神了，浑身使劲一挺，可用力太大，浑身上都僵硬了，慢慢地竟变成石头了。

据说，天坛祈年殿大殿的栏板下的100只喷水兽就是这么来的。

阅读链接

据说，老龙王一见他的儿孙都变成石头，心中也非常懊悔，但也很无奈，只好安慰道：“儿孙们哪，咱不是当官的命啊！你们再也变不回来了，那就忠心保佑天坛吧！”

说完老龙王就化作一阵清风而去，留下了他的100个儿孙保佑天坛。又说后来光绪年间，祈年殿大火就是这100条小龙喷水吐雾才把大火扑灭的。

神童相助修缮圜丘坛

天坛的圜丘坛是历代皇帝冬至祭天的地方，又叫拜天台。人们走在台上，如果用心观察一下，马上就会发现台面、台阶和栏杆所用的石块都是9的倍数，都感到非常惊奇！

可是你哪里知道，当初在建造它时，要不是南宋数学家秦九韶派神童前来相助，不知有多少人会送掉性命呢！

天坛圜丘坛

据说，乾隆年间皇上嫌圜丘坛面积狭小，认为这和大清广袤的国土很不相称，于是就下旨要扩建、重修圜丘坛。

工匠长接受了这一工程，画出了图样。皇上一看，还不错，圆圆的台面，汉白玉栏杆很有肃穆庄重之感。

这时候，有个爱拍马屁的大臣走出来说道："启禀皇上：古有天数之说，天为阳地为阴，奇数为阳，偶数为阴，不知砌筑石料用阳数还是用阴数啊？"

这一席话，把皇上问住了，把工匠长也问傻了。

皇上想了想说："对，要阳数！从台面到台阶，一律用阳数！"

这个大臣还不忘补充一句："九！九为最佳！"

这下可急坏了工匠长，他来到圜丘台上，怎么也计算不出来。这天，皇上传他，询问工程情况，他胆

天数 我国古代把数分为地数、天数，以象征阴、阳两种不同性质的事物。《周易·系辞上》以一、三、五、七、九5个奇数为"天数"，象征阳性，反映事物刚健的性质；以二、四、六、八、十5个偶数为"地数"，象征阴性事物，反映事物柔顺的性质。

圜丘坛全景图

■天坛圜丘坛

战心惊地说："还没算出来，请皇上再容三日。"

这时，上次出馊主意的大臣又说："据说圜丘坛已毁，用料也备齐，民工们整日无事可做，坐吃白饭且不说，若是耽误了皇上祭天……"

话没说完，皇上火冒三丈，一声喝令："斩！"这"斩"字一出，上千人的性命就危在旦夕了。工匠长一个劲儿地磕头说好话，保证三日之内开工。

到了第三天晚上，工地上来了一个小乞丐。大家告诉他："我们还泥菩萨过河——自身难保呢，给你点吃的？没有，没有，快走吧！"

可这小孩儿，硬说他力气大，能干活，不想走，想留下来干活，大伙说，这儿的活干不成了。小孩儿说："干不成了，你们怎么不走啊？你们不走，我就要留下来混口饭吃。"

大伙儿拿他没办法，只好把他带到工匠长那里。

祭天 我国古代的一种祭祀活动，在明清两朝，冬至的祭天活动被列为朝廷三大节日之一。"祭祀之道，自生民以来，则有之矣。"祭祀是先民最早的文化活动之一，且历代相传不废。到明朝时期，洪武皇帝朱元璋对祭天尤为重视，早在1367年尚未立国称帝时，就建圜丘于南京钟山之阳。

焚香 我国焚香习俗起源很早，古人为了驱逐蚊虫，去除生活环境中的浊气，便将一些带有特殊气味的植物放在火焰中烟熏火燎，这就是最初的焚香。在古代有原始崇拜与巫术等崇神信奉，认为一切都是神的恩赐，对神极度敬仰和崇拜。久而久之焚香就被神化了，随后焚香变得既庄严又神圣。

工匠长正一个人坐在屋里喝闷酒，他呀，也是山穷水尽没辙了。他见大伙儿带个小孩儿来，破衣烂衫的，还流鼻涕呢，也怪可怜的，就拿出好吃好喝款的待他，他问孩子："叫啥名字？家住何方啊？"

这孩子只管低头吃喝，一言不发，给多少吃多少，吃的倍儿香。等吃完了喝完了，撕下一块破袖头儿抹抹嘴，擦完嘴把破袖头往地下一扔，"噌！"一声，一溜烟儿没影了。

工匠长觉得奇怪，低头一看，这破布角上有个"秦"字，再铺平细看，分明是一张祭台的图样啊！工匠长如获至宝，一把抓起，他算啊，数啊，怎么看怎么对。这坛面一层是9块扇面形石块，二层是18块石块……以此类推，第九层整好81块。

这台阶也是9的倍数，这栏板还是9的倍数，整整360块，正和历法中的一周天360度的数目相同。高

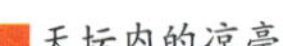
天坛内的凉亭

圜丘坛外围

啊！实在是高！这小孩儿是谁呢？

他突然想起了破袖头上的“秦”字，他明白了，原是数学家秦九韶大师派神童前来帮助自己了，工匠长喜笑颜开，连夜画出“九九图”呈报了皇上，第二天皇上焚香礼拜，圜丘终于开工了。

阅读链接

圜丘坛在明朝时为3层蓝色琉璃圆坛，清朝在1749年扩建，并改蓝色琉璃为艾叶青石台面，汉白玉柱、汉白玉栏杆。不仅坛面嵌用的扇面石板数有一定的规矩，就是四周石栏上雕刻花纹的石板数也有规定的数目。

第三层每面栏板18块，由二九组成，四面共72块，由八九组成。第二层每面栏板27块，由三九组成，四面共108块，由12个九组成。第一层每面栏板45块，四面共180块，由20个九组成。上中下三层台面的栏板总数为360块，正合历法中一“周天”的360度。

这些石板形状相同，大小一致，既整齐又美观，已有200余年的历史。虽然它经过了不少风雨，整个坛面却依然平整如镜，接缝依然严密无隙，真正体现了我国古代建筑高超的工艺水平。

乾隆爷赐名回音壁

据说在清朝的所有皇帝当中，乾隆是最不甘宫廷寂寞的，他总爱出宫游览。

有一天，乾隆坐在龙椅上实在无聊，便想，这大江南北也转悠得差不多了，还有什么好玩的地方呢？

天坛皇穹宇

天坛回音壁

突然，他想起了天坛，立刻喜上眉梢。是啊，天坛这个地方，一年他才去一次，而且只是冬至祭天时才去，还是在众目睽睽之下，他从未真正自由自在地走过看过呢。

现在正值百草芬芳、万花吐艳的时刻，我何不去游览一番！于是他不带文臣武将，只带着九门提督和几名武士直奔天坛而去。

这次，乾隆皇帝哪都转了，哪都看了，就是没上祈年殿，也没上圜丘坛，玩得别提多开心了，他走到时就累了。

皇穹宇位于圜丘坛以北，是供奉祭祀神位的场所。它始建于1530年，初名泰神殿，后改称皇穹宇，为重檐圆攒尖顶建筑。1752年重建，改为鎏金宝顶单檐蓝瓦圆攒尖顶。有东西配庑各5间。大殿直径约15米，约高19米，由8根金柱和8根檐柱共同支撑起巨大

九门 据史料记载，当年刘伯温修建北京城时，共设了9个城门，就是人们常说的北京“内九城”，即正阳门、崇文门、安定门、宣武门、德胜门、东直门、西直门、朝阳门和阜成门，今天京都九门中虽大多无存，但回忆九门的历史掌故，却别有一番情趣。

缠枝莲 又称串枝莲、穿枝莲，汉族传统吉祥纹样之一。是一种我国汉族传统文化中的植物纹样。缠枝莲以莲花为主体，以蔓草缠绕成图案。缠枝莲纹广泛应用在建筑、纺织、石雕、木雕和青花瓷器上。

的殿顶，三层天花藻井层层收进，构造精巧。

殿内穹隆圆顶，正中贴金盘龙藻井，贴金双龙天花，金柱贴金缠枝莲，内外饰金龙和玺彩画。殿内正中有前圆后翘角的石须弥座，上覆盖蓝瓦金顶，精巧而庄重。

提督连忙说：“那咱就歇会儿吧！”

于是，这几个人就在皇穹宇的西配殿后面的墙根坐了下来。提督赶紧拿来金坐垫儿让皇上舒展一下筋骨，乾隆累得不行了，就面北而坐，提督呢，就面南坐下，给皇上当靠背儿。

乾隆看着这磨砖对缝的围墙，很是惊奇，心想，这围墙修得圆圆正正的，砖面又平又滑，宛如一个直筒形的大缸，妙哉！

正在这时，他突然听见一声鸡叫，吓了一跳，忙

天坛回音壁

问：“这里怎么有鸡呢？”

提督傻头傻脑地说：“什么鸡叫？我怎么没听见哪！”

乾隆直起腰再听听，是呀，周围静静的，哪有什么鸡叫的声音啊！可他把耳朵贴近墙上时，确实又听见了鸡叫。

皇上忙把提督叫来，提督照皇上的吩咐，把耳朵贴在墙上，他也傻了眼——他也清清楚楚地听到了鸡叫。这天坛是皇上祭天的地方，竟然有鸡叫，这还了得！提督忙叫来武士，里里外外地找，但是没有找到。

■天坛皇穹宇

乾隆并没有怪罪只是觉得奇怪，这是怎么回事呢？为什么耳朵贴近墙就能听见，离开墙就听不见呢？莫非这墙……

他又多次试听，发现面向北耳朵贴墙就能听见鸡叫，而面向南，耳朵贴近墙也听不到。他越想越奇怪，这墙是什么墙？这声音又来自何方？

这时，提督已吩咐武士们细细查找，结果，找遍了整个皇穹宇，什么鸡呀、鸭呀……什么都没有！这时候只见一个武士连嚷带叫地向提督跑来，话不成声地说：“蛇……蛇！”

原来，他在东墙根发现一条好几尺长的大长虫。这条长虫别名叫野鸡脖儿，会学鸡叫。这野鸡脖儿正

贴金 一种古老的技艺，是中华民族民间传统工艺的瑰宝，5000多年前新石器时代中的青铜器上就出现了用黄金薄片的贴饰，到了3000多年前的商代，我国贴金技术日臻成熟，且广泛用于皇宫贵族或佛像寺庙的贴饰，以表现其富丽堂皇或尊贵庄重。

在大墙根下，头向北地爬呢！提督一看，吓得直哆嗦，这还了得，要是惊了驾，该当何罪呀！

正说着，乾隆走了过来，这番话，他早就听见了，并未惊慌，他说："且慢！"于是，他又来到西墙下，面向北耳朵贴在墙壁上。

与此同时，武士们来到东墙下，刀斩大蛇。乾隆突然听到大蛇一声惨叫，真真切切，犹在眼前。

乾隆高兴地说："妙哉！这墙传迂回之音。"

他让提督到东墙面北说话，他在西墙也向北贴墙细听，果然听得真真切切。武士们也俯墙而听，都觉得很奇妙。那会儿，虽说还没有电话，可乾隆一行却饱尝了"打电话"的乐趣。

但是，他们是无论如何也想不通其中的道理的。你想啊，讲话人面向北，音波则受东西配殿和正殿的束缚，不能向四外消散，只能把音波全都聚到一起送入人的耳朵，因而距离虽远，声音却很大。

如果你要面向南说话，则音波也贴靠着围墙向前推进，但是，音波

回音壁内侧

天坛三音石

传播到正南面的宫门时，就全由3个门洞传出消散了。因而面向南说话是听不到传声的。

当时乾隆让提督给墙起个名，提督想了想说，叫“传声墙”。

乾隆听后不满，认为它太俗了，说这墙有迂回之音，就叫“回音壁”吧！从此以后，回音壁的名字就流传下来了，并成了天坛一景，名扬海内外。

阅读链接

回音壁的来历还有这样一个说法。据说天坛皇穹宇的围墙，是用磨砖对缝砌成的，墙头覆着蓝色琉璃瓦，围墙的弧度十分规则，墙面极其光滑整齐，因此，它对声波的折射是十分规则的。

只要两个人分别站在东西配殿后，贴墙而立，一个人靠墙向北说话，声波就会沿着墙壁连续折射前进，传到一二百米的另一端，无论说话声音多小，也可以使对方听得清清楚楚，而且声音悠长，堪称奇趣。

这就给人造成一种“天人感应”的神秘气氛。后来，人们称之为“回音壁”。

光绪时雷公怒烧祈年殿

光绪十五年也就是1889年的八月二十四这天，北京上空乌云翻滚，雷声隆隆，冷风阵阵，密密麻麻的雨点子，从天空中倾泻下来。一个接一个的闪电，围着天坛转。

祈年殿城墙

祈年殿模型

忽然一个霹雳，不偏不斜，正打在天坛祈年殿的大匾上，只听“啪”的一声，匾额落地，接着大殿就着起火来了。

当时，雨却被上面的琉璃瓦隔住了，漏不进来，风助火势，火逞风威，不大一会儿，祈年殿就变成一片火海了。

看到这种情况，护坛的兵丁慌忙地鸣锣报警，很快城内的官兵纷纷赶到现场，但这时，火已燎原，无法扑救了，大家只好眼睁睁看着一座辉煌的祈年殿烧成了一片瓦砾。

当祈年殿着火的时候，慈禧太后正在颐和园内“颐养冲和”。八月二十五，大臣世铎到园中向慈禧太后报告了着火的情形。

慈禧听了，吓得脸色惨白，忙问道：“这祈年殿不是归礼部、太常寺管理吗？为何失火？又为何让它

慈禧太后（1835—1908），就是孝钦显皇后，叶赫那拉氏。她出身于满洲镶蓝旗的一个官宦世家，是咸丰帝的妃子、同治帝的生母。她以皇太后身份或垂帘听政或临朝称制，是自1861—1908年大清王朝的实际统治者，为期仅次于清朝康熙帝和乾隆帝，是清朝的“无冕女皇”。

祈年殿和玺彩绘

着了一天一夜呀？”

大臣世铎回答：“回禀老佛爷，昨天五城水会和太常寺的官员全都赶去救火了，只是……”

慈禧太后不等世铎说完，又急不可待地问：“难道真是天灾吗？”世铎见慈禧太后惊恐不安，就连忙改口说：“这太常寺也是难辞其咎啊！”

最后，慈禧对世铎说：“你回去传我的旨意，叫皇上和大臣们共同修省，至于哪些人应该治罪，哪些人应该奖励……就由你们决定好了。”

就这样，祈年殿的一把大火，许多官员受了连累，4个坛户被送进监牢。

那么祈年殿起火到底怎么回事呢？在民间有这样一段传说，从前有一条小青蛇，在西便门外一棵老槐树洞里修炼。

后来，这条小青蛇修炼成了一个俊俏、聪明、善

雷公 又称雷神或雷师，我国古代神话传说中的司雷之神。雷公名始见《楚辞》，因雷为天庭阳气，故称“公”。所传始为兽形，或似鬼，或似猪，而以猴形居多，后状若力士，袒胸露腹，背插双翅，额生三目……击鼓即为轰雷。他能辨人间善恶，代天执法，主持正义。

良的少女，经常出来帮助城乡的穷人。谁没有房子住她用手一指，就是一座房子，谁没有地种，她用手一指，在荒沙滩上也能变出一块良田。

她总是穿着绿色衣裙，又会法术，肯救济穷人，大家感激地称她为“绿衣仙子”。

这一天，小青蛇刚走出树洞，在老槐树下梳头，不料竟被站在云端里的雷公看见了，这雷公一瞧，这小女子天姿国色，美貌无双，就起了邪心。

于是，雷公把脸一抹，变成了一个黑脸大汉，落到小青蛇的面前，嬉皮笑脸地说：“美人儿，你待在这里多清苦啊！我是九天应元府的雷神，你跟我上天去享福吧！”说着就伸手去拽小青蛇。

小青蛇又气又急，一甩手狠狠地打了他两个耳光，还骂道：“你这荒淫无耻的黑贼，竟敢找仙姑的便宜，真是胆大包天！”她一边骂一边往树洞里躲。

九天应元府 雷神所居之府，俗称雷神庙，取自雷神道号“九天应元雷声普化天尊”。按照我国道教的说法，雷神，属火，离位在南方，南属火属电，所以建雷神庙。在早期的民间信仰中，雷神是轩辕帝的化身，自古就为人们所敬畏，他不仅给人们带来雨水，还能惩治人间的邪恶。

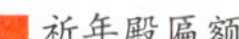
祈年殿匾额

夜景中的祈年殿

这雷公冷不防挨了打，恼羞成怒，将手一张，就是一个响雷，朝小青蛇打来。

这小青蛇说声“不好！”，急忙用了一个金蝉脱壳之计，将蛇皮蜕下，自己一溜烟似的逃进了天坛，藏在了祈年殿匾额后面。

但是，小青蛇的金蝉脱壳计没有逃过雷公的眼睛，这雷公也驾起一股乌云随后追来，用手在大匾上一劈，就击落了祈年殿的匾额，打伤了小青蛇的尾巴，痛得小青蛇惨叫一声，一个跟头钻进殿内龙凤石的地底下，她越钻越深，一直钻到海眼里，再也不出来了。

愤怒的雷公为了发泄心中的怒气，也为了赶小青蛇出来，于是就火烧了祈年殿，也就出现了前面提到的那场火灾。

阅读链接

据说，祈年殿的那场大火之后，每逢大雷雨时，祈年殿的龙凤石下面就会发出“呜呜”的响声，起初人们还不明白是怎么回事，还以为又发生了什么冤假错案，是冤魂在显灵呢。

后来人们才明白，那是小青蛇被雷声惊醒后，又在下面伤心地哭泣呢！

副都统嗜睡被困斋宫

清朝初年，百废待兴，文武百官忙不过来，很多事情只能按明朝旧制办，就是到天坛祭天，也不例外。由于礼制不完备以及出于安全的考虑，顺治、康熙、雍正三朝，祭天斋戒都在紫禁城内实行，不曾

天坛斋宫正门

斋宫牌匾

都统 按清八旗制度，每旗设固山额真一人，掌有关全旗教养、训练、生产、户口等事务，并各设左右梅勒额真为佐官。1634年，根据汉译法，把固山额真译为都统，把梅勒额真译为副都统。根据清制，各省驻防八旗兵，设立直将军或都统为长官，部分地区还各置副都统一人，亦为该处最高军政长官。

使用过明朝所建的斋宫。

乾隆登基以后，积极恢复明制，皇帝斋戒第三天，就应迁居天坛斋宫。但是由于明朝斋宫戒备森严，百年后的光绪年间，还曾发生过乾清宫侍卫被锁斋宫无法逃出险遭坐以待毙的故事呢！

据说，咸丰皇帝在临终之时，为辅其6岁之子载淳登基，特命载垣、端华、肃顺、额驸景寿等8位大臣为顾命大臣，赞襄一切政务。

慈禧发动“辛酉政变”之时，八大臣被黜，这其中载垣、端华赐自尽，肃顺斩立决，其余4人革职发配。唯独额驸景寿，仅被处以“革职保留公爵之位待迁”的处分，不久果然这额驸又再次被委以高官，就连其次子志钧也被任命为副都统之职，官至三品乾清宫侍卫。

这位副都统，为人生性懒惰散漫，吊儿郎当，不务正业，当值之时经常懈怠，屡屡出现昏睡贪玩的现象，以致朝官多有议论。

有一次，光绪冬至郊祀，祀前斋戒三日，按例于祀前一日迁居天坛斋宫，继续斋戒，时间约于当日下午至第二天即冬至日的清晨。

当时任天坛斋宫侍卫的，就是这位志钧先生。侍卫要在关键位置站班值守，两人一组，两个时辰轮值一回。

按说这个工作并不辛苦，但志钧先生旧习不改，依然如故，一有空就蒙头大睡，夜半本该他值班，他却酣睡不醒，呼之不应，同值的官员又不敢喊醒他，只得任其继续酣睡。

第二天清晨，光绪皇帝起驾出宫，至圜丘坛行礼，斋宫钟楼上，有銮仪卫校卫，登楼鸣太和钟送驾，据说该钟声音洪亮，可传十里。皇帝出宫，耗时不短，这动静也算不小了！而值守房近在咫尺，这位

乾清宫 故宫内廷正殿，内廷后三宫之一。它面阔九间，进深五间，高20米，重檐庑殿顶。殿的正中有宝座，两头有暖阁。乾清宫始建于1420年，明清两代曾因数次大火被焚毁而重建，现有建筑为1798年所建。

■斋宫皇帝寝宫

宰相 我国古代最高行政长官的通称，是国君之下辅助国君处理政务的最高官职。夏商是巫史，西周春秋是公卿，战国以后是宰相。宰相，也是我国历史上一个泛指的职官称号，宰是主宰，相是辅助之。宰相最早起源于春秋时期。

酣睡的侍卫竟浑然不知。

直至圜丘祀天大典结束，皇帝出昭亨门就乘龙辇回宫，百官相继回府。礼部太常寺官员，亦将斋宫各处殿堂清整完毕上闩落锁，各自回衙门交差。

可谁也没注意到，值守房内，副都统大人，仍在酣然大睡，直至午后，志钧先生才因饥饿、寒冷慢慢醒来，室内取暖炭盆也早已熄灭。

这位副都统走出室外伸伸懒腰，环顾左右，不见半个人影，抬头一看太阳已偏西了。他想，祭祀典礼应早就结束了，想到这里，他才突然感到自己可能被人遗忘，而被锁在斋宫了，他急忙跑向各个宫门，一看都上锁了。

■ 斋宫南门

这时太阳西斜，这位副都统腹中无食天又寒冷，副都统终于着急了，心想自己又不会缩身术，这可咋办啊？他带着哭腔，靠近宫门大声呼救，可是这天坛太大了，这斋宫周围一里之内，并无人烟哪！

他十分沮丧地喊了一个多小时，也没有人应声，嗓子喊哑了，浑身也没劲儿了，只好停了下来，他仔细想了想，皇帝不久还会来行祈谷大典的呀！可他掐指算了算，这才农历十一月，到正月祈谷还有一个多月的时间呀！我无论如何也等不到那一天了呀！

半夜时分，朦胧中的副都统，忽然听见锁钥碰撞的声音，门锁打开了，眼前的一幕让他惊呆了：原来是他的夫人带着太常寺一行人救他来了！真是知君莫如妇哇！他竟然像一个孩子似的哭了。

天坛斋宫正殿

据史料记载，斋宫位于天坛西坛门内，占地40 000多平方米，双重围墙，内墙四周有廊一百六十七间，是卫士们避风雨处，正殿为五间无梁殿，是京城著名建筑之一。

顶部用蓝色琉璃瓦覆盖，殿前露台上设有时辰碑亭和斋戒铜人亭，铜人高0.5米，身穿古代文官服，手持一刻有“斋戒”二字的铜牌，相传是仿唐朝宰相魏征而制。正殿后是五间寝宫，为皇帝斋戒的地方。

皇帝来天坛祈谷、祈天前，首先要到斋宫斋戒沐浴。斋宫实际上就是一座小皇宫。按照明清两代帝王的典制规定，皇帝需在祭天的前三日来斋宫斋戒。

1731年，朝廷担心有人暗算雍正皇帝，不敢让皇帝一人在天坛斋宫独宿三昼夜，但祭天又是国家大典，不能擅自废除典制而不祭。

于是想出了一个外斋和内斋相结合的办法，即在

太常寺 我国古代掌管礼乐的最高行政机关。秦时称奉常，公元前151年改称太常。汉以后改称太常寺、太常礼乐官等。太常的主管官员称太常卿。太常卿下属职官与音乐密切相关的为太常博士、协律都尉、太乐署的令、丞等。与礼乐仪制有关的为太常博士、称太乐祭酒等。

斋宫甘泉

皇宫内东路南端另建一座斋宫，即内宫。每逢祭天先在内宫独宿三昼两夜，即“致内斋”，在祭天前一日的子时才来到天坛斋宫“致外斋”。因而实际上皇帝在天坛内的斋宫只停留四五个小时。

走进斋宫，感到这里虽不及紫禁城金碧辉煌，但也幽雅清静。斋宫正殿红墙绿瓦，分外壮观。据说这种绿瓦表示皇帝在此不敢妄自尊大，只可对天称臣。

斋宫正殿是一座无梁柱砖结构拱券建筑，故又称“无梁殿”。屋顶覆盖绿色琉璃瓦，檐下斗拱是琉璃烧制而成，有很好的防火作用。

阅读链接

话说为什么那位副都统的夫人会来救她的丈夫呢?

原来这位副都统夫人十分了解丈夫懒惰贪睡的秉性，那天眼看日头西斜她的丈夫还没有回来，顿觉大事不妙，他想丈夫是不是贪睡被困了呢?

说罢，她便急与家人赶赴太常寺衙门，请回钥匙，就在太常寺官员的陪同下，连夜赶往天坛斋宫。这才上演了一场“开门救夫”的喜剧。

祭地之坛

北京地坛

地坛又称方泽坛，坐落于北京安定门外东侧，与天坛遥相对应，与雍和宫、孔庙、国子监隔河相望。地坛是明清两朝祭祀“皇地祇神”的场所，也是我国历史上连续祭祀时间最长的一座地坛。明清两代先后有15位皇帝在此祭地长达381年。

地坛始建于1530年，为北京五坛中的第二大坛，当时称作方泽坛， 1534年改名为地坛。地坛内庄严肃穆、古朴幽雅，是我国最大的祭地之坛。

更定祀典与地坛的由来

祭地文化起源于“万物有灵”的原始思维以及由此产生的自然崇拜。以后被统治者接受并加以改造，融合了儒家“敬天法祖”的思想，形成在特定时间和特定地点祭祀特定神祇的官方祀典。并为历代政权所

地坛正门

■地坛内的亭榭

遵从，成为帝制时代最重要的典章制度。

最初的祭祀活动在树林空地中的天然土丘上进行，后来发展为夯土筑台。台是最早出现的建筑形式，受当时技术水平所限，只能凭借夯土作建筑手段。

汉代以后，台出现两种变体，一是祭祀自然神的专用建筑物，叫作祭坛；二是建筑物的基础部分，叫作台基。

远古的祭祀活动无确切记载。《周礼》中“夏至日祭地祇于泽中方丘”成为历代地坛规制和祀典的理论基础。

汉武帝时，在汾河汇入黄河处建后土祠。西汉末年又按阴阳方位在都城长安南郊和北郊分建祭祀天地之坛。

自此祭地之坛成为都城必不可少的建筑项目，由于历代对儒家经典解释不同，有时将天和地合在一起

神祇 神指天神，祇指地神，“神祇”泛指神。神祇是宗教观念之一，超自然体中的最高者。一般认为它不具物质躯体，但有其躯体形象；不受自然规律限制，反之却高于自然规律，主宰物质世界。几乎所有的人类社会中，多少都存有这种观念，但又因文化的不同，人们对神的认知又千变万化。

地坛内的拱门

朱允炆 就是明惠帝，明太祖朱元璋的嫡次孙，明朝的第二个皇帝。他因削藩，导致叔父燕王朱棣发动“靖难之役”，从此不知所踪。他在位期间开始对明朝进行改革，史称“建文新政”。

太庙 我国古代皇帝的宗庙。太庙在夏朝时称为“世室”，殷商时称为“重屋”，周称为“明堂”，秦汉时起称为“太庙”。最早的太庙只是供奉皇帝先祖的地方。后来皇后和功臣的神位也可以被供奉在太庙。

祭祀，有时分开祭祀。

1153年建中都城，在通玄门外，就是后来的复兴门外会成门东建北郊方丘，是北京最早的祭地之坛。

现存北京地坛的起源可以追溯到明初。明朝开国皇帝朱元璋建圜丘于钟山之阳、方丘于钟山之阴，实行天地分祀。有一年祭祀前斋戒时遇到下雨，朱元璋感觉敬天地如敬父母，没有分开祭祀之理，于是改为合祀。

朱元璋死后，皇太孙朱允炆继位，年号建文。鉴于北方诸藩王拥兵自重危及朝廷，建文帝决定削藩。

镇守北平的燕王朱棣起兵反抗，发动“靖难之役”，攻入南京，夺取皇位，年号永乐。朱棣就是明成祖，他夺取皇位后改北平为北京，迁都北京。这是明代的重要事件，史称“永乐迁都”。

明成祖营建北京城时，以南京为蓝本，在京城正阳门外建天地坛、紫禁城右侧建社稷坛、天地坛以西建山川坛。

1421年，“正月甲子朔，上以北京郊社、宗庙及宫殿城，是日早躬诣太庙，奉安五庙太皇太后神主。命皇太子诣天地坛奉安昊天上帝、后土皇地祇神主，皇太孙诣社稷奉安太社太稷神主”。昊天上帝和皇地祇神位从此就在北京扎下根来。

1521年，明朝第十代皇帝武宗病死。武宗无子，其堂弟15岁的朱厚熜以藩王继承皇位，为明世宗，年号嘉靖。世宗继位之初围绕如何确定其生父的尊号展开一系列激烈争论，由此引发礼制变革。

早在嘉靖皇帝由藩邸进京的时候，未即位的嘉靖皇帝与朝臣们就迎接的礼仪发生了争执，结果以朝臣的妥协告终，紧接着，嘉靖皇帝的生母兴王妃蒋氏进京，又发生了类似的事情，最后朝臣又做了让步。

这两件事可以说是仪礼之争的主要缘由，从嘉靖皇帝主观来讲，他从外藩即皇帝位，对朝廷的旧臣并不十分信任，而且他不希望以过继给孝宗皇帝当养子的身份来入继大统。

因此他要追封自己的亲生父亲为皇帝，这一点标榜尊崇先师孔子礼教的大臣们是无法同意的，众大臣表现得空前团结，反对的奏章压得明世宗喘不过气来。

北京地坛内的建筑

就在世宗准备让步的时候，一个叫张璁的人站了出来，帮了嘉靖皇帝一个忙，他写了一篇文章，为嘉靖皇帝追封自己的父母找了许多理论依据，而且引经据典批驳了群臣的观点，嘉靖皇帝看后深受鼓舞，张璁也得以加官晋爵，成为仪礼派的首领。

1530年，世宗以天地合祀不合古制为由，集群臣596人议郊祀典礼。有82人主张分祀；84人主张分祀而又以为既成之法不可轻改，时机尚不适宜；26人主张分祀而以山川坛为方丘；206人主张合祀而不以分祀为非；还有198人不置可否。

明世宗“自为说，以示礼部”，将南郊的天地坛改为圜丘专以祭天，在北郊择地另建方泽坛专以祭地，并在东郊建朝日坛、西郊建夕月坛。这是为明代的重要事件，史称“更定祀典”。

1530年5月，四郊祭坛兴工。11月命北郊之坛为地坛，此后方泽坛和地坛两名并存，祝文中称“方泽坛”，平时称“地坛”。1531年，方泽坛建成，后改方泽坛为地坛。

阅读链接

关于大礼仪之争，民间还有另一个说法。据史料记载，朱厚熜是兴献王朱佑杬的独子，他小时候非常聪明，对父母也非常孝顺，因此父母对他疼爱有加，总希望他长大后能成大事，担大任。

兴献王朱佑杬望子成龙，就亲自讲授书史。他从4岁开始就教朱厚熜学《孝经》《大学》及修身齐家治国之道。

经过多年的熏陶，朱厚熜长大后不仅学识丰富，而且重礼节，孝敬父母。据说在他的父亲兴献王病重时，他多日衣不解带地陪在床前喂汤喂药，直至父亲病终。

1521年，明武宗驾崩，武宗无子，朱厚熜以藩王入继帝位，他就是明世宗。世宗讲礼节重孝道，即位不久便与朝臣在议兴献王尊号的问题上发生了“大礼仪之争”。

地坛内回字结构的古建筑

地坛总体布局坐南向北，由“回”字形两重正方形坛墙环绕，分成内坛和外坛。中轴线略向西北倾斜。

地坛以方泽坛为中心，周围建有皇祇室、斋宫、神库、神厨、宰牲亭、钟楼等。它的面积不大，约有37万平方米，占地仅为天坛的1/8左右。

方泽坛

举行祭地大典的方泽坛平面为正方形，上层高1.28米，边长20.5米，下层高1.25米，边长35米，乍一看，似乎给人以矮小、简单之感。但是，就在这看似一无所有的表象下面，却隐含着象征、对比、透视效果、视错觉、夸大尺度、突出光影等一系列建筑艺术手法，隐含着古代建筑师们的匠心构思。

内坛共有7组建筑。古人认为应该在质朴的环境之中祭祀皇地祇，所以地坛内建筑很少，而且造型简朴，没有烦琐的装饰。

方泽坛和皇祇室组两组主要建筑布置在中轴线南部，前面为祭坛，后面为供奉神位之所，是模拟宫殿建筑“前朝后寝”的规制。供皇帝斋戒之用的斋宫布置在西北部。

方泽坛是举行祀典的祭台，狭义的地坛就是指这座祭台。坛四周有方形水渠环绕，名为方泽。方泽西南外侧有石雕的龙头，祭祀时方泽注水，水深至龙口，形成“泽中方丘”。

古人认为祭坛“必受霜露风雨，以达天地之气”，所以祭坛之上不建房屋，也没有内部空间。这是祭坛通例。

坛面铺正方形白色石块，整个坛面由1572块石块铺成。上层正中1/9处铺较大的石块，纵横各6块，

五镇 始于《周礼》。五镇各镇一方，独具特色，它们分别是山东临朐的东镇沂山、浙江绍兴的南镇会稽山、山西霍州的中镇霍山、陕西宝鸡的西镇吴山、辽宁北宁的北镇医巫闾山。数千年来，历代帝王都在五镇立祠建庙，封禅祭祀。五镇显赫尊贵的历史地位和以神仙文化为特色的文化底蕴，使之在中华文明史上享有崇高的地位。

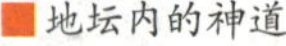
地坛内的神道

地坛方泽坛

以外分隔为四正四隅8个正方形，每个正方形纵横各8块。上层纵横各24块。

围绕中心四外为8环，最内环36块，每环递增8块，最外环92块。下层纵横各40路，也是8环，最内环100块，最外环156块。

坛立面包砌黄琉璃砖。四面各有8级台阶。下层东西两侧有4个石座。南面两座雕山形花纹，北面两座雕水形花纹，祭祀时以五岳五镇、皇帝陵寝所在的五陵山和四海四渎从祀，是安放从祀神位的四从坛。

方泽坛周围有两重低矮的围墙，称为“壝”。壝也是祭坛的组成部分，古代称祭坛规制为坛壝之制。方泽坛为两重方壝，壝墙黄琉璃瓦顶。

四面正中各有白石筑成的棂星门，北面为正，三门，东西南各一门。围墙之间的东北角有望灯台，灯杆高约35.83米，用以祭祀时悬挂望灯。

前朝后寝 这是我国宫殿自身的布局。宫殿大体上有前后两部分，前堂、后室只有一墙之隔，这就是“前朝后寝”。所谓“前朝”，就是帝王上朝治政、举行大典的地方。所谓“后寝”，就是帝王与后妃们生活居住的地方。“前朝”设有御座，是帝王坐的地方；“后寝”设有床具，乃休憩之所。

地坛斋宫

皇祇室在中轴线南端。大殿体量不大，北向，面阔5间，单檐歇山顶，覆黄琉璃瓦。内檐彩画为最高等级的和玺彩画，全部以凤为题材，是一种罕见的做法，为清乾隆年间原物。

皇地祇神位平时供奉于皇祇室内，祭祀时移到方泽坛上。围墙之门与方泽坛南棂星门相对，围墙覆黄琉璃瓦。

斋宫东向，面向中轴线。正殿建在单层台基上，面阔七间，单檐歇山顶。前有月台，围以白石栏杆。南北配殿各七间，单檐悬山顶。配殿后各有守卫房七间。东有内宫门，其外环绕高墙一道。整组建筑用绿琉璃瓦。

北京诸坛仅天坛、地坛、先农坛建有斋宫。因为皇帝对皇地祇称臣，所以斋宫必须建在祭坛的下方位置，朝向和色彩必须低于祭坛的规制。

棂星门 文庙中轴线上的牌楼式木质或石质建筑。棂星即灵星，又名天田星。后来人们又将棂星解释为天镇星、文曲星、魁星。古人认为“天镇星主得士之庆，其精下为灵星之神”，以棂星命名孔庙大门，象征着孔子可与天上施行教化、广育英才的天镇星相比，又意味着天下文人学士汇集于此，统一于儒学的门下。

还有4组附属建筑，布置在中轴线以西：神库和宰牲亭在方泽坛以西，钟楼和神马圈在斋宫以北。钟楼内悬挂着嘉靖年间铸造的铜钟，祀典开始时鸣钟。

斋宫为皇帝祭地时斋宿之所。清代顺治、康熙、雍正、乾隆、嘉庆各帝都曾在此斋宿。主体建筑坐西面斋宫东，由西、南、北3殿组成，始建于1530年，1730年重建。

神库建于1530年，这组小建筑群是由4座五开间的悬山式大殿和两座井亭组成。

正殿叫“神库”，是存放迎送神位用的凤亭、龙亭和遇皇祇室修缮时，临时供奉各神位的地方。东配殿叫祭器库，是存放祭祀所用皿用具的库房。西配殿叫神厨，是制作祭祀供品食物的地方。

南殿叫“乐器库”，是存放祭祀所用乐器和乐舞生服的地方。东西井亭专为方泽坛内泽渠注水和为神

单檐歇山顶 我国古代建筑屋顶的样式之一，在规格上庑殿顶。歇山顶共有9条屋脊，即1条正脊，4条垂脊，4条戗脊，因此又叫九脊顶。由于其正脊两端到屋檐处中间折断了一次，分为垂脊和戗脊，好像“歇”了一歇，故名歇山顶。歇山顶分为单檐歇山顶和重檐歇山顶。重檐歇山顶是在基本歇山顶的下方，再加上一层。天安门、故宫的太和门和保和殿为单檐歇山顶。

地坛内的碑刻

子时 我国古代地支计时法的一个时段，就是夜里11时至凌晨1时，鼠在这时间最活跃，故称子时。我国古人把一天划分为12个时辰，每个时辰相当于现在的两小时。据说古人是根据十二生肖中动物的出没时间来命名各个时辰的。

厨供水。南殿及两井亭于1749年建成。

宰牲亭位于神厨的南侧，建于明永乐年间，是古代皇家祭祀前宰杀祭祀所用牲畜的场所，也称打牲亭。亭内有石槽，门内两侧原有井亭各一座，为洗涤祭品之用。

古时对宰杀祭牲也很讲究，于祭祀前一天子时初刻，在此举行宰牲仪式：宰牲人预先在亭外墙东，挖一个两尺见方、两尺深的坑，也叫“瘗坎”。

太常寺官员摆设香案于亭外，光禄寺大臣穿礼服，在两名太常寺赞礼郎的引导下，到香案前北面三上香后与御史、礼部司官一起视宰。宰牲人用鸾刀割牲；用器皿取祭牲之毛、血，掩埋于墙东之坎内。宰牲仪式遂告结束。

地坛内建筑一角

宰牲亭的西侧就是井亭。井亭最大的特点是，

地坛内的石牌楼

亭的顶部是敞开的，通天的。井口冲青天，寓意含有天地之气的意思。宰牲亭上边的几根柱子不落地，都落在4个抹角梁上。宰牲亭的接点做法是清代所没有的，它的柱头直接通上去不用垫板，它的木构件特别直爽。

后来的宰牲亭以历史原貌面向世人，殿内青砖墁地，有灶台、漂牲池。里面有皇帝祭天祷告词、供奉牌位、祭器和贡品等，都是地坛极其珍贵的文物。

钟楼始建于1530年，为三开间歇山式绿琉璃顶的重檐正方形建筑，通面阔12米多。因年久失修，于1965年拆除。2000年按原样重建。钟高2.58米，直径1.56米，重2324千克，铭文铸“大明嘉靖年月日制”8个字。钟声洪亮浑厚。

神马殿建于1530年，建筑为五开间悬山式绿琉璃顶。它通面宽19.55米，每间宽度相同，进深7.5米。外有壝墙。1999年进行挑顶大修。

光禄寺 我国古代掌理膳食的官署名。光禄寺原称光禄勋，由汉朝郎中令演变而来，统属宫廷宿卫及侍从等。至魏、晋仅存其名，北齐则易名为光禄寺，职责亦变为掌理皇室膳食。自此各代均保留此制，只在辽代时曾易名为崇禄寺，金代则职属宣徽院。

地坛方泽亭

牌楼也称牌坊，是地坛西门的第一座建筑物。明清两代皇帝到地坛祭地首先经过牌楼，再进坛门，地坛牌楼与颐和园东门外牌楼一样高大雄伟。

明代始建时称“泰折街”牌坊，清代雍正年间重建时改为“广厚街”牌坊。由于自然条件和历史的原因，两个牌楼都没有保存下来，后来的牌楼是根据清代乾隆时所建式样重新建设的。

新建的牌楼高达13.5米，气势高大雄伟，绿色的琉璃瓦面，彩画以“天龙地凤”之说，绘以丹凤图和牡丹图案，正面中心有“地坛”两字，背面核心有“广厚街”字样。

集芳囿位于外坛的西北部，占地面积6000平方米，建筑面积1300平方米，是一座封闭式的古典景园。园内有殿室、廊亭、池榭、爬廊、假山等，布局严谨多变。

园内还有近900平方米、高12米的温室，室内除

假山 园林中以造景为目的，用土、石等材料构筑的山称为假山。我国在园林中造假山始于秦汉。秦汉时的假山从“筑土为山”到“构石为山”。由于魏晋南北朝山水诗和山水画对园林创作的影响，唐宋时园林中建造假山之风大盛，出现了专门堆筑假山的能工巧匠。

了有数百种名花异草外，还有假山叠水和溪流。它是景色优美和四季如春的幽静仙境。

牡丹园是占地面积最大、植物品种最丰富，亭、廊、水榭、花架等园林小品最精致的园中园。园内通过整合的手法，遵循园林布局，采用形态生动、布置形式灵活的自然山石与灌木相结合的形式处理驳岸，与水榭保持景观风格的统一，充分体现了我国古典园林师法自然的造园思想。

在我国古代，天圆地方的观念源远流长。因此，作为祭祀地祇场所的地坛建筑，最突出的一点，就是以象征大地的正方形为几何母题而重复运用。从地坛平面的构成到墙圈、拜台的建造，一系列大小不同的正方形反复出现，与天坛以象征苍天的圆形为母题而不断重复的情形构成了鲜明对照。

这些重复的正方形，不仅具有强烈的象征意义，而且还创造出了构图上平稳、协调、安定的建筑形

天圆地方 我国阴阳学说的一种体现，我国传统文化博大精深，阴阳学说乃其核心和精髓。我国古代的建筑多体现这一思想。古人把茫茫宇宙称为“天”，把人们赖以生存的田土称为“地”，由于日月等天体都是在周而复始、永无休止地运动的，好似一个闭合的圆周无始无终；而大地却静悄悄地在那里承载着我们，恰如一个方形的物体静止稳定，“天圆地方”的概念便由此产生。

地坛钟楼

阴数 古人认为，奇数是阳数，偶数是阴数。我国古代哲学认为宇宙中所有的物质都是阴阳的对立和统一，当然，数也不例外。《易经》中有“参天两地而倚数”，晋代韩康伯说，三是奇数，二是偶数，七和九是阳数，六和八是阴数。

象，而这又与大地平实的本色十分一致。

按照古代天阳地阴的说法，方泽坛坛面的石块均为阴数，即双数：中心是36块较大的方石，纵横各6块；围绕着中心点，上台砌有8圈石块，最内者36块，最外者92块，每圈递增8块；下台同样砌有8圈石块，最内者100块，最外者156块，亦是每圈递增8块；上层共有548块石块，下层共有1024块，两层平台用8级台阶相连。凡此种种，皆是“地方”学说的象征。

方泽坛建筑艺术的又一突出成就体现在空间节奏的完美处理上。它方形平面向心式的重复构图，使位于中心的那座体量不高不低的方形祭台显得异常雄伟，这种非凡的气魄，主要来源于两个方面：

首先是最大限度地去掉周围建筑物上一切多余的

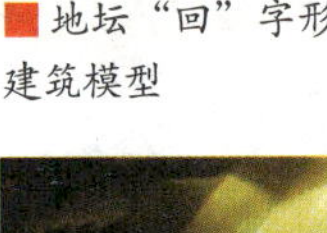

地坛“回”字形建筑模型

地坛内的石桥

部分，使其尽可能地以最简单、最精练的形式出现，从而形成了一个高度净化的环境。

其次则是巧妙的空间结构处理手法：两层坛墙被有意垒砌成不同的高度，外层墙封顶下为1.7米，内墙则只有0.9米，外层比内层高出了将近一倍；外门高2.9米，内门高2.5米。

两层平台的高度虽然相近，但台阶的高度却不同，上层台宽3.2米，下层台宽3.8米。这种加大远景、缩小近景的手法，大大加强了透视深远的效果。

更重要的是，这样的安排还营造了祭拜者的一种特殊心理节奏。当人沿着神道向祭坛走去时，越向前走，建筑就越是矮小，而祭拜者本人就越是显得高大。当人最终登上祭坛时，自然会有一种凌空抚云和俯瞰尘世之感了。

除了视觉上促使人产生节奏感之外，还十分重视人的触觉，特别是脚的感觉。我国建筑历来重视地面

意境 我国古典美学独特的范畴，它是我国古代思想家提炼出来的，同时也是我国历代艺术家有意识去追求的。我国园林艺术在审美上的最大特点就是有意境。我国古典园林中的建筑物，如楼、台、亭、阁，它们的审美价值主要不在于这些建筑物本身，而在于它们可以引导人们从小空间进入到大空间，丰富人们对于空间美的感受。

的铺作和道路、台阶的距离远近曲直，目的就是要创造出一种特定的意境或气氛。

方泽坛的空间和距离，从一门到二门，二门到台阶前都是32步左右，两层平台都是8级台阶，上二层平台又是32步左右。这样，人在行进间进行持续时间相同的重复，自然而然地就会使脚的触觉转化成心理上的节奏，舒畅的平步青云之感便会油然而生。

如果说帝王祭天是为了表现自己是天之元子并受命于天的话，那么，他们在祭地时，体现的则是自己君临大地和统治万民的法统。

因此，天坛建筑以突出天的至高无上为主，祭天者被放到了从属地位，而地坛建筑则不然。

地坛虽然也要表现大地的平旷与辽阔，但更要突出作为大地主人的君王的威严，要唤起帝王统治万民的神圣感和自豪感。所以，营建地坛的古代建筑师们才煞费苦心地做了这样的构思与设计。

阅读链接

地坛建筑在色彩运用方面也颇具匠心。方泽坛只用了黄、红、灰、白4种颜色，便完成了象征、对比、过渡，形成了协调艺术整体、创造气氛的作用。祭台侧面贴黄色琉璃面砖，既标明其皇家建筑规格，又是地祇的象征，在我国古代建筑中，除了九龙壁之外，很少见到这种做法。

在黄瓦与红墙之间以灰色起过渡作用，又是我国古代宫廷建筑常见的手法。整个建筑以白色为主并伴以强烈的红白对比，给人以深刻的印象。

红墙庄重、热烈，汉白玉高雅、洁净；红色强调粗重有力，白色如轻纱白云，富有变幻丰富的光影和宜人的质感；红色在视觉上近在眼前，象征尘世，而白色则透视深远的效果，远方苍松翠柏的映衬，又使祭坛的轮廓十分鲜明，更增添了它神秘、神圣的色彩。

皇祇室独特的建筑彩画

清初沿袭明朝地坛旧制，地坛以及其中各建筑的名称也未改。1749年，地坛因年久失修损毁严重，清政府为此进行了大规模的修缮和改建。

地坛建筑

龙凤和玺彩绘

乾隆认为皇祇室绿瓦和方泽坛黄琉璃面砖“于义无取”，于是依据《周礼》和《考工记》等经典，将皇祇室以及方泽坛围墙绿琉璃瓦顶改为黄瓦、方泽坛黄琉璃面砖改为白色石块。

这次改建十分成功，使两座主体建筑的礼制意义更加明确。改建工程至1752年竣工。

1873年同治帝亲政重修了皇祇室，这是我国封建帝制时代对地坛的最后一次修缮。这座大殿的一个特点是内檐彩画采用了“双凤和玺”式样。

彩画是我国特有的一种建筑装饰艺术，具有悠久的历史。据史籍考证和考古实物证明，早在春秋至战国时期，就在建筑物的檩、枋、梁、柱等部位进行了彩画装饰。大量出土的汉代陶楼建筑的梁、柱、枋上更是都有彩绘装饰。

龙草和玺彩画

和玺彩画的一种，其级别低于龙凤和玺，主要由龙和大草构图组成。枋心、藻头、盒子等部位由龙和大草交替构图，底色以红、绿两色互相调换，多用于宫殿和喇嘛教建筑。大草图案配以吉祥草，简称“轱辘草”。

明清之际，建筑彩画已趋规范，特别是清式彩画的制度性更加明显，各种彩画在构图、用色、用金和退晕层次上都有具体的规定，许多彩画已经形成了共有的特点，归纳起来可以分为“和玺”“旋子”和“苏式”三大类，另外还有一些杂式的类型。

和玺彩画是彩画等级最高的一种，是清代官式建筑主要的彩画类型，有的称为“合细彩画”。它仅用在宫殿、寝宫、离宫、皇家坛庙的主殿、堂门和少量的牌楼建筑中。

和玺彩画是在明代晚期官式旋子彩画日趋完善的基础上，为适应皇权需要而产生的新的彩画类型。画面中象征皇权的龙凤纹样占据主导地位，构图严谨，图案复杂，大面积使用沥粉贴金，花纹绚丽。

和玺彩画构图时，在梁、枋各部位都用曲折线分成段，其他主要线条一律沥粉贴金，金线一侧衬白粉线或者同时加晕。各个构图部位内的花纹也沥粉贴金，并且用青、绿、红等底色来衬托金色图案，整体画面非常华贵。

金琢墨和玺 和玺彩画的一种，但在要求上比一般和玺精细。它的轮廓线、花纹线、龙鳞等均沥单粉贴金，内作五彩色攒退。它采用贯套箍头或锦上添花，西番莲、汉瓦加草等，攒小色以不顺色为原则，如青配香色，绿配紫等五色调换。盒子、藻头和枋心的配色与箍头配色相同。

双凤和玺彩绘

■ 苏式彩画 我国古代建筑彩画的一种类型，源于江南苏杭地区民间传统做法，俗称“苏州片”。一般用于园林中的小型建筑，如亭、台、廊、榭以及四合院住宅、垂花门的额枋上。紫禁城内苏式彩画多用于花园、内廷等处，大都为乾隆、同治或光绪时期的作品。

根据各个部位所画的内容不同，和玺彩画的做法又分为金琢墨和玺、金龙和玺、龙凤和玺、龙草和玺、金凤和玺及草凤和玺等。

旋子彩画仅次于和玺彩画，它有明显、系统的等级划分，既可以做的很素雅，也可以做的非常华贵。它的应用范围很广，一般官衙、庙宇的主殿，坛庙的配殿以及牌楼等建筑物都用这种彩画。

旋子彩画的主要特点是：找头之内使用带旋涡状的几何图形，叫作旋子或旋花，各层花瓣从外到内分别称“一路瓣”“二路瓣”“三路瓣”和“旋眼”，或称旋花心。旋子以“一整两破”为基础，以找头的长短作为增加或减少旋花瓣的处理依据。

苏式彩画由图案和绘画两部分组成，是另一种风格与形式的彩画，主要用于园林和住宅。各种图案和画题相互交错，从而形成了多变的画面。

在图案中一般画上各种回纹、万字、夔纹、汉瓦、连珠、卡子、锦纹等。绘画包括各种人物故事、山水、花鸟、鱼虫等，另外还有一些装饰画，比如折枝黑叶花、异兽、流云、博古、竹叶、梅花等。画题多含寓意，喻示美好和吉祥。

夔纹 青铜器上的装饰纹样之一。该图案表现传说中一种近似龙的动物——夔，主要形态近似蛇，多为一角、一足、口张开、尾上卷。有的夔纹已发展为几何图形。常施于簋、卣、觚、彝和尊等器皿的足、口的边上和腰部作装饰。盛行于商和西周前期。

北京地坛皇祇室的内檐彩画采用了金凤和玺的画法。这种彩画样式在北京区的宫殿、坛庙之中仅此一例。这些彩画的题材以“凤”为主要形象，所有的枋心彩绘图案都是双凤，没有龙和龙凤图案，这在我国现存的官式建筑物中是非常少见的。

在土地祭祀文化中，关于祭祀的场所、祭祀的礼器、祭祀的仪仗、礼仪、禁忌等，历朝历代都有严格规定。北京地坛是明、清朝廷进行最高规格的祭祀地祇神的专用场所，它的营建必须合乎“礼”。

为了合乎这个“礼”，古代工匠们在营建地坛的

■ 旋子彩绘

过程中，从选址到规划，从整体布局到局部操作采用的特殊建筑语言中，无不直接或间接地体现了两种观念和信仰，一是对承载、滋养普天之下万物生灵的大地的尊崇、敬畏和虔诚，二是象征国家社稷为天之所授的观念。

不必说地坛整体规划一律采用“制方”的设计，也不必说唯独地坛建筑“坐南朝北”，更不必说各组建筑的长度都是“偶数为基”，单单是所有建筑枋心的彩绘图案都是“双凤”，而无双龙和龙凤图案，这在我国官式建筑中就极为罕见，从而被称为“北京一绝”。

皇祇室内檐彩画的题材以凤为主要形象，表明它的象外之意代表了八卦中的坤象，表示的是“后土”和“地示”神祇等内涵。这种特殊的图案体现了与地坛这组建筑在形象和使用功能上的一致性。北京地坛皇祇室内檐彩画以其独特的立意、构图和具体描绘手法，在我国古代建筑史上增添了一朵瑰丽的小花。

阅读链接

皇祇室内檐彩画与清代晚期的“和玺彩画”相比较，具有以下几点值得我们认真品鉴。

首先，在彩绘构图中，枋心部分的长度占全间的长度比例略小于1/3。

其次，在彩绘图案中，箍头、规线光、皮条线、枋心头等斜线的处理上，不是采用直斜线，而是调整为稍稍弯曲的弧线，并且这些线旁边只饰用了大粉，没饰晕色。

再次，柱头的彩绘方法不是像清代晚期彩画那样处理，而是在青地内直接绘以沥粉贴金西番莲，而所描绘的西番莲构图，在细部的处理上颇具明代西番莲的风格。

最后，在横向大木上的盆子，找头和枋心内所绘制的大量“凤”形图案，风格古朴，构图简练，优美多姿，而且所有“凤”的空白之处，都以比较大片的祥云作衬绘，其云层的形状和勾绘都非常讲究。

太阳神殿

北京日坛

日坛又名朝日坛，位于北京朝阳门外东南方向，与东岳庙南北相望。日坛是明清两代帝王祭祀大明之神太阳的地方。

那时，每年春分日出寅时行祭礼，文武百官浩浩荡荡相随而至，都来此祭拜太阳之神，场面壮观，因此日坛又叫太阳神殿。

日坛始建于1530年，主体建筑是祭坛，四周环绕着矮墙。祭坛为方形，西向，白石砌成，坛面明代为红琉璃，以象征太阳，清代改为方砖墁砌。日坛还体现了我国古老的祭祀文化，为著名的北京五坛之一。

日坛内古朴典雅的建筑

1530年，明世宗更定祀典，除了将南郊的天地坛改为圜丘专以祭天，还在东郊建“朝日坛”专门祭日，朝日坛就是日坛，这就是日坛的来历。

日坛内的亭榭

日坛内的石坊

那么，为什么要祭祀太阳呢？这就涉及自古以来人类对太阳的崇拜了。

太阳崇拜具有普遍意义，世界上几乎所有民族都有过日神信仰的历史。我国就是太阳崇拜的五大发源地之一。人类所塑造出的最早的神是太阳神，最早的崇拜形式是太阳崇拜。

太阳神话是一切神话的核心，一切神话都是由太阳神话派生出来的。太阳从仅仅是个发光的天体变成了世界的创造者、保护者、统治者和奖赏者，这实际上太阳变成了一个神，一个至高无上的神。

在世界上，凡是太阳照耀的地方，均有太阳崇拜的存在，宗教认为一切神话均源于太阳，很多民族的原始信仰无不与太阳或者火有着千丝万缕的联系。

太阳崇拜是以天体为对象的自然崇拜中的一种。在人类未形成之前，太阳便已存在了。人类诞生以后，太阳作为一种自然物体与人类朝夕相处。

但在人类社会的早期，即原始采集、狩猎时代，尚没有发生太阳

■日坛内传统建筑门楼

崇拜，因为尽管太阳对人的影响较为显著，但毕竟未对人的生活和生命安全产生直接影响。

进入新石器时代以后，即人类能够进行生产性的生产以后，太阳对人才有了直接的利害关系，人们才感觉到自己的劳动受到太阳的制约，从而促使人们对太阳产生了较多思考。原始人不理解太阳奥秘，以为太阳具有能使万物复苏和生长的超自然力量，甚至视其为丰产的主要赐予者。

原始人还认为，太阳也像人一样，有灵魂，有喜怒哀乐，这样人们便认为太阳也是有“灵”的。后来，人们又逐渐把太阳人格化了，同时视之为神而加以礼敬或祭祀。

在华夏大地上，人们对太阳一直偏爱有加。在我国，最早记载日月神话的文献是《山海经》。其中关于太阳有这样一段神话传说：

《山海经》我国先秦古籍。一般认为它主要记述的是古代神话、地理、物产、巫术、宗教、古史、医药、民俗、民族等方面的内容。《山海经》全书18卷，其中《山经》所记载的大部分是历代巫师、方士和祠官的踏勘记录，具有较高的参考价值。《山海经》最早的版本是经西汉刘向、刘歆父子校勘而成的。

东南海之外，甘水之间，有羲和之国，有女子名曰羲和，方日浴于甘渊。羲和者，帝俊之妻，生十日。

羲和 我国神话中太阳神的名字。传说她是东夷人祖先帝俊的妻子，共生了10个儿子，都是太阳，他们住在东方大海的扶桑树上，轮流在天上值日。后来，10个兄弟不满先后次序，十日并出，晒得大地生火，就被后羿射杀了其中的9个。

日坛在北京城东郊，朝阳门外，当都城卯位。壝墙圆形，四周设棂星门四座，西门为三门六柱，东、南、北3座均为一门二柱，朱红门扉。

壝墙西门内有鼎、炉各两座，西门外南有瘗坎、铁燎炉各一座，北向。壝墙北门外之东为神库西向三间，神厨南向三间，以及井亭一座，南向，周围有墙垣一重，开门一座，西向。

其北为宰牲亭三间，墙垣一重，亦开一门向西。壝北门外直北为祭器库、乐器库、棕荐库，各三间，联檐通脊，均南向。壝墙西门外之北为具服殿三间，南向，左右配殿各三间，四周环卫宫墙，南面开宫门三间。其东有钟楼一座。

日坛九龙柏

日坛主体建筑是祭祀大明之神，就是太阳的祭日坛，其主体建筑于1530年修建，坐东向西，呈方形，宽约16.7米，高约2米，是以白石砌成的一层方台，四面各出白石陛阶九级。各数皆为阳数。

照壁 我国古代传统建筑特有的部分。明朝时特别流行，是在大门内的屏蔽物。在古时，人们认为自己宅中不断有鬼来访，修上一堵墙，以断鬼的来路。因为据说小鬼只走直线，不会转弯。另一说法为，照壁是我国受风水意识影响而产生的一种独具特色的建筑形式，又称“影壁”或“屏风墙”。

据记载，日坛建筑格局为：内坛墙前方后圆，周长约968米，两面用砖镶砌。西、北两面开天门两座，各三间。西天门外正西建栅栏门三座，照壁一座。北天门外有照壁一座。另有西角门一座。西北为景升街牌坊，坊前以朱栅为界，长50米。

外围墙西自牌坊西抵坛垣西南隅，长约1274米，东自牌坊东抵坛垣东北隅，长约1141米。其甬路由景升街向南，折向东至北天门，门以南折而西而北达具服殿，直南至神路。从壝北门外北至祭器库，折向东达宰牲亭、神库。各建筑均用绿色琉璃瓦，外墙覆瓦用青色琉璃绿缘。

坛面原为红色琉璃，象征太阳，清代改为方砖墁砌。正西有白石棂星门三座，西门外有燎炉、池。北为神库、神厨、宰牲亭、钟楼等。南为具服殿。后

日坛宰牲亭

日坛祭日壁画

来，祭日的坛台不在了，只有四周的红墙完好无缺。

祭日壁画位于日坛中央，绿色琉璃瓦顶。壁画全长15米，高6米，壁画中央是“金乌”太阳神，上有飞天，下有帝王，群臣及百姓祭祀太阳神的隆重场面，两侧是“后羿射日”和“夸父逐日”等有关太阳的传说。

具服殿为一方形院落，北为正殿三间，南向。正殿左右为配殿，各三间，东西向，四周有宫墙。这是皇帝休息更衣之所。

西南景区融合了江南的湖光山色和北方园林的古朴典雅之美。景区有近4700平方米的湖面。湖畔建有古香古色的水榭、画舫，湖面架以曲桥、拱桥。

湖边围绕蜿蜒迂回的小路，沿小路向东走去，有曲径通幽之趣，登上峭壁眺望，山水融为一体。

玉馨园占地面积3000平方米，景色宜人，穿过蜿

夸父逐日 我国上古神话故事。说夸父与太阳赛跑，他跑进了太阳的光轮，天气炎热，他很渴，黄河和渭水的水都不够他喝，他就想去北方的大湖喝水。他还没走到北方大湖，就在半路上渴死了。他遗弃的手杖，化成了一片桃林，从此，绿树成荫，桃果飘香，后来的夸父族人逐日再也没有渴死过。

神库神厨外景

蜒曲折的园路，具有40余年树龄、胸径为1米的悬铃木，枝繁叶茂，像一把遮阳伞，为游人带来丝丝凉意。

另外，园中还有凉亭、喷水池，花木山水，相映成趣。著名的燕京八景之一的“金台夕照”，也让古老的日坛越发古朴典雅。

阅读链接

金台夕照景观，一直是老北京东南城的文化景观。据说乾隆皇帝还曾到此地游览，在夕阳下欣赏美景，还用行书题写了“金台夕照”4字，并题诗一首。诗云：

九龙妙笔写空蒙，疑是荒台西或东。
要在好贤传以久，何妨存古托其中。
豪词赋鹜谁过客，博辩方孟任小童。
遗迹明昌重校检，宰然高望想流风。

我国传统的祭日典仪

祭日典仪是我国古代重要的祭礼之一。“祭日”在规模上虽比不上祭天，但仪式也颇为隆重。每年春分之日，明清两朝的皇帝都会前去北京城东面的日坛祭祀“太阳神”，文武百官，浩浩荡荡，相随而至，场面十分壮观。

日坛棂星门

《礼记》是研究我国古代社会典章制度和儒家思想的重要著作，内容广博，门类杂多，涉及政治、法律、道德、哲学、历史、祭祀、文艺、日常生活、历法、地理等诸多方面，几乎包罗万象，集中体现了先秦儒家的政治、哲学和伦理思想。其中《祭仪》专门记录了有关祭祀的礼仪和制度。

我国祭日的传统由来已久。《国语》中云：

古者先王即有天下，又崇立于上帝明神而敬事之，于是乎有朝日、夕月，以教民尊君。

《礼记·祭义》载：

郊之祭，大报天而主日，配以月，夏后氏祭其暗，殷人祭其阳，周人祭日，以朝及暗。祭日于坛，祭月于坎，以别幽明，以制上下。祭日于东，祭月于西，以别外内，以端其位。日出于东，月生于西。阴阳长短，终始相巡，以致天下之和。

古之天子，以天为父，地为母，日为兄，月为姊。每年春分朝日，秋分夕月。之所以选择春分和秋分，是因为“春分阳气方永，秋分阴气向长”，可

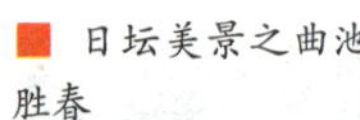

日坛美景之曲池胜春

“得阴阳之义”。这一传统延续数千年，历代虽各有损益，但总体变化不大。

及至明初，天、地、日、月本为合祭。1370年，为正祭礼而分祀日、月，在南京城东、西城门外分建日、月坛。到嘉靖年间，改订礼法，又将地、日、月重新分祭。

日坛玉馨园

1530年，将日坛和月坛由北京天地坛即后来的天坛分出。日坛设于朝阳门外，此地原为明锦衣卫萧瑛的住地，西向，称“朝日坛”；于每年春分日祭祀大明之神，无配祀。逢甲、丙、戊、庚、壬，每隔两年皇帝要亲赴日坛祭祀。其他年份则派遣文官代行。

据史料记载，日坛建好后，每年皇帝都要去日坛祭日，直至清朝道光二十三年（1843年）。当时祭日仪式非常隆重。祭日典仪开始时，奏中和韶乐，皇帝带着十余位大臣缓缓步入祭坛。祭坛上正东方向已摆好大明神位，也就是太阳神位。并且盛放祭品的器皿都是红色的，象征着太阳的颜色。

当祭日的队伍全部就位后，赞引官洪亮的嗓音响起：“就位——跪、叩、兴！”皇帝按照指引，恭敬地跪拜在神位前，请神从天界下到凡间，并献上玉和帛。之后皇帝又带领大臣行初献礼、亚献礼、终献

锦衣卫 全称为锦衣亲军都指挥使司，原为朱元璋设立的“拱卫司”，后改称“亲军都尉府”，统辖仪鸾司，掌管皇帝仪仗和侍卫。1382年，裁撤亲军都尉府与仪鸾司，改置锦衣卫。朱元璋为加强中央集权，特令其掌管刑狱，赋予巡察缉捕之权，下设镇抚司，从事侦查、逮捕、审问等活动。

日坛清辉亭

礼，每次都要跪拜，并献上爵。

伴随着仪式的进行，64位乐舞生在拜坛下面相继跳起武功舞和文德舞，分别表示武得天下和文治天下的含义。这两种舞蹈非常优美，与之配合的音乐也是铿锵有力、缓慢肃穆。

祭日典仪一直受到皇家重视，是我国古代文化的重要组成部分。

阅读链接

传说我国民间很早就有赶庙会祭祀太阳神的传统。

在山东日照汤谷太阳文化源风景区的天台山下，有一个非常独特的老母庙，这座老母庙祭祀的是我们的先祖太阳神羲和，当地人称“羲和老母”。

每年农历六月十九太阳神生日这天，天台山下的老母庙都要举办庙会，这是当地的一大盛事，周围几百里的乡民都会来赶庙会，祭太阳，祀老母，祈求五谷丰登，幸福安康。

村民们还将生产的乡土产品拿来展示、交换，同时请来专门的戏班子表演节目，场面宏大，热闹非凡。

北京月坛

夜明神殿

月坛又名夕月坛，坐落于北京西城西侧，月坛北街以南。月坛是明清两代皇帝祭祀夜明神月亮和天上诸星神的场所，因此，它又叫夜明神殿。

月坛始建于1530年。它是北京著名的五坛之一。月坛分为南北两部分：北园以红砖绿瓦的古建筑和规则的道路为特征，这是明清时期的月坛；南园是仿古园林，其中的山石、水池以及迂回曲折的园路组成了一个自然山水园的格局。月坛还是北京著名的古典园林之一。

远自周代的祭月传统

我们的祖先对于四季交替、天时变换、日月盈昃尤其是危及人类生命的水、火、雷和电等，还缺乏科学的了解，认为在自然界中存在着一位至高无上的神君，不但主宰着上天，而且主宰着人类的生死存

月坛鸟瞰一角

月坛具服殿

亡、吉凶祸福。

所以，人们就怀着畏惧、祈盼的心情对这一神灵顶礼膜拜，希望它消灾降福，呵护人类。

这种纯朴的神权思想和朦胧的宗教意识，正是产生祭坛拜坛作为祈祷场所的最初动因。以后，历朝历代又不断增加祭祀对象，建立起各种各样的祭坛神庙以及一整套繁杂而又故作神秘的祭祀礼仪，作为朝廷的一种精神工具。

其实，早在先秦时期，祭祀天地日月就已经成为一种制度。后来，秦始皇就曾在成山，就是后来的山东成山祭日，在莱山掖县祭月，他是我国古代祭祀日月最早的帝王，对祭祀活动产生了深远的影响。

古人认为五谷丰收离不开月亮，如果没有月亮赐

先秦时期 指秦朝建立之前的历史时代，它经历了夏、商、西周，以及春秋、战国等历史阶段。在长达1800多年的文明史中，我们的祖先创造了光辉灿烂的历史文明，其中夏商时期的甲骨文和殷商的青铜器，都是人类文明的标志。这一时期还有我国历史上第一次文化学术的繁荣。

予露水，没有月亮圆缺以计农时，丰收也是不可能的。据《礼记》记载：

> 天子春朝日，秋夕月。朝日以朝，夕月以夕。

意思是说，天子在春天祭日，在秋天祭月，祭日在早晨，祭月在夜晚。可见，帝王在春天祭日、秋天祭月的传统由来已久。

后来贵族和文人学士也仿效起来，在中秋时节，对着天上又亮又圆的一轮皓月，观赏祭拜，寄托情怀，这种习俗就这样传到民间，形成一个传统的活动。

西汉武帝时，则“夕月则揖”，行朝日夕月之礼。汉成帝年间，在当时的都城长安城南郊修建了“天地之祀”以祭天地，修建“东君祀”以祭日。

在魏晋南北朝时期，春分在东郊朝日，秋分在西郊夕月，祭祀日月之神。至此，祭祀天、地、日、月已成为我国古代国家的盛大典礼之一，是帝王治国的

牌匾 我国独有的一种文化符号，它是融汉语言、汉字书法、中国传统建筑、雕刻于一体，集思想性、艺术性于一身的综合性艺术作品。它不仅是指示标志，也是文化的标志，甚至是文化身份的标志，广泛应用于宫殿、牌坊、寺庙等建筑的显赫位置，向人们传达皇权、文化、人物、信仰等信息。

月坛内的长廊

月坛静月轩

重要方式，历来受到重视。

一直到了唐代，这种祭月的风俗更为人们所重视，中秋节便成为固定的节日，史书《唐书·太宗记》就记载有“八月十五中秋节”。据传这个中华民族重要节日的形成与“唐明皇梦游月宫”的故事有关。

传说有一年唐明皇在八月十五之夜，做梦游历了月宫，当他飘飘然地游历到月宫前的时候，见月宫上方悬挂着一块巨幅牌匾，上书有“广寒清虚之府”6个大字，他好奇地走了进去。

进宫以后，唐明皇立即被眼前的情景惊呆了，只见数百名天上仙女，个个如花似玉，她们舞动洁白如玉的长袖，在云雾缥缈的太空，伴着美妙的音乐，翩翩起舞。唐明皇看到一个个仙女体态轻盈，舞步优美动人，便越看越不想离去。正在他兴致高昂，情趣正浓之时，不觉醒来，原来是一场美梦。

但唐明皇一直难于从这场美梦中醒悟过来，后来

中秋节 我国的传统节日，为每年农历的八月十五。按照我国的农历，八月为秋季的第二个月，古时称“仲秋”，民间称为中秋，又称秋夕、八月节、八月半、月夕、月节等。又因为这一天月亮又满又圆，是团圆的象征，又称为团圆节。民间中秋节有吃月饼、赏月、猜灯谜等多种习俗。中秋节起源于中国，也是东亚民间的一个传统节日。

月坛大门

竟“以梦当真”，念念不忘梦中的一切。他命令皇宫中的总管组织宫女，根据自己的记忆，设计排练了一套模仿月宫仙女表演的霓裳羽衣舞。

就这样，每到八月十五，就要摆上供品，赏月祭月，同时观赏宫女表演的优美舞蹈，引得朝中文武百官竞相效仿，后来又传至全国各地，使人们对月亮产生了更多的神秘色彩，也促使每年八月十五过中秋佳节这一风气逐步盛行，形成了与春节、清明、端午齐名的中国民间四大节日。

古人把日称为“阳”，把月称为“阴”，阴阳调和则万物昌盛，因而人们对月亮有独特的情感。月亮在人们心中是美丽、温柔、恬静和可爱的，集所有阴柔之美于一身。而“嫦娥奔月”“吴刚伐桂”“玉兔捣药”，这些浪漫而美丽的神话，更让月亮多了份神秘的诗意。

阅读链接

古代帝王有秋天祭月的社制，民家也有中秋祭月之风，到了后来赏月重于祭月，严肃的祭祀就变成了轻松的欢娱活动。

中秋祭月赏月的风俗在唐代极盛，许多诗人的名篇中都有咏月的诗句，如诗人李白的“举头望明月，低头思故乡”，杜甫的“露从今夜白，月是故乡明”等。

宋代、明代、清代宫廷和民间的祭月拜月赏月活动更具规模。我国各地至今遗存着许多“拜月坛”“拜月亭”和“望月楼”等古迹。

月坛内古香古色的建筑

月坛的由来，同样是因为明朝的“更定祀典”事件，明世宗决定在西郊建夕月坛专门祭月，夕月坛就是月坛。

月坛垂花门

月坛在北京西城南礼士路以西，月坛北街以南。在明清文献中记载，坛内主要建筑，除祭坛坛台和内坛坛墙外，还包括钟楼、天门、具服殿、神库等古建筑。

祭坛长约13米，高约1.5米。坛面铺设白色琉璃，代表月亮，与日坛的红色琉璃相对。祭坛东南西北四方各设白石阶六级。

祭坛周围有壝墙，方形，周长约315米，高约2.6米，厚约0.7米。壝墙四面各开棂星门一座。正东之棂星门为三门六柱，西、南、北三门则均为一门二柱，柱和楣为白石制。扉皆为朱棂。

太牢 古代帝王祭祀社稷时，牛、羊、豕三牲全备为“太牢”。古代祭祀所用牺牲，行祭前需先饲养于牢，故这类牺牲称为牢；又根据牺牲搭配的种类不同而有太牢、少牢之分。少牢只有羊、豕，没有牛。由于祭祀者和祭祀对象不同，所用牺牲的规格也有所区别：天子祭祀社稷用太牢，诸侯祭祀用少牢。

祭器库和乐器库分别为存放祭月时使用的祭器和乐器的仓库。两库位于壝墙南门外，坐南朝北，各3间，祭器库在西，乐器库在东，建筑彼此连檐通脊。

神库是平时安奉夜明神位之地，神厨则是祭祀前准备祭祀贡品的场所。井亭内可以汲水。月坛的神库、神厨、井亭、宰牲亭位于坛垣内西南隅的两个院落中。

北侧院落为神库和神厨及井亭：神库三间，坐西向东；神厨三间，坐南向北，均为一出三级陛阶；井亭北向，四面闲以朱棂；院落有墙垣一重，向东开一门。该院落和宰牲亭院落之间还有角门相连。

宰牲亭用于宰杀、清洗祭祀的太牢，如牛、羊、

月坛内的亭榭

■ 月坛内的游廊

猪等。宰牲亭自成一院落，位于神库、神厨、井亭院落南侧。院落内有宰牲亭三间，坐西向东，院落墙垣一重，门亦东向。

钟楼两层，绿琉璃筒瓦歇山顶，檐下彩绘旋子彩画。通过内部的木栅券门可登上二层。二层原有一口铸造于明代的黄铜大钟，高3米，重2吨多。

具服殿是皇帝祭月更衣、休息的场所。正殿三间，坐北朝南，绿琉璃筒瓦歇山脊，檐下斗栱，梁枋施金凤和玺彩画，正中悬“具服殿”匾；殿内有清高宗“典崇郊坎”御额，且有对联：

西兑斋心陈白琥；
大田发咏庆黄云。

左右配殿各三间，殿顶覆黑琉璃瓦绿剪边，梁枋施旋子彩画。外设宫墙，形成院落，南开三座宫门。

旋子彩画 我国古代的彩画类型，俗称“学子”“蜈蚣圈”，它的等级仅次于和玺彩画，其最大的特点是在藻头内使用了带卷涡纹的花瓣，即所谓旋子。旋子彩画最早出现于元代，明初基本定型，清代进一步程式化，它是明清官式建筑中运用最为广泛的彩画类型。

月坛内的钟楼

月坛一直以铁栅栏作为园墙。后来改造重建了坛墙的绝大部分，重建的坛墙高5米，全长达580米，总共由15万块用传统工艺制成的二重样城砖槽实砌而成。

月坛的东天门和北天门均为三券门式，通面阔22米，进深4.5米。朱红墙壁，歇山调大脊，单檐绿琉璃筒瓦，檐下彩绘旋子彩画。

光恒街位于北天门东北，东天门北。街北原有牌坊，称礼神坊，清朝时易名“光恒坊”，坊前界以朱栅。光恒街中心为甬路，该路由光恒街向南，然后西折，再向南达北天门，和门内的神路相接。

月坛内还种植了很多名贵树木，修缮了古建筑，其中钟楼、天门和神库等均保存完好。后来月坛又新建了很多景点，如月坛蟾宫、天香院、揽月亭、爽心亭、月桂亭等，成了一处优美的游览胜地。

阅读链接

月坛分为南北两部分。北园以红砖绿瓦的古建筑和规则式的道路为特征；南园作为仿古园林，其中的山石、水池以及迂回曲折的园路，组成了一个自然山水园的格局。

整个月坛的设计建造以月为主题，园之名也取为“邀月园”。邀月园中部有一座小院，取“桂子月中落，天香云外飘”之意而名“天香院”。天香院南侧的草坪上，有数只石雕玉兔，与天香院共同寓意为人间“广寒”。

月坛因其古香古色的建筑，成为著名的古典园林之一。

北京先农坛

先农坛又叫山川坛，坐落于北京永定门内，正阳门西南，和东面的天坛建筑群遥相呼应，是明清两代帝王祭祀先农、山川、神祇和太岁等神灵的地方。

北京先农坛建于1420年，它是由先农神坛、太岁殿、观耕台、神仓、庆成宫和神祇坛6组建筑组成的古建筑群。

这座建筑群的格局并没有遵循传统的中轴对称模式，而是在每一组小建筑群中严格遵循中轴对称的平面布局形式，体现了大处松散、小处严谨的独特风格，有一种别具一格的美。

从神农尝百草的故事说起

炎帝是我们华夏始祖之一，是我国远古时期的部落首领，又称为赤帝。

他制耒耜、种五谷、立市廛、辟市场。他治麻为布，让民着衣。

先农坛内题词

先农坛太岁殿

他做五弦琴，以乐百姓。他削木为弓，以威天下。他制作陶器，改善百姓生活。

他是我们中华民族的人文初祖。炎帝与黄帝结盟并逐渐形成了我们华夏民族，形成了我们炎黄子孙。

据传说，炎帝遍尝百草，找出了为民治病的草药，又亲自尝试农耕，总结农业种植的经验，无私地传授给天下百姓，让人们种植五谷，解决了人们的温饱问题，使人们告别了茹毛饮血的原始状态。因此，炎帝被尊称为神农氏，又称先农。

后代人们为了纪念炎帝，就兴建坛庙，每年定期进行祭奠。渐渐地，由民间的祭奠逐渐上升为历朝历代统治者为了稳固国家政权而进行的国家祀典。

同时还制定了一系列的礼仪规程，以示隆重肃穆，并借以劝告天下百姓务农耕作，遵循“民以食为天，国以农为本”的国策，借以达到民有所养和天下

五弦琴 我国古琴的一种，历史悠久，形制古老。五弦琴具有民族特点，它发音柔和，音色圆润，音量不大，可用于独奏或为民歌、民间舞蹈伴奏，流行于我国台湾高山族布农、泰雅等部族地区。相传高山族先民在春米时，就弹奏五弦琴以伴劳作。

先农坛龙纹瓦饰

太平的统治目的。

农耕种植业的产生与人口的增长、采集与渔猎的不稳定性以及人们对大自然认识的深入密不可分。在距今10 000多年前，我国原始农耕种植业开始萌发；在距今七八千年前，黄河流域及长江流域原始农耕种植业已相当发达；在进入阶级社会时，农耕种植业已遍布我们中华大地了。

《史记》 西汉史学家司马迁所著，它记载了我国从上古传说中的黄帝时期，到汉武帝元狩元年长达3000多年的历史。司马迁以其“究天人之际，通古今之变，成一家之言”的史识完成的史学巨著《史记》，是我国古代“二十五史”之首，被誉为“史家之绝唱，无韵之离骚”。

随着人们对于以往的农业生产经验不断积累、总结和高度概括，并以口头的形式代代传承。同时，人们逐步学会使用农业生产工具，并不断加以改进，使得高效的农业工具渐渐出现，促使农业生产效率大为提高。

由于农耕及栽培技术的不断进步，到了春秋战国时期，已培育出了以“五谷”为代表的主要农作物。“五谷”是古人对众多农耕作物的概称，一般是指后来的谷子、黍黄米、水稻、燕麦或荞麦、豆类等，其中，尤以粟、菽、黍最为重要。

以“五谷”为代表的主要农作物，对于百姓生活、国家稳固都十分重要。五谷的选植成功，为炎帝神农氏传说的起源提供了物质基础。

漫长岁月积淀的远古神话，与特定的社会现实相遇，往往会撞击出神奇的火花。炎帝神农氏神话的出现，就是来源于春秋战国这个色彩斑斓、具有多元文化思想的时代。

上古世代口头相传的神话，到了春秋战国时期，就不断地以文字记载的形式出现在诸子百家的典籍中，他们纷纷借助炎帝神农氏时代的情况介绍，以寄托和阐明自己改良社会的思想，这就构成了炎帝神农氏传说起源的社会基础。

到了西汉，著名史学家司马迁所著的《史记》正式将炎帝神农氏的神话以史书的形式加以明确肯定。

五谷 古代所指的5种谷物。“五谷”在古代有多种不同的说法，最主要的有两种：一种指稻、黍、稷、麦、菽；另一种指麻、黍、稷、麦、菽。两者的区别是：前者有稻无麻，后者有麻无稻。古代经济文化中心在黄河流域，稻的主要产地在南方，而北方种稻有限，所以五谷中最初无稻。

先农坛神厨院落

九坛八庙 是京城九坛和京华八庙的总称。九坛，即天坛、地坛、祈谷坛、朝日坛、夕月坛、太岁坛、先农坛、先蚕坛和社稷坛诸坛；八庙，即太庙、奉先殿、传心殿、寿皇殿、雍和宫、堂子、文庙和历代帝王庙。这些都是明清帝王们进行各种祭祀活动的地方。

在西汉中期以前，又正逢汉代“黄老”无为思想的盛行，休养生息与发展农业生产成为了当时的国策。

当时统治者大力发展农业生产，抑制商品经济，因而就大力提倡崇拜农业之神炎帝。皇帝不仅举行亲耕典礼（就是亲耕籍田），还设立祭祀神农的坛庙，委任官员加以管理，并举行祭祀神农的仪式。炎帝神农氏的祭祀因而得以正式确定。

经过神话定型时期，炎帝神农氏的形象已经大为丰富了，他的农业之神的地位在汉及汉以后历代都被统治者大加提倡并加以肯定。几乎历朝都要立坛、立庙、立祠进行祭祀。

由民间到官方还逐渐明确了炎帝神农氏的出生地及安葬地。传说湖北随州历山的神农洞，就是炎帝神

先农坛祭坛

农氏的出生地，而湖南株洲的炎陵，就是炎帝神农氏误食草药而去世的安葬地。

到了北宋时期，统治者便在湖南株洲建造了炎帝陵。元、明、清历朝都不断进行修缮，并于皇帝登基等日举行国家祀典。炎帝神农氏不仅成了神灵，而且还演化成了稳定国家统治秩序的载体之一。

为了祭祀神农氏，1420年，明朝永乐皇帝仿照南京先农坛在北京建造了先农坛，悉仿南京旧制，在洪武时期制定的祭仪基础上，进行了补充。

先农坛以其在数百年间逐步形成的古建筑形制及其格局为全国所独有，是我国古代祭祀等级最高、规模最大，北京著名的九坛八庙之一。

先农坛地处北京城中轴线南端西侧，与中轴线东

黄老 “黄”指传说中的黄帝，“老”指春秋道家学派创始人老子。“黄老”通常指黄老学说，是我国古代的一种思想流派，尊传说中的黄帝和老子为创始人而得名。黄老之术始于战国，盛于西汉。黄老学派假托黄帝名义，改造老子道家思想，并兼采阴阳、儒、墨等诸家观点，形成黄老思想，其特点是无为而治。

天神 指天上诸神，包括主宰宇宙之神及主司日月、星辰、风雨、生命等神。佛教认为，天神的地位并非至高无上，但可比人享有更高的福祉。天神也会死，临死前也会出现衣服垢腻、头上花萎、身体脏臭、腋下出汗和不乐本座5种症状。

侧的天坛隔街相望，形成了对北面故宫的承托之势。在历史上，这里的总面积约有8.6平方千米，由内外两座坛墙围成，外坛墙长4378米。以内坛墙为界，又分为内坛和外坛。

先农坛的全部建筑由内外两重围墙环绕，平面为北圆南方的长方形。坛内建筑可分为三组，即先农坛、天神地祇坛和太岁殿。

先农坛组包括坛台、神厨神库、神仓、具服殿、观耕台、庆成宫，用于祭祀先农和举行籍田典礼。天神地祇坛用于祭祀大地和山川等自然神。太岁殿是一组雄伟的建筑群，用于祭祀太岁。

可以说，先农坛的建筑功能完整，有先农神的祭坛，就是先农神坛，有清帝观看大臣耕作的观耕台，有供奉神农神龛的神库，有储存籍田收获粮食的神

先农坛地祇坛

仓，有亲耕籍田前更换服装的具服殿，有亲耕籍田成功后举行庆贺的庆成宫，甚至有为祈祷和报答风调雨顺、地力肥沃而建的神耤坛。

先农坛檐兽——斗牛

先农坛最早的建筑物是山川坛，永乐年间还建有太岁坛、风云雷雨、五岳、四海等13座祭坛。不过，有意思的是，凡祭山的坛，石头上的纹路皆以山纹表示，凡祭水的，皆以水纹表示，古人真是用心良苦。此外，嘉靖年间还建有太岁殿、天神坛和地祇坛等。

清朝乾隆年间重修了部分建筑物，1753年改太岁殿东的旗纛庙为神仓，并把木结构的观耕台改为砖石结构，改原斋宫为庆成宫。

阅读链接

在炎帝时期，有一天，一只周身通红的鸟儿，衔着一颗五彩九穗谷粒，飞翔在天空，当掠过神农氏头顶的时候，九穗谷掉在了地上。

神农氏看见了，就拾起来埋在了土壤里，后来就长出了一棵苗，不久苗又结了穗。神农氏就把谷穗放在手里揉搓后放在嘴里，他感到很好吃，又可以充饥。

神农氏从中受到了启发，他想要是把谷粒埋到土里，年年种植，年年收获，这样人们的食物就会源源不断了，人们的吃食问题不就解决了吗？

但是在那时，五谷和杂草长在一起，哪些可以吃，哪些不可以吃呢？谁也分不清。神农氏就一样一样地尝，一样一样地试种，最后他从中筛选出了菽、麦、稷、稻等五谷。

先农坛别具一格的古建筑

先农坛的建筑群，包括内坛墙在内，从明代始建至清代乾隆时期大修，整体布局基本完整，建筑的构筑特色及艺术风格基本保留了明代的特征。

先农坛木质模型

太岁殿拜殿

先农坛共有建筑群五组，分别为庆成宫，太岁殿及其拜殿与前面的焚帛炉，神厨及其宰牲亭，神仓以及具服殿，等等。

庆成宫位于先农坛内坛东北部，与内坛的几组建筑基本处于东西同一方位上，庆成宫明时为山川坛斋宫，清乾隆年大修后更名为庆成宫，作为皇帝行耕籍礼后休息和犒劳百官随从的地方。

庆成宫坐北朝南，东西长122米，南北宽110米，占地面积13 500多平方米。中轴线从南向北依次为宫门、内宫门、大殿、妃宫殿等，大殿与妃宫殿间东西两侧有东西配殿，内宫门与大殿间院墙东西各有拱券掖门一间。

庆成宫整体布局为院中院，内外宫门形成两个大的院落。建筑集中在中轴线北部的同一高台上，四周有围墙相连，形成一座封闭的院落。

拜殿 有多种内涵。一是立于殿庭下申诉冤屈。二是谄媚帝王的一种行动。三指伊斯兰教等宗教的礼拜堂。四指寺庙建筑中正殿之前的建筑物，善信于此处摆设祭品祀神，故称为“拜殿”。拜殿有的与正殿相连，也有隔天井与正殿相对。

太岁殿正殿

妃宫殿左右与配殿用围墙相连形成一小院，建筑高台两侧又各为一个院落，其后墙为庆成宫院墙，并在院墙上设有墙体门，而院南墙与其相对应处开随墙门一座。院内所有建筑及围墙全部为绿琉璃瓦。

庆成宫内外宫门结构造型基本一致，为砖仿木拱券无梁形制，每座建筑面积120平方米，面阔五间16米，进深一间7米，屋面为单檐歇山式，绿琉璃瓦剪边，三踩单昂磨砖斗硕。

建筑明次间开三间拱券门，板门装9路门钉。建筑前后台明置汉白玉石栏杆，并于每座门前后中部铺设雕龙石板。

大殿建筑面积约400平方米，前置约246平方米的月台，周围安装有汉白玉石栏板，正面置九阶台阶一个，台阶两边有日晷、时辰碑，台阶中部有雕龙石板，两侧七阶台阶各一个。

大殿面阔五间27米，进深三间15米。殿内明间南部减去金柱两根，屋面单檐庑殿式，有推山，绿琉璃

时辰 我国古代把一天划分为12个时辰，每个时辰等于现在的两小时。相传古人根据我国十二生肖中的动物的出没时间来命名各个时辰。

日晷 我国古代利用日影测得时刻的一种计时仪器，又称“日规”。其原理就是利用太阳的投影方向来测定并划分时刻，通常由晷针和晷面组成。利用日晷计时的方法是人类在天文计时领域的重大发明，它被人类沿用了几千年之久。

瓦。檐柱头有砍杀。斗硕为五踩单翘单昂镏金斗硕。

补间斗硕为真下昂，挑金做法。昂后尾挑于正心檩与下金檩之间的枋下，枋上挑檐椽，枋两端通过驼峰，搁置于抱头梁或六架梁上。

内檐下金垫板与下金枋之间，置一斗三升隔架科斗硕。殿内有天花。殿宇前檐五间通开格扇门，后檐明间设门，通往妃宫殿。

太岁殿建筑群位于先农坛内坛北门西南侧，是为祭祀太岁及春夏秋冬等自然神灵之地。其东邻神仓，西近神厨，南为具服殿，位置基本在先农坛内坛建筑的中心地带，建筑体量为先农坛之最。

太岁殿组群建筑占地约有9000平方米，内有4座单体建筑，中轴线从南向北依次为拜殿、太岁殿，东西两侧各有厢房十一间，建筑间用围墙相连，拜殿两侧墙及东西墙北侧共设随墙门4个。

拜殿建筑面积约860平方米，通面阔七间约51米，进深三间约17米。前置300多平方米的月台，正面置六阶台阶3个。后檐分别在明间、稍间置六阶台阶。

殿宇前檐中三间用四扇格扇门，稍间下砌槛墙，上置四扇格扇窗，尽间砌墙，后檐7间全开四扇格扇门，格扇形制

庑殿 我国古代建筑中的最高形制，在等级森严的封建社会，这种建筑形式常用于宫殿、坛庙一类皇家建筑，是中轴线上主要建筑最常采用的形式。如故宫午门、太和殿、乾清宫等。庑殿建筑用材硕大、体量雄伟、装饰华贵富丽，具有较高的文物价值和艺术价值。

先农坛中的古井

为四抹头，菱花为三交六碗。

太岁殿建筑雄伟高大，建筑面积1100多平方米。通面阔七间51米，明间、稍间前置六阶台阶，进深三间25米。其木构架结构基本与故宫太和殿上层类似。

屋面单檐歇山式，黑琉璃瓦绿剪边。柱础石为素面覆盆式，檐柱高6米，柱头有砍杀。金柱高10米，建筑室内总高15米。殿内明间北部有神龛，无神像。拜殿及太岁殿均用金龙和玺彩绘。

东西配殿建筑面积各为755平方米，其面阔共十一间55米，进深三间13米，前出廊，仅明间置五阶台阶，南北两侧于廊步尽头置如意踏跺三级。

悬山黑琉璃瓦屋面。东西配殿大木构架为早期特色，殿宇梁架每一结点的柱头直接承载大斗，斗正面出梁头，侧面出檩枋，柱间用额枋相连接，柱头有卷杀，柱有侧角。殿宇面阔十一间，各开四抹方格4扇

神龛 一种放置神明塑像或者是祖宗灵牌的小阁，规格大小不一，一般按照祠庙厅堂的宽狭和神位的多少而定。比较大的神龛有底座，是一种敞开的形式。祖宗龛无垂帘，有龛门。神佛龛座位不分台阶，依神佛主次设位；祖宗龛分台阶按辈分自上而下设位。因此，祖宗龛多为竖长方形，神佛龛多为横长方形。

先农坛中的琉璃龙纹

■ 先农坛宰牲亭

格扇门。彩画为龙锦枋心。

太岁殿院外东南侧有砖仿木结构无梁建筑焚帛炉一座，为焚烧纸帛祭文之用。西向面阔6.6米，进深3.7米，黑琉璃瓦绿剪边，歇山屋面，须弥底座，正面设3个大小不同的拱券门，四角有圆形磨砖圆柱。柱上砖制额枋处雕刻明代旋子彩画，上置砖仿木五踩单翘单昂斗硕。

神厨位于太岁殿之西，院落轴线外南部为先农神坛，西北围墙外有宰牲亭。神厨院占地面积约3790平方米，坐北向南，“北正殿五间，以藏神牌，东为神库，西神厨，各五间，左右井亭各一”。

大门为立柱及斗硕等木构架，建筑面积约18平方米，面阔6.88米，进深2.6米。

屋面为单檐悬山式。正殿建筑面积342平方米，面阔五间26米，进深四间13米，前檐明间置五级台

额枋 我国传统建筑中用于联系、承重的水平构件，就是木结构建筑中檐柱与檐柱之间的联系梁。南北朝之前多置于柱顶，隋唐后才移到柱间。早期多设一根，后增添一较细者，遂有大、小之分。

先农坛祥云雕刻

盝顶 我国古代传统的屋顶样式之一，盝顶梁结构多用四柱，加上枋子抹角或扒梁，形成四角或八角形屋面。顶部是平顶的屋顶四周加上一圈外檐。盝顶在金、元时期比较常用，元大都中很多房屋都为盝顶，明、清两代也有很多盝顶建筑。例如明建故宫的钦安殿、清建瀛台的翔鸾阁就是盝顶。

阶，屋内明间减去中心柱两根，悬山顶屋面，上铺削割瓦。建筑仅明间开4扇格扇门，4抹头，其余各间为槛墙上开窗。

井亭建筑面积为48.9平方米，六角形，每边长4.3米，三踩单昂镏金斗硕，有斗幽页，室内无梁枋，由角科及其两侧平身科镏金斗硕后尾悬挑六角形脊枋，室内中心有井口，上置高近0.8米的六角形石井台，屋面为盝顶，中心空置，与室内井口相对，以为天地一气之意。井亭正北有礓礤。

东神库建筑面积270平方米，面阔五间26米，进深一间约10米，前檐明间置礓礤，悬山顶屋面，室内椽飞上为石望板，上铺削割瓦。建筑仅明间开门，其余各间为槛墙上开窗。

西神厨建筑面积约270平方米，面阔五间26.4米，进深二间10.4米，前檐明间置礓礤，悬山顶屋面，上铺削割瓦。建筑前檐仅明间设门，其余各间为槛墙上开窗。后檐明间设槛墙并开窗，窗外于台明上置石水槽。

神仓位于太岁殿东部，为清代1752年的建筑。神仓有“天下第一仓”的美誉。神仓院占地面积约3400平方米。坐北向南，中轴线从南向北为山门、收谷亭、圆檩神仓、祭器库，左右分列仓房、神仓、值房各3座。另外全院从圆檩神仓后设墙分成前后两院，中设圆门。

山门为砖拱券无梁形制，建筑面积72平方米，面阔三间13.4米，进深5.3米，屋面为单檐歇山式绿琉璃砖叠涩挑檐，无斗硕，瓦面为黑琉璃瓦绿剪边。建筑开三间拱券门，板门装九路门钉。

收谷亭平面为方形，建筑面积49.9平方米。每边长宽为6.8米，南北各设三级台阶，无斗硕，四角攒尖

山门 意为寺院正面的楼门，寺院的一般称呼。过去的寺院多居山林，故名“山门”。通常寺院为了避开市井尘俗而建于山林之间，因此称山号、设山门。山门一般有3个门，所以又称“三门”，象征“三解脱门”，即“空门”“无相门”“无作门”。

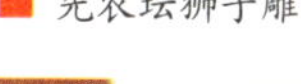

先农坛狮子雕

雄黄玉 我国古代建筑彩画的一种。旋子彩画中等级较低的一种形式，它以土黄色打底，花瓣作青、绿色退晕。线条都用墨线。雄黄是药物，以雄黄为主要颜料的彩画，不仅美观，还起到防腐防蛀的作用，因而这种彩画多用于坛庙建筑的神厨、神库中。

顶，瓦面为黑琉璃瓦绿剪边。

神仓为圆形，建筑面积58平方米，直径8.6米，正南设五级台阶，无斗硕，屋面为圆攒尖顶，黑琉璃瓦绿剪边。圆形平面上制檐柱8根，柱间用木板遮挡，南设四扇格扇门。室内除在原地平铺方砖外，又在其上置厚高16厘米、宽13厘米的木地梁，上铺木地板，此为贮粮防潮。

祭器库建筑面积245平方米，面阔五间26.1米，进深二间9.3米，明间有礓碴踏步，悬山顶屋面，上铺削割瓦。此座建筑造型开阔而矮小，檐柱高3.1米，而间阔为4.8米左右，建筑仅明间开4扇格扇门，4抹头，其余各间为格扇窗。

两侧南部仓房建筑面积各为76.9平方米。面阔三间10.4米，进深1间7.3米，前檐明间置三级台阶，硬山顶屋面，上铺削割瓦。

北部仓房建筑面积各96.5平方米，面阔3间12.4

先农坛焚帛炉

先农坛内藻井

米，进深一间7.7米，前檐明间置三级台阶，悬山顶屋面，上铺黑琉璃瓦绿剪边。明间瓦顶正中设悬山顶天窗，天窗高约2.6米，长1.7米，宽0.7米。

两侧最北端值房建筑面积各约为120平方米，面阔三间14.3米，进深两间8.3米，前檐明间设一级如意踏步，悬山顶屋面，上铺削割瓦。

神仓院建筑彩画，除收谷亭为雅伍墨旋子彩画外，其余均为皇家祭祀建筑特用的雄黄玉旋子彩画。

具服殿位于太岁殿东南，是明清两代帝王祭祀先农时更衣并行藉耕之典的场所。

具服殿建于1.6米的高台上，建筑面积约390平方米，面阔五间27.2米，进深三间14.2米，前置254.5平方米的月台，月台与建筑台明等宽，南面设十级台阶，东西面设八级台阶。歇山绿琉璃瓦屋面。

檐柱头有砍杀。殿内明间减去金柱4根，前后檐

攒尖顶 就是攒尖式屋顶。宋朝时称“撮尖”“斗尖”，清朝时称“攒尖”，是我国古代建筑的一种屋顶样式，其特点是屋顶为锥形，没有正脊，顶部集中于一点，即宝顶，该顶常用于亭、榭、阁和塔等建筑。攒尖顶有单檐、重檐之分，按形状可分为角式攒尖和圆形攒尖。故宫的中和殿为四角攒尖，天坛祈年殿为圆形攒尖。

柱承载长10.5米的七架梁。彻上明造，梁头及檩枋下均设一斗三升隔架科斗硕。有金龙和玺彩绘。

北京的先农坛已有580余年的历史，多年的风雨沧桑，从本源文化创意到为帝王服务的建筑，再到后来的文物古迹，它无处不体现出历史、文化和艺术的价值。

阅读链接

先农坛中的观耕台为清乾隆年间建造。它占地面积约508平方米，台高1.9米，台面16米见方，东、西、南三面设九级台阶，台阶踏步为汉白玉条石边沿雕刻莲花图案。

台上四周有汉白玉石栏板，望柱头为龙云雕刻，地面方砖细墁。台底须弥座由黄绿琉璃砖砌筑，琉璃砖上雕刻花草图案，为典型的宫殿坛基建筑。

观耕台为皇帝亲耕完毕观看王公大臣们耕作的高台，体现了我国古代历代帝王对农业的重视，也是我国古代农耕文化的重要组成部分。

清代皇帝亲耕先农坛

皇帝亲耕这件事还要从我国古代的国家祀典说起。我国古代的国家祀典分为两个部分，就是亲耕藉田与祭奠典礼。

西汉以前，只出现过亲耕藉田。从西汉开始，人们在弘扬亲耕典

先农坛观耕台

先农坛人物雕刻

礼的同时，又逐渐将后来的祭祀神农与亲耕典礼合二为一，统称“亲耕享先农”或“藉田享先农”，并沿袭至清代末年。

“一耕一祀”，耕是形而下，祀是形而上，恰如其分地涵盖了炎帝神农祭祀内涵的两个层面。

藉田，在周代是指周天子从具有自由身份的平民那里借来，为自己耕种出产自给自足之用粮食作物的田地，也就是后人俗话说的“自家的一亩三分地”。

在周代，天子与诸侯都有藉田。我国古代重要典章制度书籍《礼记》中说“天子千亩，诸侯百亩”，而周代的一亩约合后来的1/3亩。

在春天，天子、诸侯“以车载耒耜”，到藉田行亲耕藉田之礼，以此劝天下务农。进入汉代，皇帝不仅行亲耕礼，还仿效祭祀社稷的礼仪祭祀神农，设神农祠。汉文帝曾说：

> 夫农，天下之本也，其开藉田，朕亲率耕，以给宗庙粢盛。

汉景帝曾说：

> 朕亲耕，后亲蚕，以给宗庙粢盛祭服，为天下先。

藉田 我国古代天子、诸侯征用民力耕种的田。每逢春耕前，天子、诸侯躬耕藉田，以示对农业的重视。古代统治者设置藉田的目的，一是为天子祭天祀地提供醴酪粢盛等祭品，二是借以宣扬天子身先天下，以农为本。

公元前89年“上耕于钜定”。公元前81年，“上耕于上林”。

为有效管理藉田亲耕礼诸事务，还设有专职官员，由于亲耕与祭农殊途同归，都是为了强调农业在国家政治经济中的重要性，因此二者逐渐合为一礼，即在亲耕之日也祭祀神农。

东汉沿袭西汉之制，汉明帝在公元61年“亲耕藉田，以祈农事”。汉章帝在公元86年“耕于怀”。东汉卫宏所撰官制典籍《汉旧仪》上记载：

> 春始耕于藉田，官祠先农。先农即神农，炎帝也。

经东汉、三国、两晋、南北朝，这一典章制度上的变化逐渐得以完善。自此，耕即是祭，祭为了耕，二者有机地融为了一体，这一做法至明清达到完善。

诸侯 我国古代中央政权所分封的各国国君的统称。诸侯源自分封制，最早可以追溯到西周时期。周代分公、侯、伯、子、男几等，汉朝分王、侯两等。周制，诸侯名义上需服从王室的政令，向王室朝贡、述职、服役，以及出兵勤王等。汉时诸侯国由皇帝派相或长吏治理，王、侯仅食赋税。

先农坛内的神龛

明孝宗（1470—1505），明宪宗第三子朱祐樘，明朝第九位皇帝。他在位期间，努力扭转宪宗时期朝政腐败的状况，驱逐奸佞，任用贤臣，勤于政事，励精图治，使明朝再度中兴，并发展成为了盛世，史称“弘治中兴”。

在唐宋时期，“藉田千亩之甸”，神农耕祭已形成较大规模，作为郊祀的一项重要内容，行礼的等级及次数虽不比祭天等项，但先农坛作为一种永久性的神农祭祀礼仪的物质载体却已大体定形。

明朝伊始，便在都城南京设先农坛，内有藉田。1420年，永乐帝仿照南京先农坛在北京建造先农坛，1488年，明孝宗耕藉田。1522年，明世宗耕藉田，1531年，更定藉田仪。明世宗之后的明帝，均按嘉靖藉田仪行事，未再改动。

清代，我国神农耕祭之礼达到顶峰时期。每年仲春或季春的亥日前一个月，由礼部报请耕藉日及从耕三王九卿官员名单。同时由鸿胪寺在先农坛藉田两侧立好典礼仪式及从耕官员的位置标志牌。内务府奏请皇帝先到西苑丰泽园演耕。

先农坛宫灯

耕藉前两日，皇帝开始斋戒。等其他三王九卿以至文官四品以上和武官三品以上一应人等皆在家斋戒两日。

耕藉前一日，皇帝在紫禁城中和殿阅视祭奠祝文、耕藉谷种及农具后，再由太常寺官和顺天府尹在仪仗乐队护卫下把它们送至先农坛，分别安放在神库和耕藉所。

耕藉日清晨，皇帝就着礼服

先农坛内的彩鼓

乘龙辇出紫禁城，在午门鸣钟。不从耕的官员按级别分别在午门、内金水桥及外金水桥南叩送。从耕官员则在先农坛候驾。

龙辇到达先农坛后，皇上先到具服殿盥手，而后至西侧先农坛祭拜先农。皇帝率众恭恭敬敬地行过祭礼后，转身面向台下东南方的“瘗坎”，观看有关人员将祭牲的毛、血放入瘗坎填埋。

先农坛旁的“瘗坎”是一个方形地池，而天坛祭牲台下的“瘗坎”则是圆形地池，这是取自天圆地方的寓意。

祭拜之后，皇帝到具服殿更换龙袍准备亲耕。各级官员也迅速更换蟒服和补服。藉田左右，从耕的官员及耆老农夫等相关人员各就各位。更衣毕，礼部官、太常寺官奏请皇帝行耕藉礼。

藉田为一亩三分地，分作十二畦，皇帝的亲耕部

鸿胪寺 我国古代的官署名，汉改秦代典客为大行令，汉武帝时又改名大鸿胪。鸿胪本为“大声传赞、引导仪节”之意。大鸿胪主外宾之事。至北齐，置鸿胪寺，后代沿置。南宋、金、元不设，明清复置，主官为鸿胪寺卿，主要掌朝会仪节等。

琉璃屋脊兽

位设在正中，亲耕用的农具、耕牛等早已摆放妥帖。

礼部司官三挥红旗，礼部尚书跪奏皇帝着蟒服出具服殿，户部尚书跪进耒，顺天府尹跪进鞭，于是皇上左手执耒，右手执鞭，耆老两人牵黄牛，农夫两人扶着犁，鸿胪寺官唱赞仪式开始，在太常寺官员的引导下皇帝开始行耕藉礼。

一时间鼓乐齐鸣，禾词歌起，旗幡飘扬。皇帝执耒扬鞭在藉田中亲行农事。在皇帝身后，顺天府尹手捧青箱，户部侍郎握种播撒，协助皇帝行劝课天下的示范性耕耘。

皇帝三推三返完成耕藉礼，耕毕，歌止。户部尚书与顺天府尹跪受耒和鞭，分别放置犁亭、鞭亭。皇帝登观耕台，从耕三王九卿依次接受耒和鞭，行五推五返、九推九返之礼。而余下的耕作任务，则由顺天府尹偕大兴、宛平县令率农夫完成。

当礼部尚书奏报“耕藉礼成”时，乐队奏乐，皇帝起驾出坛。一路仍由仪仗、鼓乐护送，文武百官于午门、紫禁城外跪迎，午门鸣钟，皇帝返宫。

秋日收割之后，顺天府就把稻、黍、谷、麦、豆

户部 我国古代官署名，为掌管户籍财经的机关，六部之一，长官为户部尚书，曾称地官、大司徒、计相等。它起源于三国，当时设有度支尚书，掌财政。隋朝以度支尚书为民部尚书。至唐代为避太宗讳，改称户部，历代相沿。

悉数提交钦天监，并选择吉日藏于神仓，以备粢盛。

整个过程庄严肃穆，井然有序，反映出朝廷的高度重视。明清两代，是祭祀礼仪发展最为完善的时期。祭农、亲耕之礼被置于关系国家长治久安的重要地位，相关礼仪制定得十分详备，执行得最为严格。即使乐队唱诵的“禾词”，乾隆皇帝都要钦定。

在1760年，乾隆还特地邀请入京觐见的哈密郡王玉素富暨各回部贝勒贝子公伯克等“入坛观礼”。后来的祭农，皇帝要亲自演耕。对那些工作失职，为亲耕典礼造成麻烦的官员，皇帝要严加惩处。

清帝不仅亲自耕作藉田，关注着自己的“一亩三分地”，还时时不忘“重农固本”和“劝课农桑”。1724年，雍正帝令各省“督抚以下，皆有课农之责，应不时咨访疾苦，为农除害”。

又令各省每年“举老农中勤劳俭朴，身无过犯者一人，给以八品顶戴荣身”，理由是“士子读书砥

蟒服 明代皇帝赐予有功文武大臣及属国国王、部落首领的赐服。因为衣服上饰有蟒纹而称为蟒服或蟒袍、蟒衣。蟒纹与龙纹相似，区别在于龙为五爪，蟒为四爪。明朝文武官员服饰主要有朝服、祭服、常服、赐服等。蟒袍是一种皇帝的赐服，穿蟒袍要戴玉带。蟒袍与皇帝所穿的龙衮服相似，获得这类赐服是极大的荣宠。

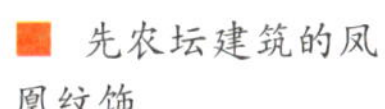

先农坛建筑的凤凰纹饰

先农坛内的高颐阙

行，学成用世，国家荣之以爵禄。而农民勤劳作苦，手胼足胝，以供税赋，养父母、育妻子，其敦庞淳朴之风，岂惟工买不逮，亦非不肖士人所及。

“虽荣宠非其所慕，而奖赏要富有加。”同时“各州县又应春至劝耕，秋至劝敛，察农民之勤劳，及收成之丰歉。如或奉行不力，则予议处”。

自此，先农的耕祭活动遍及全国。在一些地域，则渐渐演变成地方性的民俗活动，人们在新春来临之际，举行各式各样的活动，以各种形式祭拜农神，祈祷新一年农业有个好收成。

阅读链接

据说，1805年嘉庆皇帝亲耕时，顺天府所备之牛很不驯服，再更换用之牛，仍不驯驭，嘉庆帝大为不悦。等到观耕时，嘉庆帝见那些三王九卿所用的耕牛也不听话，更是气愤异常，结果顺天府就被专司查办了。

1818年，嘉庆皇帝亲耕后就启程赴东陵祭祖。官员们见皇帝未观耕，都心不在焉，有的没有完成推返任务，有的没有亲手扶犁，有的扶犁脱手。嘉庆帝得知后十分恼火，下令惩处了那些玩忽职守的官员。

北京社稷坛

社稷坛位于北京天安门的西北侧，与天安门东北侧的太庙相对，一左一右，体现了“左祖右社”的帝王都城设计原则。它是明清两代皇帝祭祀土地神和五谷神的地方。

社稷坛建于1420年。社稷坛早期是分开设立的，称作太社坛、太稷坛，供奉社神和稷神，社神就是土地神，稷神就是五谷神，后来才逐渐合二为一，共同祭祀。

社稷坛占地面积约24万平方米，主体建筑有社稷坛、拜殿及附属建筑戟门、神库、神厨、宰牲亭等，是老北京著名的“九坛八庙”之一。

社稷坛五色土的传说

我国古代一直存在着“社稷祭祀”的制度，人们把祭祀土地神的地方叫作“社”，把祭祀谷物神的地方叫作“稷”。

社稷坛内的古松

社稷坛内的走廊

有关典籍上曾说：

土地广博，不可一一祭之也，故封土立“社”，“社”为“土神”；谷物众多，不可遍及祀，故封谷立‘稷’，“稷”为“谷神”之长。

由此可见，历朝历代都重视土地和粮食，认为“神”可以引出万物，祭“神”可以佑护五谷丰登。于是，祭祀“土神”“谷神”的地方合称为“社稷”。祭祀社稷是国家权力的象征，因而后来用“社稷”来指称国家。

北京的社稷坛就是用来祭祀土神和谷物神的地方，它是一座三层的方坛，坛面上铺有五色土。所谓五色土是指青、红、白、黑、黄5种颜色的土。它是最引人注目的，也让人惊奇不已，人们都想找出蕴含在其中的故事。

社稷坛内的正堂

天干地支 在我国古代的历法中，甲、乙、丙、丁、戊、己、庚、辛、壬、癸被称为“十天干”，子、丑、寅、卯、辰、巳、午、未、申、酉、戌、亥叫作“十二地支”。十干和十二支依次相配，组成60个基本单位，两者按固定的顺序互相配合，组成了干支纪法。天干地支在我国古代主要用于纪日，此外用来纪月、纪年、纪时等。

五色土的颜色排列也非常有讲究，古人认为，五个方位与五方尊崇的神物结合，以五行学说中的五方对应五色。

金木水火土是日常生活中的最基本的五种物质，它们代表五方五色：东为青色土，南为红色土，西为白色土，北为黑色土，中间为黄色土，象征金木水火土五行，寓含了全国的疆土，象征着全国的土地，即“普天之下，莫非王土”。五色土厚约6.7厘米，1492年，改为3.3厘米。

还有一种说法，说五色土象征着我们广博的大中华，在社稷坛的东边是青土，代表着东边的大海；西边是白土，代表西部白色的沙；南边是红土，预示南方的红土地；北边是黑土，象征北部的黑土地；而中间的黄土，就是黄土高原的寓意。

关于社稷坛五色土的分布，还有另外一种说法。传说古代的最高统治者黄帝居于天下之中，而在他的四方又各有一个统治者，东方太皞，由木神辅佐，手持圆规，掌管着春天，属于青色；南方炎帝，由火神辅佐，手持秤杆，掌管着夏天，属于赤色；西方少昊，金神辅佐，手拿曲尺，掌管着秋天，属于白色；北方颛顼，水神辅佐，手拿秤锤，掌管着冬天，属于黑色；黄帝居中，由土地辅佐，手拿一根绳子，掌管着四方，属于黄色。他有4张脸，四方都逃不过他的眼睛。

颛顼（约前2514—约前2437），我国历史上的一位传说人物，为五帝之一。他是黄帝之孙，姬姓。颛顼性格深沉而有谋略。15岁时就辅佐少昊，治理九黎地区，封于高阳，就是后来的河南杞县，故又称高阳氏。黄帝去世，因颛顼有圣德，立为帝，时年20岁。

在它们的中央，立有一个方形石柱，名叫“社主石”，又称“江山石”，表示“江山永固”。

社稷坛内的长廊

纳贡 有多种含义。我国古代诸侯向天子贡献财物土产称纳贡。也指附属国向宗主国进贡。明代科举制度中由地方贡入国子监的生员的一种，明代纳贡的性质与清代例贡略同。

另外，关于东西南北中，民间还认为，东方为青龙，南方为朱雀，西方为白虎，北方为玄武，中间为中央之神。

有关五色土的说法很多，尽管都不太相同，但是从社稷坛五色土的方位配置，以及方位与四季的匹配来看，都与汉唐期间盛行的阴阳五行学说相合，都意在代表我国广袤富饶的土地。

每年春、秋两季祭祀前，都要由顺天府负责更换新土。新土由全国各地纳贡交来，并由此以体现“普天之下，莫非王土”的威严和江山永固的愿望。

阅读链接

据记载，在祭社稷的时候，社神和稷神的配位上有两位深受人们爱戴的“农业专家”。位享太社的神叫句龙，他能辨别土壤的性质，能种植各种农作物。位享太稷的神叫弃，是古代一位精通农事的“农艺师”。

传说其中弃的母亲是有邰氏女姜原。她在一次郊游时，发现地面有很大的足迹，便试想用自己的脚，比一比大小。但是刚一踏上，就仿佛精神上受到了一种什么感动，回来就怀了孕，生下了一个男孩儿，人们看不起这个没有爸爸的孩子，将他遗弃在荒郊。

可是牛羊哺育他，天上的群鸟使他温暖，人们把他抱了回来，取名为弃。弃从小就喜欢农业，他教会了人们种植，鼓励人们创造更加丰裕的生活。

直至后来，在山西闻喜的稷王山，人们发现了一种五色石子，有的像麦粒，有的像绿豆……传说这是弃遗留下来的种子变成的，人们便称作“五谷石”。

社稷坛庄重威严的古建筑

社稷坛所在之地原是辽金时代燕京城的兴国寺，元代改名为长寿兴国寺。到了1420年改造为社稷坛，是明清两代皇帝祭祀土地神和谷物神的地方。

社稷坛的主体建筑有戟门、拜殿、社稷坛及附属的神库、神厨、

社稷坛内的大理石建筑

宰牲亭等，多是明代永乐年间修建。社稷坛的正门位于东侧，南、西、北不设门。

戟 我国古代独有的一种兵器。实际上戟是戈和矛的合成体，它既有直刃又有横刃，呈“十”字或“卜”字形，因此戟具有钩、啄、刺、割等多种用途，其杀伤能力远远胜过戈和矛。

社稷坛整体布局略呈长方形，有内外两重垣，占地面积约16万平方米。内坛墙南北长266.8米，东西宽205.6米，红色墙身，黄琉璃瓦顶。每面墙正中辟门，北门为主门，是一座砖石结构的3座门，黄琉璃瓦歇山顶，通面阔20米，进深7米，明间为仿木绿琉璃重昂五踩斗拱，3座门均为拱券式。

东、南、西各辟一拱券门亦为砖石结构的黄琉璃歇山顶，面阔12米，进深7米，仿木绿琉璃单翘单昂五踩斗拱。

按照古代天为阳向南，地为阴向北的理论，社为

■ 社稷坛习礼亭

土地，属阴，所以坛内主要建筑均以南为上。

■ 社稷坛内的奇石

最北为戟门，明代建筑，面阔五间，黄琉璃瓦歇山顶，原为中柱三门之制，后改为五间均为隔扇门。室内为金龙枋心旋子彩画，室外彩画为金龙和玺。

清代这里是社稷坛的正式宫门，门内两侧的3个门洞里分别陈列24支大铁戟，共72支。大戟门的铁戟，是1丈1尺长的“银镦红杆金龙戟”。将这种金碧辉煌的古代重要兵器，插在朱红木架上，排列于宫门左右，既壮丽，又威严，是封建帝王显示威严的一种陈设。

戟门南为享殿，又称拜殿，它是一座飞檐斗拱、金碧辉煌的华丽殿堂，明初修建，也叫祭殿或享殿。该建筑始建于明，面阔五间，进深三间，黄琉璃瓦歇山顶，重昂七踩斗拱。

室外为和玺彩画，室内为金龙枋心旋子点金彩

彩画 又称彩绘，我国古代建筑上绘制的装饰画。古代彩画主要绘于梁和枋、柱头、窗棂、门扇、雀替、斗拱、天花、瓜筒、角梁、椽子、栏杆等木构件上。古建彩画在我国有悠久的历史，是我国古代建筑装饰中最突出的特点之一。它以独特的风格和特有的装饰艺术效果，成为我国古建筑艺术的精华而载入史册。

社稷坛宫门

画，殿内为彻上明造，无廊步，歇山角梁与采步金和下金檩相交于垂柱，这是明代无廊殿座的结构特征。

殿中所有梁架、斗拱全部外露，并用彩绘装饰，构成一幅美妙的图案。该殿是为雨天祭祀而建的，没有雨时，均在殿外坛上祭祀。明成祖朱棣迁都北京后，始建该殿，距今已有600多年的历史了。

按照典章制度，社稷坛内不应设飨殿，因为它所祭祀的是土地神和五谷神，土地必须承受风雨霜露以接天地之气，才能生长出五谷，所以“社稷之礼坛而不殿”。

明太祖朱元璋在南京的社稷坛，就只设坛不设殿。即使偶遇大雨，衣冠和坛台的祭品被雨水淋透，也不敢随便动弹。

后来很多大臣建议增建一座飨殿，朱元璋怕惹恼了上天，“天地之气”不接，没有建殿，只是改为若

五行 指金、木、水、火、土，认为大自然都是由着五行构成的，随着五行的兴衰，大自然发生变化，从而使宇宙万物循环，影响人的命运，是由于我国古代对于世界的认识不足而造成的。如果说阴阳是一种古代的对立统一学说，则五行可以说是一种原始的普通系统论。

祭日逢雨，就在宫内斋宫遥祭。

明代永乐年间，朱棣在北京营建宫殿坛庙的时候，社稷坛的制度与南京相同，只在坛台北面多建了一座殿宇，平时不用，只在风雨时在殿内面向南方的坛台设供行礼，故此取名拜殿，这个仪礼直至清末。

在该殿之南即为社稷坛。社稷坛台为汉白玉石砌成的正方形三层方台，四出陛，各三级，总高近1米。自下向上逐层收缩。每层用白石栏杆圈围，中间填足三合土。上层边长15米，第二层边长约16.8米，下层边长约17.8米。

社稷坛是严格遵照古制而筑的，坛上层铺五色土，中黄、东青、南红、西白、北黑，象征五行。坛的四周砌墙，东西南北各辟一座棂星门。

社稷坛四周建有宇墙，墙顶依方位覆青、红、

栏杆 我国古称阑干，也称勾阑，是桥梁和建筑上的安全设施。栏杆在使用中起分隔、导向的作用，使被分割区域边界明确清晰，设计好的栏杆，很具装饰意义。周代礼器座上就有类似栏杆的构件。汉代以卧棂式栏杆为最多。六朝盛行钩片勾阑。元明清栏杆比较纤细。

社稷坛秋景

重檐 我国古建筑的重要特征，它是基本型屋顶重叠下檐而形成的，其作用是扩大屋顶和屋身的体重，增添屋顶的高度和层次，增强屋顶的雄伟感和庄严感，调节屋顶和屋身的比例。因此，重檐主要用于高级的庑殿、歇山和追求高耸效果的攒尖顶，形成重檐庑殿、重檐歇山和重檐攒尖三大类别。

白、黑四色琉璃砖，宇墙每边长62米，高1.7米，四面均立一汉白玉石棂星门，门框亦为石制，原各装朱扉两扇。

西南除社稷坛、享殿、戟门外，在内坛墙内还有神厨、神库，坐西朝东，面阔五间，进深五间，南北并列，之间加建一过厅，其西边内坛墙处开一拱门，通墙的宰牲亭。

宰牲亭位于坛墙西门外南侧，为屠宰祭祀用牺牲之处。黄琉璃瓦歇山顶，四角重檐，方形，每边均面阔三间，亭东南有一井亭。

其外有垣墙一重，接于西坛墙，在北墙正中有砖石结构琉璃发券门一座，黄琉璃筒瓦歇山顶，面阔一间，檐下有仿木绿琉璃三踩斗拱。

外坛墙周长约2千米，天安门内西庑正中为社稷

社稷坛绘月石

汉白玉牌坊

街门，东向，黄琉璃筒瓦歇山顶，面阔五间，进深三间。端门内西庑为社左门，黄琉璃瓦歇山顶，面阔三间，进深一间。社稷坛东北门在午门前阙右门之西，原为黄瓦三座门。

拜殿西南方向，人们便可见到一座八角石亭，名叫“兰亭碑亭”，它原在圆明园四十景之一“坐石临流”处，后来才移到这里。

亭为重檐蓝瓦八角攒尖顶，亭内置有兰亭碑。兰亭碑上刻有曲水流觞图，背面有乾隆写的诗文《兰亭诗》，亭匾名为“景自天成”。

亭中8根柱子上分别刻有一些书法家临摹王羲之的《兰亭序》以及柳公权所作的《兰亭诗》，笔锋遒劲有力，在我国书法史上具有很高的价值。

社稷坛内还有许多古柏，它们大多是明代建坛

阙 又称阙门、观，是我国古代宫殿、祠庙和陵墓前的一种高建筑物，通常左右都有，为高台，台上建有楼观，两阙中间没有建筑物相连，之间空缺，故称“阙”。有的用石雕砌而成，作为记官爵、功绩和装饰之用。也有大阙旁另建小阙的，称“子母阙”，如东汉王稚子阙等。

社稷坛愉园

时所栽，古木虬枝，是祭坛环境的重要组成部分。其中有一“槐柏合抱”树，是一对槐树和柏树相抱而生，枝繁叶茂，蔚为壮观，为园中别景。

后来，清帝退位后，社稷坛闲置疏于管理，许多地方被用来种植苜蓿作为饲料。再后来，直到国家政府接管社稷坛后，对其进行了大面积的整修，整修后对普通民众开放，称“中央公园”，社稷坛成为北京最早成为公园的皇家园林之一。

阅读链接

在兰亭碑亭的东面，有一座雁翅形的建筑，那就是唐花坞，它中间为八角亭式，顶、吻、瓦、脊均为官殿式结构建筑。两旁为玻璃暖房，朱漆绿额，蓝色亭檐，玲珑美观。

室内一年四季都会展出各种名贵的花木，因此只要人们一踏进花房，立刻就会感觉到芬芳扑面，并沁人肺腑。无论春夏秋冬还是风沙雨雪，人们都可以看到万紫千红争奇斗艳的鲜花和绿叶。

尤其是隆冬季节，室外白雪皑皑，花坞里却繁花似锦，春意盎然，让人感到一种季节变幻的美。